税收诚信原则法治化研究

羊海燕　著

吉林大学出版社

·长春·

图书在版编目（CIP）数据

税收诚信原则法治化研究 / 羊海燕著.— 长春 ：
吉林大学出版社，2021.10
ISBN 978-7-5692-9068-4

Ⅰ．①税… Ⅱ．①羊… Ⅲ．①税收管理—信用—研究
Ⅳ．① F810.423

中国版本图书馆 CIP 数据核字 (2021) 第 207919 号

书　　名：税收诚信原则法治化研究
　　　　　SHUISHOU CHENGXIN YUANZE FAZHIHUA YANJIU

作　　者：羊海燕　著
策划编辑：邵宇彤
责任编辑：王凯乐
责任校对：高珊珊
装帧设计：优盛文化
出版发行：吉林大学出版社
社　　址：长春市人民大街 4059 号
邮政编码：130021
发行电话：0431-89580028/29/21
网　　址：http://www.jlup.com.cn
电子邮箱：jldxcbs@sina.com
印　　刷：定州启航印刷有限公司
成品尺寸：170mm×240mm　　16 开
印　　张：13.75
字　　数：225 千字
版　　次：2021 年 10 月第 1 版
印　　次：2021 年 10 月第 1 次
书　　号：ISBN 978-7-5692-9068-4
定　　价：72.00 元

序

起源于罗马法的诚实信用原则作为一种道德戒律和行为标准，俨然已经成为民法领域的"帝王条款"，成为"君临全法域"的基本原则。人不信则名不达，国家治理亦是如此。税收法律制度构建的诚信原则嵌入以及私法原则公法化问题的提出，使固有的法学观念和理论逻辑遭受了质疑和挑战。在国家治理体系中，税收法治不仅关乎国家税权与民众财权的衡平与正义，在国家治理中发挥着基础性、支柱性、保障性作用，更是推进国家治理体系和治理能力现代化的重要内容。在积极贯彻习近平法治思想和全面推进依法治国的当下，法治思维和法治方式是税收治理体系制度化、科学化、规范化、程序化的核心要义，贯穿税收法治的全过程。将诚信原则作为统率税收法治之根本性原则，其必要性和可行性需要探究和考量，其内在的逻辑机理需要探寻和厘清，其正当性和合理性需要考察和论证，其相关的财税法治体系需要重新审视和构建。

税收治理不仅是经济问题，也是政治问题，更是法律问题。税收法治的合理性、科学性是国家制度优势的体现和依托，更是国家治理效能的保障和促进。反观我国税收法治，囿于"强制性、无偿性"的税制基因，税收契约的立法基础缺失，诚实信用原则仅存于私法领域，致使税收法治以管理之法调整着征纳双方之间不平等的管理与被管理关系，加之税收对民众财产权天然侵蚀的本质属性，"上有政策下有对策"的征纳博弈现象长期存在，税收遵从度低成为税收治理顽疾，在一定程度上影响了政府公信力，减损了税收法治的固根本、稳预期和利长远之作用。

众所周知，税收具有熨平经济周期和促进经济平稳发展的宏观调控作用，但经济的不确定性需要税收制度不断变化，这与税法（成文法）的相对稳定性产生了矛盾与背离，税收法治在纷繁复杂和变动不居的经济活动调控与治理中显得力不从心，从而对诚实信用原则有了强烈的法治化需求。诚信原则具有如下三大功能：平衡当事人和社会利益、解释和补充法律行为、评判和确定法律行为。税收法治调整政府和纳税人的税收征纳关系，应当实现民众个人利益与国家利益的均衡，更应当以增进民生福祉为价值目标调控宏观经济，并对政府征税和用税行为进行公正评判。诚信原则应当被视为税收法治的总原则，匡正和弥补税法形式正义的不足与缺陷，以之实现税收法治的实质正义。

从本质上讲，一切世俗的法律秩序都必须接受实质理性所预设的规则的评判，充当法律基石便是其价值倡导与行为评价。法律制度仅仅是一种外在的文字表达，其价值追求则为其"灵魂"和"筋骨"。税收法治对效率与公平的价值取向，对民众私有财产权的保护，对征税机关行政权力的限制，对经济发展的促进与激励，对生态环境的保护，均与诚实信用原则的平等、自由、意思自治以及实质正义的精神内核存在逻辑上的同一性和自洽性。与此同时，税收法治的诚信原则能形成一条法治主线，形成完备的税收法律规范体系、高效的税收法治实施体系、严密的税收法治监督体系、有力的税收法治保障体系，合理界定政府与市场的界限，有效规范税收公共权力运行的制度化和规范化，防止税收公权力滥用，并能从根本上体现人民的意志和人民的主体地位，真正实现"执政为民"的治国理政思想，最终实现税收法治的良法善治。

如同经济学研究范式，税收诚信原则研究同样也有其假设前提，否则其法理逻辑便会产生混乱。本书以税收契约作为行文的假设前提和逻辑起点，以税收遵从度和政府公信力为问题切入点，对诚信原则公法化、法治化进行追根溯源，直面现实，考察现状，剖析根源，对实施全面依法治国方略中的税收法治需求进行解析，对税收诚信原则法治化的正当性进行法学理论论证和经济学评判，确保研究结论的应然性和实用性以及对现实问题的回应性。

本书以诸多相关的研究成果为基础，提出税收诚信原则法治化构想，以期通过法制切实地将税收公权力"关在制度的笼子里"，以诚信原则评判征税机关的自由裁量权和征税权，降低税收征纳的制度交易成本，提升征税机关公信力，构建和谐的征纳关系，为法治政府、服务型政府提供制度路径和方法，最终助力实现税收制度与经济调控的同向同行和同频共振。

税收法治是一个系统工程，科学立法为依法治国之基础。税收法律制度的顶层设计应当充分考量其系统性，使相关的《中华人民共和国预算法》《中华人民共和国政府采购法》《中华人民共和国外国投资法（草案征求意见稿）》以及整个税收征管法律制度配套衔接，构建相互闭合相容相嵌的制度体系，形成上下协调、左右联动的制度整体合力。本书仅做了税收法治体系建设的粗浅和局部研究，其理论创新和制度创新尚存不周严，内心深感惶恐与不安，制度研究成果也需要在实践中进一步检验。

是为序。

羊海燕

前言

　　公共权力运行的制度安排与设计以及法治思维和法治手段的践行，系国家治理体系和治理能力现代化的核心要义，构建科学法律制度体系已成为提升国家治理效能的应然要求。税收法律制度作为国家治理的基础和重要支柱，应当依靠法治来统摄财政收入、财政支出、财税管理的全过程，通过对权利、义务和责任在不同主体间的合理配置，来实现国家财政权与私人财产权的平衡与协调，做到财政收入合理、合法、合宪，财政支出公开、公平、公正，财政管理有规、有序、有责。① 对于"后疫情时代"的经济复苏、国际国内经济"双循环"新发展格局构建，财税制度扮演着极其重要的角色，减税制度与产业政策密切配合，共同推进互联网共享经济的各类产业，如事关数字经济的基础设施产业，集中体现经济增长范式转变的数字产业和新技术产业等。这些减轻税负的改革制度不仅减轻了纳税人负担，也为现代产业发展的供给侧改革提供了有力支撑。客观地讲，与西欧发达国家相比，且以国家职能为税负量化标准分析，我国目前的税负水平较低。但是，纳税人的"税痛指数"依然较高，纳税人与征税机关之间的不断博弈，偷税、漏税甚至抗税现象依然屡禁不止，纳税人"上有政策下有对策"的行为选择使征税成本高居不下，纳税人与政府的对立情绪仍然未能大幅消减。这不仅影响了我国"富强、民主、文明、和谐"的现代化国家的建设目标的实现，还阻碍了"自由、平等、公正、法治"社会主义国家治理的进程，更有悖于"爱国、敬业、诚信、友善"的公民基本道德规范要求。更为重要的是，"税痛焦虑"会导致税法在实施过程中陷入"有法不依""执法不为"的治乱循环之中，税收法定之效果会招致较大程度的减损。最为重要的是，征纳关系紧张会导致税收公信力大幅下降。是什么原因导致税收遵从度一直在低水平徘徊？征纳关系紧张的实质原因究竟为何？民众对满足自己公共需要的对价如此抗拒的根源何在？

---

① 刘剑文.论国家治理的财税法基石[J].中国高校社会科学，2014（3）：145-156.

　　基于上述问题的思考，本书以"税收契约"为逻辑起点，以"纳税人权利保护"和"政府征税权限制"为行文主线，对诚信征税的理论来源、法治演进、本质内涵和发生机理等问题进行了探讨。本书从理论和实践两方面，为诚信原则这一私法领域的"帝王条款"成为财税法领域的统率性原则寻找支撑和依据。从我国征税诚信原则缺失的实践样态和逻辑机理，系统论证了征税诚信原则的必要性和合理性。基于政府征税的经济属性，运用博弈论、不完全契约论和均衡理论剖析了诚信征税法治化的正当性标准和法治目标。通过对诚信征税法治化的道德性拘束、合宪性考察和制度发展走向等方面的探析，努力探寻诚信征税法治化制度设计和创新。最后，将诚信征税的理论推演落脚到具体的财税制度建设，并对《中华人民共和国税收征收管理法》（以下简称《税收征管法》）《中华人民共和国预算法》（以下简称《预算法》）《财政转移支付法》《公共投资法》等法制的建立与完善进行了构想，力求构建相互耦合、和谐统一的政府诚信征税制度环境。按照这一写作思路，全书共分六章来探讨和研究政府诚信征税的法治化问题。

　　第一章为征税诚信缺失实践样态与学理追问。税法被视为"恶法"以及税收遵从度较低一直是我国税收征管中的痛点和顽疾，征税诚信缺失是其最主要原因。第一部分对诚信征税原则的法治演进进行了梳理。诚实信用原则起源于罗马法，并在私法领域得到长足发展，地位日隆，已经成为民法"全临法域"的根本原则，而诚实信用原则在公法领域的承认和接纳依然处于亦步亦趋的徘徊之中。第二部分为征税诚信缺失的实践样态，主要从政府征税实践中的"过头税""人情税"的屡禁不止，以及征税机关滥用税收优惠权等现象，对政府征税和用税环节诚信缺失的外在表现进行了阐释。第三部分为征税诚信缺失的学理追问。认为税法契约理论基础缺失、宪政约束缺失以及我国税收"强制性、无偿性、义务性"的税收法治理念，是征税诚信缺失的重要原因。纳税人负担与收益的"非对称性"的现实约束以及"收益型"和"负担型"税文化的影响是政府征税诚信缺失的"税制基因"。

　　第二章为诚信征税的理论来源与发生机理。第一部分以契约思想为基础，论述了政府诚信征税的理论发端、逻辑原点、理论自洽以及理论衍伸。认为税收交换理论是诚信征税的理论发端，税收契约理论是诚信征税的逻辑原点，"理性经济人"行为选择理论、不完全契约理论与诚信征税存在内涵一致的理论自洽，委托—代理理论为诚信征税的理论衍伸。第二部分是诚信征税的发生机理。本部分主要从政府征税环节与用税环节的矛盾诚信调和、不完全税收契约的诚信补遗、理性"经济人"的征税诚信矫正，以及税权滥用的征税诚信防范等方面对该问题进行论证，为诚信征税法治化探寻逻辑进路，为诚信征税的制度安排奠定理论基础。

第三章为诚信征税法治化正当性的经济学评判。征税不仅是一个法律问题，也是一个经济学问题，对该问题的研究应当从经济学的角度进行剖析，以使税收制度设计更"合经济规律"。第一部分从诚信征税之征纳双方博弈均衡视角进行剖析，分别对征纳博弈的主体、目标以及结果予以考量，找寻诚信征税对征纳双方达到博弈均衡的经济学界定标准。第二部分是诚信征税之公共产品效用最大化视角解析。本部分运用经济学的均衡理论、效用最大化理论以及公共产品均衡理论，对公共产品的成本—收益进行了界定，剖析了公共产品均衡的政府征税的制度需求，以及实现公共产品效用最大化的诚信征税机制。第三部分为诚信征税之公平与效率一般均衡视角解析。通过对征税的公平与效率悖论解读，找寻税收公平与效率原则的关系及处理方法，推演出实现税收公平与税收效率一般均衡的理论路径。

第四章为诚信征税法治化的逻辑进路。诚信征税需要通过道德、宪法，以及税收法定和诚信税收的保准制定予以制度体现。第一部分为诚信征税的道德性拘束，论述了人民主权的自然正义，对纳税人财产权和人格权尊重的"德性道德调节"前提，以及国家税权的国家税权的私欲控制与知止、善为、尽责，确保诚信征税的"德性"要求。第二部分为诚信征税的合宪性考察。宪法明确了对公民的财产权、人身权和人格权的保护，这就当然构成了诚信征税的宪法基础。纳税人权利保护的征税权宪法约束是一种财产权的"在先约束"，"无代表不纳税"应当成为诚信征税的宪法逻辑机理，因此可以从宪法的高度来矫正政府失灵的问题。国家税权的宪法分权制约，具体包括政府和纳税人之间、政府和政府之间税权的横向和纵向配置的宪法制约，以之实现诚信征税约束的宪法保障。第三部分为诚信征税的法治化目标。非合作博弈是诚信税收的制度诱因，诚信征税的法治化目标，应当使征纳双方由非合作博弈转为合作博弈，解决集体理性与个人理性的冲突，实现政府、个人和社会公共利益的"有效均衡"，在满足个人理性的前提下达到集体理性。①

---

① 郭细卿，陈华威，许接眉.社会稳定中的林农利益维护机制研究 [J].东南学术，2011（5）：123.

第四部分是诚信征税的法治化谦抑。对国家征税权的限制和对民众私权的敬畏，是诚信征税合法化的核心所在。以不伤及"税本"的"最适课税理论"，科学划定政府征税"禁区"，限制政府征税权，以税收"谦抑性"原则为约束，以"中性"与"非中性"的兼顾，保护和尊重纳税人的私权，以彰显征税诚信法治化的制度效用。

第五章为诚信征税法治化的制度创新。将诚实信用原则这一道德义务融入法律规范之中，以充分体现税收法治是符合人民意志的"良法"。第一部分是诚信征税法治化的道德调节。诚信征税法治化应当遵循以纳税人为中心、以自由民主和法律确定的原则，将诚实信用原则固化于法律之中，使诚信"税德"形成制度的刚性羁束。第二部分为政府诚信征税法治化的税收法定表达。将诚实信用原则固化于法律之中，不仅确保了诚实信用原则的合法性，还增强了它的稳定性，这也是税收法定的本质要求。诚信征税的税收法定首先应当体现为诚信征税的宪法确立；其次是良性税制的诚信表达；再次是税收法定的纳税人同意权保留，以充分保障纳税人的决策权，税收法定的授权立法控制，以法定形式进行税收立法权的配置；最后是税收法定纳税人权利保护的制度映射，主要体现为税收立法、执法和司法的诚信规制，以及税收实体法和程序法的诚信原则路径依赖。第三部分为诚信征税法治化的正义实现。税收制度设计应当以税收实质正义为中心，遵从税收契约和利益衡平的诚信原则，突破政府与纳税人利益平衡的"二元"结构，充分考量政府、个人和公共利益之均衡，实现诚信征税法治化的实质正义。另外，应当持续披露政府征税和用税信息，以诚信构建阳光财税政府，以提高纳税人的信任度和遵从度。第四部分为诚信征税法治化的量能标准。以量能课税原则的内涵诉求与理论演进为逻辑起点，剖析了量能课税原则的适用痛点，将量能课税原则作为均衡理论和宪法平等原则的具体化融入税收法律制度之中，助推诚信征税法治化的实现。

第六章为诚信征税法治化的邻域制度。纳税人权利保护应当内含于政府征税和用税的整个环节之中，与政府征税相关的《预算法》《财政转移支付法》等邻域法律制度也应当体现对财税诚信治理的普遍约束。第一部分为诚信征税法治化的邻域制度变迁需求，首先对诚信征税法治化的制度环境极其效率进行了深度解析，其次从制度经济学的角度分析了诚信征税法治化的邻域制度变迁需求，提出税收领域制度构建应当增强制度耦合性，避免制度之间的冲突和制度真空。第二部分为诚信征税法治化的邻域制度变迁安排。首先分析了《预算法》完善的用税约束与诚信原则，认为应当进一步规范地方政府预算，建立财政资金使用效率的指标评价体系。其次对《财政转移支付法》的诚信立法进行了构建，《财政转移支付法》应将政府用税的权源、转移支付标准以及转移支付效率界定内涵于相关法律制度之中。最后对《公共投资法》提出了立法建议，政府进行公共投资应当从保护纳税人财产权的角度对拟投资项目进行详尽而审慎的考察，并辅以严格规范的投资"成本—收益"分析，从而实现国家治理法治思维和法治手段的运用，彰显制度治理的意涵内核。

目 录

引　言

一、范畴界定

春秋末期齐国的工艺官书《周记·考工记·匠人》曾记载："自治其所受田，贡其税谷。"我国奴隶制夏朝出现的"贡"被认为是中国最早的税收征收方式，因为就字面意思而言，"贡"是指奉献财物给上级，在古代尤指臣民或属国进献给帝王和朝廷的物品以及各地特色工艺品。由此看来，我国税收在诞生之初就带有君主意志的强性，纳税人近乎只有义务而无相应的权利。相较于基于公共利益而存在的征收与补偿之间的"唇齿条款"而言，税收是一种对财产权的无补偿的单纯限制[①]，这种"无补偿的单纯限制"显著地体现了政府征税的强权性质。因此，"强制性、无偿性和固定性"作为区别于其他财政收入的主要特征也就顺理成章。政府征税是国家凭借政治权利无偿取得财政收入，并且成为参与社会财富分配的主要手段，对纳税人的财产权和生存权乃至人格权极易造成侵蚀和损害。随着代议制民主理念逐渐深入，政府征税由君主私人意思自治转为以民众"同意"为基本前提，以纳税人意思表示为中心的税法成为阻却政府税收权力的一道防线，纳税人权利保护成为税法走向实质正义和公平的核心价值追求。在税法研究领域中，技术性规范和公理性制度成为学者们关注现代税法制度构建中的重点，并且体现为具体税收法律制度条文的构建与完善，大多数学者关注了量能课税、税收法定等税收基本原则，对于普适性的税制原则研究却鲜有著述。值得注意的

[①]　张翔.财产权的社会义务[J].中国社会科学，2012（9）：101.

1

是，以民众意思表示的征纳平等互信的税收契约理念尚未确立，更遑论诚实信用原则在税法中的普遍适用。"法律思维并不完全以系统为中心，而更多的是以问题为中心"①，税法长期被纳税人视为"恶"法，征纳互信度和税收遵从度低是税法难以消解的"痛点"，纳税人与政府征税机关长期进行"上有政策下有对策"的税收博弈，这些税法问题的实然状况和应然解决之道需要学术回应并进行阐释和确证。因此，本书以"问题"为导向，以国家治理体系和治理能力现代化为内涵需求，以税收契约为逻辑起点和行文主线，将诚信理念贯穿全文，论证诚实信用原则适用于税收法律制度的正当性，并为构建和完善税收立法和税收执法提供指南和路径。

从本质上讲，公民纳税、政府征税是基于税收契约的征纳关系，税收征纳的最终落脚点在于用税，政府征税和用税的主体和客体均具有同一性，征税和用税的对象更不能割裂和界分，二者不存在"楚河汉界"般的泾渭分明。但因政府征税对公民的"在先"财产权造成第一顺序的减损，因此极易引起实务界和学术界的广泛关注，而用税因内存于政府内部且长期秘而不宣，对用税的关注甚少亦在情理之中。不难分析，税收由政府取之于民，在取得税收之前的必经程序则为预算，预算内容（征税规模和税收使用范围）的来源并非凭空编造，而是取决于来年的税收支出。北野弘久的主张如下：理想状态下的税收法定主义的基本内涵应当包括三个阶段：第一个阶段是形式正义的税收法定，仅仅以法定的形式规定税收，而不问实体公正与否；第二阶段是实体正义的税收法定，即在宪政条件下，从约束立法机关课税权、量能负担、公平负担等法理出发构建现代税法；第三个阶段则是税收层面的税收法定，以纳税人基本权利保护为中心，将税的征收与使用相统一。② 由此可证，政府征税与用税是辩证统一的关系：一方面，税收取之于民众，又用之于民众；另一方面，政府征税规模以用税为确定标准，而用税又必须以征税规模为预算约束，政府征税与用税不能截然划分。因此，本书将政府征税和用税一并纳入研究视野，诚实信用原则当然适用于政府征税和用税两个环节。本书对税收诚信原则法治化问题展开研究，探究税收法治诚信原则融

① [德]特奥多尔·菲韦格.论题与法学：论法学的基础研究[M].舒国滢，译.北京：法律出版社，2012：26.

② [日]北野弘久.税法学原理[M].陈刚，杨建广，译.北京：中国检察出版社，2001：73-80.

入的理论来源，探寻税收诚信原则嵌入正当性的经济学评判标准，为税收诚信原则法治化的实现找寻进路。

二、选题来源

2021 年 5 月，国家税务总局曝光了 8 起虚开发票的违法案例，涉案金额数十亿元，其违法行为主要表现为以"假企业"的虚假主体虚开发票、以虚构"出口"销售事项骗取国家和政府退税、以"假申报"手段骗取税费优惠等行为。监管者无力杜绝的企业虚开增值税专用发票顽疾、纳税人隐瞒营业收入逃避所得税的屡禁不止，个人纳税申报的"税收焦虑"以及每次税改引发的"以讹传讹"后的政府紧急辟谣，使国家税收改革的正当性屡遭质疑，纳税人的"税痛指数"居高不下，征纳双方关系紧张成为税收征管绕不开的"痛点"。尽管税收法定已经逐步推进，税率全面法定也提上议程，山东淄博甚至启动"纪税联动"提高征收率，江西国税借助"互联网＋"模式提升税收征管的精准度和效率，征管部门为税收的"应收尽收"可谓用尽了洪荒之力，可仍然难以疏浚征纳互信的梗阻。2015 年 1 月 5 日，国务院法制办公布了《中华人民共和国税收征收管理法修订草案（征求意见稿）》，①继续肯定并授权税务机关扩展征管权力。正如财税伦理学者姚轩鸽所言："这种可依之'法'本身的合意性与合法性是否经得起终极追问？这两种征税权的扩张，是否经过合法程序的授予？"

诚信原则作为一种民事立法的价值追求，起源于罗马法的诚信契约，被尊为民法的基本原则，在私法领域拥有至高无上的地位。处于公法领域的税法对诚信原则却一直未得到广泛的确认和接纳，诚信原则的缺失导致征纳关系紧张，从而降低了税法的遵从度。随着代议制民主制度的日益深入，公共财产理念的不断渗透，契约精神对于税法之公平、平等价值的启示，诚信原则理念之借用自然成为税法公平正义之实质保障。欲实现税法原则与私法原则的融合与协调，必然产生以下学理追问：何为诚信征税原则的理论基础？税收诚信原则因何能降低纳税人"税痛"感？反观税收诚信理念的法治化现

---

① 本次修订草案总则第一条：为了规范税收征收和缴纳行为，加强税收征收管理，保障国家税收收入，保护纳税人合法权益，推进税收治理现代化，促进经济和社会发展，根据宪法制定本法。重点突出"规范税收征收和缴纳行为"，以之约束政府征税行为。具体参见 2015 年《中华人民共和国税收征收管理法修订草案（征求意见稿）》。

状，主要存在以下不容忽视的问题：第一，"强制性和义务性"为现行税收征管法律制度的逻辑起点，与现代法的权利本位、契约自由、信赖利益保护等理念相背离；第二，税收征管制度的诚信道德基础缺失，征纳关系紧张，税收遵从度低，与构建和谐社会与诚信社会目标不符；第三，公法私法化尚未植入诚信原则，税收法定中诚信理念阙如，与科学立法要求的良法善治相去甚远。

（一）诚信原则游离于税法之外的原因解析

第一，税权产生基于国家公权，并非征纳双方契约的结果。依据民法相关理论，契约是以双方当事人互相订立合致的意思表示所构成的为满足缔约各方的需要所进行的自由平等交往而相互遵守的约定。[①] 基于缔约各方的信息不对称和彼此不信任，涵盖自由、平等、守信、救济的契约精神随之产生。诚实守信是契约精神的根本要求，也是缔约双方的伦理基础。故此，诚实信用作为民法的"帝王条款"和"君临全法域之基本原则"，要求缔约各方均无超出契约的特权，并在合同法、保险法、证券法等民商事法领域均有明确的规定和体现，作为私法领域的基本原则已成为共识。反观税权起源，按照马克思国家学说的观点，税收是国家产生之后的产物，国家取得财产收入（税收）的权力是一种凌驾于私有财产权之上的主权权力，这种公权的产生和使用并不以国家付出相应的代价为条件，纳税便当然成为一种强制性义务，因此税收具有"强制性、无偿性和固定性"，私法的契约精神所倡导甚至强制的诚信理念自然缺失。

第二，征税权缺乏宪法的在先约束，税收法定原则仍显空泛。国家实现从私有财产到公有财产的转化大致有两种方式：暴力夺取或取得民众同意征税。从本质上讲，政府征税和用税都表现为自上而下的行政权力，是对纳税人自然财产权的侵蚀和剥夺。正如美国大法官约翰·马歇尔所言："征税的权力是事关毁灭的权力"，征税所造成的财产减少在规模上和数量上都是任何私人犯罪（如盗窃、抢劫）所无法比拟的。[②] 反观我国宪法，其只是明确规定公民有纳税的义务，而征税权的归属和行使至今阙如，其征税权就失去了法律上的约束和限度，征税诚信原则更显多余。

① 刘建民，杨明佳.契约理论视野中的"全球契约"[J].经济研究导刊，2010（25）：11.
② 高军，白林.宪法税概念探讨[J].中共四川省委党校学报，2014（2）：50.

（二）税收诚信基础缺失致使税收遵从度低

1. 非平等性的征税权取得致使税制无诚信原则基础

税收起源于封建帝王统治而无契约国家的诚信基础，既然将"纳税"和"死亡"相提并论，就言之凿凿地告诉纳税人：纳税正如人不能祈求长生不老，对待纳税义务不应有投机取巧的侥幸念头，依法纳税具有和死亡一样的自然规律，不可违背，不可避免。质言之，政府依靠征税取得财政收入，以之维系政府的正常运转，并为纳税人提供公共产品，以税收弥补生产和提供公共产品的成本。然而，我国却对税收有着这样的普遍认识：税收是基于国家主权根据法律法规，强制性取得国家财政收入的主要手段和方式。公民履行纳税义务，政府行使纳税权利，以满足政府运转的经常性支出和社会公共需求的提供。不难看出，我国的税收立法并非古典自然法学家们认定的契约式立法，而是公权力主导的强制性税收制度。

2. 征纳双方互信度低

2016 年，针对频发的增值税发票虚开案件，武汉市国税局在全国率先成立了增值税预警管理"别动队"，试图开展"清网行动"，从源头遏制骗税行为。尽管我国税收征管法以及刑法均对偷税、漏税和抗税做出了较为严苛的规定，并设计了较高的违法成本，但税收遵从度依然是征税机关的绕不过去的"难点"和"痛点"。研究表明：影响税收遵从的因素大致分为三个方面：威慑阻碍因素、社会承诺因素和人口统计因素。这三个因素中，税收公平和伦理道德基础对税收遵从度的影响较大。[①] 其他学者如 Bonno Torgle（2003）和 Neil Brooks（2001）均认为：纳税人对国家和政府的信任、社会道德水平和税收公平程度为税收遵从度的重要影响因素。[②] 由于我国征税诚信原则的缺失，纳税人与政府之间的对立未曾消减。纳税人偷税、漏税、避税和抗税等税收不遵从行为屡屡发生，征纳关系较为紧张，税收遵从度低仍

[①]　威慑性因素又包含被发现的概率、处罚、违法而受到的社会鄙视以及纳税人因违法而产生的犯罪感；社会承诺因素则为公平、税法复杂性、对社会税收不遵从状况的事前评估以及伦理道德水平；人口统计因素则包含年龄、性别、收入所得和税率。详见：ABRAMOWICZ KENNETH FRANK. An Empirical Investigation of Tax Compliance of Relate to Scholarship Income[D]. Columbia: University of Missour, 1991.

[②]　BONNO TORGLE. Theory and Empirical Analysis of Tax Compliance[D]. Basel: University of Basel, 2003.

是实现税收法治化的重要障碍。

（三）税收法定原则中诚信理念阙如

1.税收法定仅为政府征税的"有法可依"目标

税收法定原则起源于欧洲中世纪时期的英国，以法定方式限制了国王的征税权，强调未经国会同意的课税应当被禁止。税收法定原则要求应对政府征税的税收规模、征税对象、税率以及征纳双方的权利义务以法律形式加以固定，无法律依据则不能征税和减税。税收法治应当做到形式层面的法定和实质层面的法定，方能实现税收法定的实然落地。在税收法定的应然要求中，税种法定、税收要素法定和税收程序法定是形式正义的法律表达形式。税收法定原则在实体方面禁止立法机关滥用税收立法权力，且通过立法制约政府课税权，进而要求在税收立法中充分体现量能课税原则、平等负担原则、生存权保障原则等宪法性原则。此外，税收法定在程序方面要求税收立法、执法和司法的全过程都要自觉贯彻法定主义。因此，税收在较大程度上能实现国家征税的"有法可依"。进言之，税收实质法定，不仅要求形式上的法定，或者静态的、文本意义上的立法表达和制度罗列，更需要追求实质性的平等和公平、正义和效率。

2.税收法定原则中诚信理念阙如

税收法定应当实现由"规范法律形式"向"规范法律实质"的跨越，并具有较高遵从度。税收法律制度不仅要"有法可依"，而且要追求"良法善治"。一方面，税收立法应当受到作为其上位规范的宪法以及宪法精神的约束，以确保每一部税收法律都符合现代法治国家的基本理念。① 税收实质法定要求税收立法自觉地蕴含我国宪法的精神，体现和确认落实我国宪法的要求。而宪政精神则兼具法治、人民主权、平等、分权与制衡、人权等基本内涵。另一方面，由于我国税法并不具有宪政基础，更遑论平等和主权在民的民主思想，征纳双方不平等现象已然存在。要实现税法的良法善治，税收法定缺失了契约精神的诚信基础，税收法定的遵从也就没有征纳双方互信的根本，税收遵从度较低、纳税人的"税痛感"较强也在情理之中。

综上，我国征税的诚信基础缺失，不仅造成税收征纳双方真实的契约关系长期被遮掩，而且在税收立法中过分强调政府征税权的强制性和用税权的

---

① 刘剑文，侯卓.税收法定原则，如何落实[M].光明日报，2015-03-30（010）.

行政性，导致纳税人对政府征税行为的有效监督和制约被弱化，出现偷税漏税甚至抗税的情况。理论上，对诚信基础的忽视和淡化，则无法从根本上满足税法研究范式的私权保护转型，在税法理论上的逻辑自洽性也陷入难以为继之虞，更无力解决事务操作方面的改进乃至完善，亦难救其脱离税收遵从度低的现实困境。故此，本书选取"税收诚信原则法治化研究"作为选题，以契约论、博弈论、制度经济学、财政学、法学等相关理论为研究的理论来源，为税收诚信原则融入找到理论基础和逻辑进路，为税收诚信原则法治化探寻理论支撑，并为诚信征税探讨法律制度构建脉络与思路。

三、选题意义

（一）理论意义

在诚信税收的研究范式中，多以纳税人的诚信作为逻辑起点，而较大程度上忽视了征税诚信原则，且将诚信置于道德体系之中，割裂了道德与法律之间的紧密关系。再者，我国税收法律制度的相关理论基础缺失，使征纳双方关系错位，制度构建的路径依赖出现偏离。以"税收诚信原则的法治化研究"为选题主要有以下理论意义。

1.对财税法制度构建的理论基础研究具有增补性作用

我国税法研究起步较晚，理论研究较为薄弱，缺乏自身的普适性基础理论，加之传统税法赖以建立的理论基础是马克思主义国家学说中的国家分配论和国家意志论，与之相关的"阶级""专政""强制"等名词和观念亦进入税法学理论，成为其内在的、完全合理的理论基础，进而影响乃至主宰了税法学基本理论和具体制度的诸多方面。[①] 随着"主权在民""宪法约束"等税法内在理念和价值追求日趋凸显，税收诚信的理论研究成为税法学研究的当务之急。主要原因如下：其一，关乎民生财产"侵权"与保护的税法学，其主要职能是组织和分配公共财产，应当构筑具有普适性的学科理论大厦；其二，税法学理论应当具有独特的理论研究路径和视角，方能彰显税法学的学科独立性，改变长期依附于经济法、财政学理论研究的非正常状况。正如刘剑文教授提出的"南昌倡议"所言：理论创新是学科发展、制度建构

① 李刚.税法与私法关系总论——兼论中国现代税法学基本理论[M].北京：法律出版社，2014：3-4.

最直接的动力。基础理论是财税法学科大厦建设之根基。如果没有基础理论作为支撑，学科创新、制度创新只能是无源之水、无本之木。① 本书在前人研究的基础上，系统、深入地探寻诚信征税的理论来源和逻辑脉络，借鉴经济学、财政学等有关理论，融于财税理论研究之中，以增补税法学理论研究不足。

2. 有助于消弭财税法学与其他学科之间的泾渭之隔

相比其他学科，税法研究长期以"税收制度研究"的面目在税收经济学的圈子里"邯郸学步"②，税法学与经济学、财政学乃至民法都存在泾渭分明之态。不可否认的是，税收征纳关系在本质是一种契约关系，应当以私人所有权的确认和保障为本源，从物权法、侵权法和债法的角度对税收法律关系进行探讨和挖掘，借用民法理论的契约自由、诚实信用原则也是应有之意。公共财产法、税收法定、预算法、税收之债、量能课税等内容构成了财税法的核心范畴，与经济学、财政学等学科存在天然的关联和无法割离的交织，并且相互浸润和影响，财税法理论研究应当与相关学科发展并驾齐驱，完成传统财税法学向现代财税法学的转变。财税法学发展至今，其理论研究已经发生了较大转型，初步形成了一个以财税为领域，集金融法学、经济学、政治学和社会学于一体的应用性的"领域法学学科"，其理论构架的鲜活性和充实性需要打通学科之间的藩篱和阻隔，拓展研究视角和连通学科界限，将均衡理论、公共选择理论、博弈理论以及不完全契约理论等跨学科的理论成果运用至财税法理论研究之中，丰富和夯实财税法理论基石。

3. 拓展财税法理论研究方法和研究范式

任何一个社会，"实质上正是信任感，才是社会和政治机构得以持续和持久建设和运作的基础。只有信任存在的地方，制度和权威才有实施的基础。"③ 财税法的形式和实质都应符合民主精神，还应充分尊重私法自治，体现"自由、平等和权利"，以及"所有权绝对原则"和"诚实信用原则"的私权保护内涵。此外，税收的经济性以及其宏观调控作用仍需要法律制度设

---

① 本内容是刘剑文教授 2013 年 5 月在第四届中国财税法前沿问题高端论坛的发言，此次在南昌举行，会议倡导"强化财税法学基础理论研究，繁荣现代财税法学"。具体参见：刘剑文. 财税法论丛（第 13 卷）[M]，北京：法律出版社，2014.

② 同上，第 4 页.

③ ［美］安东尼·奥罗姆. 政治社会学导论（第 4 版）[M]. 张华青，译. 上海：上海世纪出版社，2006（3）.

计给予兼顾，最终实现税收的"效率"与"公平"的均衡。因此，财税法理论研究应当借用经济学、社会学、财政学等理论知识，拓展理论研究视野，转换财税理论研究范式，丰富财税法理论基础。财税法学理论研究发展至今，已经由"部门法学"发展到"领域法学"，单纯的某一学科、某一专业之理论已经无力满足研究需要，"法律现象领域化"[①] 倒逼出研究方法选择上的开放性、交叉性、发散性和协同性。因此，分析方法的多样性运用能较好地推进财税法"新常态"的学术回应，除了惯常使用的哲学分析法、规范分析法等分析方法，更要注重"观念更新与学术融合"，综合地运用和借鉴经济分析法、实证分析法和系统分析法等研究方法。只有实现研究方法的交叉和融合，不断拓展和挖掘财税法学的深邃内涵，才有可能引领中国财税法学理论研究的发展。不仅如此，财税法基础理论研究还应当走向精细化、系统化、规模化，只有在研究方法上海纳百川，且注重研究视角的多元与多维，才能对理论创新和对策研究形成最为有效的支撑。

（二）实践意义

1. 可以为征信征税法治化找到理论来源

诚实信用原则不仅是统率人们经济活动的一项基本道德准则，也是现代法治社会的一项重要法律规则。诚实信用原则作为民事立法领域的价值追求，在私法领域奉为圭臬，具有公法属性的税法却被冠以"强制性、无偿性、固定性"特征。随着"国家治理体系和治理能力现代化"的不断推进，科学立法成为全面依法治国的基础和根本，诚实信用原则作为一种具有道德内涵的法律规范，也随之出现在税法领域，但该原则只局限于对纳税人的约束和规制，甚至在很大程度上诚信税收就等同于诚信纳税，而税收法治则游离于诚信原则的匡正之外。随着对财税法公平、自由、民主的不懈追求，这一客观现实向学术界发出了征税诚信的呼唤和呐喊。诚实信用原则具有高度的抽象性，将其适用于以实体和程序为典型特征的税法之中，在内涵和外延方面将会产生模糊性和不确定性。据此，人们更多地把诚信原则泛化为一种道德基础，抑或税收治理的道德观。以社会契约论为理论来源，阐释税收法治的诚信依据，并以不完全契约理论破解诚信征税的经济性和宏观调控作用。

[①]　王桦宇 . 论领域法学作为法学研究的新思维——兼论财税法学研究范式转型 [J]. 政法论丛，2016（6）：62.

2. 可以为实现税收法定提供具有可操作性的原则和标准

税收法定原则包括税收要件法定原则和税务合法性原则[①]，该原则涵盖了税收立法和执法的整个领域，是民主法治精神和人权保障价值的彰显。税收法定制度构建的焦点集中于税收立法权的配置，规范授权立法以及"衡平"税收限权与行权的紧张关系。尽管学者郝如玉在前人的研究成果基础上提出了落实税收法定的路线图：落实税收法定原则，全国人大收回新税种的立法权，将税收主法的立法权交由全国人大，将实施细则的制定授权国务院，随着税收制度的不断完善，大多数国务院税收条例或者部门规章将陆续上升为全国人大的法律。[②] 然而，税收法定依然作为一个原则而未能很好地融入具体的制度设计之中，因为税收法定并非"天然"能实现税收公平，从而坚定地成为制衡政府"权力任性"的利器，税收法定的公平、自由和限权的精神追求，仅仅找到了国家税收法治建设的突破口，税收法定的空洞和抽象依然无可辩驳地成为实现税收公平的一道鸿沟。由于立法技术的限制，税收公平的界定和标准缺失，使税收法定原则在税法体系中显得突兀孤立，无所依附，诚信精神更是无从体现。因此，从有限政府的内涵诉求、纳税人预算约束与公共选择理论以及税收诚信原则的经济学考量等方面为实现税收法定中的诚信征税提供具体原则和衡量标准。

3. 可以对诚信征税法治化进行制度设计和构建

诚信决定国家财税制度构建的价值导向，并从基础层面制约和影响着国家和社会税收法治的根本方向。从税收制度构建的现实看，征税之所以要讲诚信，是因为现实中征税诚信理念和法治的缺失，制约了税收治理活动的正常运行，没有最大化地实现诚信税收法治化的终极目的。不仅如此，在征税尤其是用税环节也没有遵循互利共赢之共同目的，缺乏对纳税人最基本的敬畏，征税的公正性与公平性缺失，税收执法环节存在诸多不人道、不民主的现象，缺乏宪政制约和生态关怀，法治不健全，存在很多不讲诚信、征税程序不完备、征税过程烦琐、成本高等问题。从人类认知规律可知，人们对于确定性的事物总是有着高度的信任度，即对于形式理性的信任总是高于实质理性，而恰恰正是形式理性，能有效稳定社会预期，使免于恣意妄为的"法

---

① 刘剑文 . 财税法学研究述评 [M]. 北京：法律出版社，2015：46.

② 郝如玉 . 落实税收法定原则的路线图 [J]. 会计之友，2014（17）：8-11.

理型"治理成为可能。① 税法的制度设计融入诚信原则，使之映射为税法体系中的具体制度规范，以税法的形式理性表达其实质理性，提升国民对税法的敬畏和遵从，构建纳税人与政府的和谐征纳关系，是解决上述问题的重要进路。

四、研究述评

（一）国内研究现状述评

本书的选题为"税收诚信原则法治化研究"，结合选题和研究方案，需要进行两个方面的研究文献梳理：一是诚信原则在税收法治中应用的研究现状；二是税收诚信原则理论来源的研究文献，为本书的诚信税收法治化研究提供理论基础和逻辑路径。以下对这两个方面的研究现状分别论述。

1. 诚信原则在税收法治中应用的研究现状

诚实信用原则作为私法领域的一项基本原则，兼具道德性规范和法律性规范的双重特点，虽然不是一项具体的制度，但作为一项抽象的原则，对于一切民事主体的民事行动均发挥着重要的制约作用。② 但因财税法的天然公法属性，诚信原则很长时期被禁锢在民法等私法领域之内。随着 2004 年 9 月，党的十六届四中全会提出"构建社会主义和谐社会"之后，诚信原则才开始进入公法研究视野，税收诚信在国内的研究已经取得一些重要成果，为本选题研究提供了良好的理论基础。以"诚信"和"税收"作为并列关键词在 CNKI 学术资源库搜索，获得与主题直接相关的期刊论文共 24 篇，硕士论文 4 篇，博士论文 1 篇，报纸类文章 20 篇，2018 年以来（截至 2021 年 7 月）没有新的学术研究成果呈现，且这些成果主要集中于纳税人的诚信研究。学者史林辉的硕士论文《构建我国诚信纳税体系的思考》，从落实《公民道德建设实施纲要》角度，指出诚信纳税是指纳税人以税收法律法规为依据，正确计算应缴纳的税款，及时如实进行纳税申报，履行纳税义务。诚信纳税的必要条件包括正确的税收意识、普及的税法知识、规范的用税行为、对称的税收信息、高效的纳税服务等五个方面，文章末尾也提及诚信纳税建

---

① 吴元元.公共执法中的私人力量——悬赏举报制度的法律经济学重述 [J].法学，2013（9）：18.

② 付盘有.民商法诚实信用原则探讨 [J].经营管理者，2010（18）：20.

设需要为纳税人提供一个公平、和谐的税收环境。江西财经大学刘创的硕士论文《诚信税收研究》提出：诚信税收是履行公民遵守基本道德规范要求，诚信税收是征税机关和纳税人的双向诚信，二者对立统一、相互制约。

除以上对诚信税收进行探索和研究的较有代表性的学者外，还有较多著作和论文涉及诚信税收问题研究。比如，姜桂金[1] 在《论诚实信用原则在税法中的适用》一文中提出应当以诚实信用作为"支点"和核心构建我国税法制度体系。许前川、黄泽勇[2] 在《论诚信纳税》中提出：诚信纳税不是纳税人单方面的义务，要求国家、征税机关和纳税人共同遵守诚实信用原则。李彦玲在其硕士论文《促进纳税遵从与税制管理优化的思考》从税制优化管理的角度用两个维度论证了提高税收遵从度的路径与方法，一是应当以尊重纳税人的财产权利为核心，政府征税加强和优化纳税服务，以诚信税收为宗旨，构建和谐的税收征纳关系；二是纳税人应提高对税法知识的理解程度，不仅做到遵从税法，还要做到不钻税法漏洞进行避税，而是进行合法且合理的税收筹划。

以上研究成果虽然对诚信征税这一问题有所涉及，但也只是穿插于税收诚信机制研究之中，仅用寥寥数语一带而过，几乎没有把诚信征税作为一个独立的研究方向进行全面、系统和深入的研究。随着纳税人权利保护理论和财税法控权理论的提出和发展，学术研究的视角转向了政府征税的诚信建设，如西南财经大学张慧英的博士论文《我国税收诚信机制的构建研究》，认为各主体间权、责、利分配失衡，涉税制度供给的失当和历史传统与制度的转型是健全的诚信征税机制的根本原因，建议重构税收诚信各主体的责、权、利关系，明确政府在诚信机制构建中的职能定位，调整优化财税政策、制度，并提出了税收诚信机制的实现路径，通过激励、威慑理论以及正式、非正式制度的耦合，搭建了我国税收诚信机制框架。薛菁[3] 的硕士论文《我国税收信用体系建设的策略研究》对诚信税收缺乏的原因进行了研究，认为现代税收理念和诚信纳税意识的缺乏，征纳双方权利义务和信息的不对称以及税法体系、诚信制度、税制和税收征管制度的不完善阻碍了我国税收信用体系的建立，应从激励纳税人、建立信用监督机制和征税人执法信用评价制度等方面

[1] 姜桂金.诚实信用原则在税法中的适用[J].中国外资，2012（14）：204.
[2] 许前川，黄泽勇.论诚信纳税[J].天府新论，2005（Z1）：217-219.
[3] 薛菁.我国税收信用体系建设的策略研究[D].天津：天津大学，2006.

建立税收信用体系。曲雯雯[①] 的硕士论文《税法诚实信用原则研究》从国家、征管制度、纳税人以及社会诚信体系等方面引入诚实信用原则，提出了构建我国诚信纳税体系的基本设想和相关建议措施。此外，卢石梅、刘继虎[②] 在文章《论诚信征税的必要性》中论证了诚信征税的必要性，提出构建现代诚信政府应当着力建设发挥法律和道德的双重调节作用。另外，财税法学者姚轩鸽[③] 在其文章《税法遵从度影响要素系统分析与研究——当前中国税法遵从度状况评估与对策建议》中提出影响税收遵从度的重要因素就是宪政民主与优良道德。此外，该学者在《国家征税的道德依据》中认为，建立和谐的税收征纳关系基本道德准则主要有诚信准则、便利准则、最小成本准则。

　　从以上国内研究现状的梳理可以看出，税收诚信原则已经逐渐进入财税法学者们的研究视野，并且提出了一定的政策设计建议，这些研究成果为诚信征税的全面系统研究提供了素材和基础，具有较强的理论意义和现实意义。但国内大部分财税法学者对诚信征税的研究还处在起步阶段。在这一阶段所展现的研究路径有一个基本特点，即着眼于如何构建和谐征纳关系，提高税收遵从度的制度构建提及诚信原则，并且大多数将其与其他的宪政原则、民主原则等相提并论，并未进行独立的深入研究。此外，从税收诚信原则的研究成果分析不难看出，诚信税收并未引起财税法主流学者的关注和系统性研究，其观点也仅存于为数不多的硕博论文和实务界的制度安排研究之中，不多的学术论文比较浅显，所刊发的刊物总体上层次不高，研究水平较低且重复现象较为严重，更遑论诚信征税的系统性研究和制度设计。直面紧张的征纳关系、税收违法行为禁而不止，税收治理效能日益成为法治政府的着眼点和归宿点，提高税收遵从度的殷殷期盼，税收诚信成为"以法治税"的前提条件，是我国财税法实现"良法善治"的价值基础。据此，本书对诚信征税继续进行系统性、深入性的研究和分析，并对税收诚信原则法治化的逻辑路径和制度设计提供参考。

　　2. 税收诚信原则理论来源的研究现状

　　通过对税收诚信原则的系统性研究，其理论来源对本选题研究具有重要

---

① 曲雯雯. 税法诚实信用原则研究 [D]. 北京：中国政法大学，2011.

② 卢石梅，刘继虎. 论诚信征税的必要性 [J]. 湖南医科大学学报（社会科学版），2005，7（4）：52-54.

③ 姚轩鸽. 税法遵从度影响要素系统分析与研究——当前中国税法遵从度状况评估与对策建议 [J]. 玉溪师范学院学报，2009（11）：27-38.

的启迪作用和借鉴价值。税收是一个复杂的多主体参与和博弈的过程，税收行为研究的理论来源涉及多门学科，如法学、心理学、社会学、管理学、人类学和经济学等。财税法的功能在于规范国家与纳税人之间的财产关系和政府间的财政关系，以及由税收产生的经济效用和影响。故此，梳理和挖掘税收诚信原则的理论来源以及税收制度设计的合理借鉴，对税收诚信原则法治化的科学性具有决定性作用。

征税既是一个法律问题，也是一个社会问题、经济问题甚至管理问题。自税法诞生以来，就在经济学、管理学、法学、社会学等学科领域被广泛关注，尤其在财政学领域，税法的研究成果颇为丰富。分散于各学科中的诸多理论被借鉴于财税法的理论研究，如"委托—代理""博弈论""成本—收益""契约论"等理论，均能觅其踪迹。中央财经大学张美中[①]在其博士论文《税收契约理论研究》中运用"契约理论"的契约精神，强调在自由、平等、诚信、法治等基础上构建一种和谐税收秩序，并在有序的竞争环境下强调个体追求自身福利最大化，实现政府文明、诚信征税、诚信用税的良法追求，平衡"公权与私权""个人财产权与公共财产权"之间的矛盾与冲突。戴伟、付燕[②]的论文《论诚信征税机制的构建——基于制度经济学的视角》运用经济学的"博弈理论"对非诚信征税的行为成因及影响进行了分析，并运用制度经济学理论逻辑提出构建诚信征税的制度建设。苏小芳[③]在硕士论文《纳税信用的制度构建及实践创新——以浙江省瑞安市为例》中，以博弈论、行为心理理论为分析视角，提出营造诚信、公平、法治的税收环境，应当形成"纳税—征税—用税"三位一体的税收信用联动机制。学者周叶[④]的著作《纳税人纳税行为的经济学分析》运用"成本—收益""委托—代理"以及心理学和社会学等理论对税收中的偷逃税行为进行了深层次研究，探讨了影响纳税人税收遵从度的诸多因素，提出了诚信原则是提高税收道德水平的重要影响因素，税收法律、政府用税决策应当准确反映纳税人意志和诉求。在财税法领域，关乎税收实质公平、减少纳税人"税痛感"，提高政府

---

① 张美中.税收契约理论研究[D].北京：中央财经大学，2008.

② 戴伟，付燕.论诚信征税机制的构建——基于制度经济学的视角[J].经济经纬，2010（2）：9-12.

③ 苏小芳.纳税信用的制度构建及实践创新——以浙江省瑞安市为例[D].上海：华东理工大学，2013.

④ 周叶.纳税人纳税行为的经济学分析[M].上海：上海财经大学出版社，2009.

征税公信力的问题研究，主要运用了"宪政理论""量能课税""税收法定"等理论。比如，学者刘蓉、刘为民[①]在其著作《宪政视角下的税制改革研究》运用财政立宪理论对政府征税权的合法性与正当性以及如何提高政民互信等问题进行了深入研究，对我国税收实体法、税收程序法之完善提出了建议。张晓君[②]在《国家税权的合法性问题研究》著作中，运用量能课税原则、制度供给理论、诚实信用原则以及公共产品等价交换登录理论阐述和论证了国家税权合法性的实质标准，并对中国税收宪政制度进行了构建。

从以上对税法学所运用的主流理论可以看出，诚信征税的"契约理论"的理论基础来源基本得到普遍认同，大多数研究成果对该理论研究未能充分展开，浅尝辄止。财税的天然经济属性，诚信税收研究成果都不集中在财税法研究者的视角，反而频繁出现在财政学、管理学、经济学等领域，经济法领域的相关成果也寥寥无几。缘于学科之间的藩篱隔阻，诚信税收研究依然禁锢于学科泾渭，而财税法是兼具理论性和应用性的法学综合学科，且有学理基础的综合包容性学术视野上的纵横延展性。财税法学研究从其进入学术界视野的那一刻起，就同时面临着各种理论自足性的质疑和假定，并在相对薄弱的理论基础和相对闭锁的研究范式上蹒跚前行。[③]基于财税法学的综合性特点和理论体系的丰富和完整，财税法学研究也因此需要在复合的视角中展开和深入其理论借鉴与融入以及研究视角，乃至研究方法也理应多元化和多维度。本选题拟借鉴和运用经济学的均衡理论、不完全契约理论、管理学的激励理论等对诚信征税问题进行系统性综合研究。

（二）国外研究现状述评

大多数西方国家对征税权的控制根源可追溯到社会契约的"天赋人权、主权在民"等国家起源思想，代议制民主制度以及公共财产制度是政府诚信征税的根本性制度保障。针对本选题的国外研究现状，从税收遵从、征税管理两个维度梳理国外研究现状，研究成果主要集中在以下几个方面：一是税收遵从和征税管理对诚信税收机制建设并无明显界限，二者相互交织、相

---

① 刘蓉，刘为民.宪政视角下的税制改革研究 [M].北京：法律出版社，2008.

② 张晓君.国家税权的合法性问题研究 [M].北京：人民出版社，2010.

③ 刘剑文.作为综合性法律学科的财税法学——一门新兴法律学科的进化与变迁 [J].暨南学报（哲学社会科学版），2013（5）：25.

互影响。学者 Neil Brooks（2001）[1] 对税收遵从的影响因素进行了深入剖析，指出纳税人纳税行为的决定性因素为个人性格、环境因素、后果因素，该三个因素合并成为纳税伦理的道德趋向。进而认为决定纳税人税收遵从度提高的因素包括税法体系，如税法公平、容易被理解、便于执行；纳税环境，如公共支付和政府效率、税务机关的声誉；社会道德水平以及为纳税人的服务等。二是税收立法机关立法水平会直接影响税收遵从度。Suzanne M. Paquette（1994）[2] 在其博士论文中深入研究了税收遵从衡量的理论和实践问题，同时指出税法的立法机关、立法机关授权其他政府机关、执法机关以及司法机关作出的规定和有关税法解释应当是确定的，且不会产生歧义。三是税法的表达以及征税机关的执法力度与态度也会影响税收治理效率。Roth,J., Scholz,J. 和 Witte, A.（1989）[3] 以大量的调查数据和资料证明在涉税环节中税法模糊不清、税务机关的态度也是影响税收遵从的重要因素，并将税收遵从分为管理遵从（administrative compliance）、技术性遵从（technical compliance）、程序遵从（procedural compliance）和调整遵从（regulatory compliance）。四是国家的相关治理制度体系和治理能力还会对税收治理产生直接影响。Jonas Edlund and Rune Aberg（2002）[4] 合著的论文中以社会规范中的政治制度、民主制度、腐败治理等制度性因素为变量论证了法律制度对偷税和税收遵从的影响，认为该影响存在两个方面：一是法律制度直接决定了纳税人税收遵从的经济均衡；二是法律制度对社会规范的形成、水平和影响力的影响。五是税收原则的科学确立有助于实现税收公平。Smith（1904）[5] 从优良课税的标准视角提出了最适课税理论原则：平等原则、确实原则、便利原则和最少征收费用原则，且平等或者公平原则的解释可以遵循两条思路，即缴纳的税收应当与其获得的收益相匹配，以及缴纳的税收应当

---

① BROOKS N. Key Issue in Income Tax: Challenges of Tax Administration and Compliance, Asian Development Bank , 2001Tax Conference,, 2001.

② PAQUETTE S M: Severing Two Master:the Role for Tax Practitioners[D]. Waterloo: University of Waterloo, 1994.

③ ROTH, J A, SCHOLZ, J T., WITTE, A TTaxpayer Compliance: an Agenda for Research[M]. Philadelphia University of Pennsylvania Press, 1989.

④ EDLUND J, ABERG A. Social Norms and Tax Compliance[J]. Swedish Economic Policy Review, 2002（9）: 201-228.

⑤ SMITH. An Inquiry into the Wealth of Nations[M]. New York: Putanam's Sons, 1904.

反映纳税人的支付能力。六是主张税收规模的确定应当与公共产品的提供对等。Locke（1960）[①] 认为，税收在本质上是获得国家保护而支付的报酬，每个人的财产都是其劳动的成果，是一种应得的权利，它与作为服务报酬的税收相容，与基于非交换的国家索取不相容。七是主张税收应当以"量能课税"原则体现横向公平。Edgeworth（1958）[②] 在研究最适课税规模中运用博弈论推断出均等边际牺牲准则，指出国家和纳税人都是两个自利的当事人，他们不可能期望任何一方长期获得较大份额的总福利，在每种情形下能够使他获得总效用中或大或小比重的所有分配原则中，使每一次的总效用达到最大的原则提供给每个人的长期效用也最大。[③] 在理论上找寻问题的解决之道，就是对更富的人征税，使更穷的人得益，直至财产实现完全公平。八是主张运用"税收边际牺牲理论"优化税制体系。艾奇沃斯不仅将均等边际牺牲准则应用到公共服务成本分配，还将它扩展到实现收入均等分配的转移支付体系之中。行文中运用经济学理论对最优课税理论的研究和探索，以及对后续流转税、所得税分别适用比例税率抑或累进税率等法律制度都提供了宝贵的理论参考，也为本书的税收诚信原则法治化研究打下坚实的理论基础。

从上述文献的梳理中可以看出，虽然国外财税法学者并未直接提及税收诚信，也不曾以此为课题进行全面而系统的研究，但诸多研究成果都具有指导性和方向性的意义。比如：国家法律制度确定性、公信力以及公平性等方面会影响纳税人的税收遵从度，征税机关的服务态度、服务水平以及管理效率及水平都是建立政府与纳税人互信的重要因素。构建和谐的征纳关系，除了纳税人经济均衡的理性选择之外，还期望政府税收规模与所提供的公共产品相一致，并在测度纳税人的纳税能力和税率核定等方面做到纵向和横向公平。不难看出，国外学者对良好税制的研究遵循着政府主导的路径，政府是实现税收公平正义的主要主体，并且体现在政府征税和用税两个方面。国外的研究成果为本选题研究奠定了一定的理论基础和核心思想，即建立以纳税人权利为本位的税制，民众对税收法律制度应具有较高的承认和接受，且"国民相信赋税是缴纳给自己的"[④]。

---

① LOCKE J. Two Treatises on Government[M]. Cambridge: Cambridge University Press, 1960.
② EDGEWORTH, F Y. The Pure Theory of Taxation[J]. Economic Journal,1958（25）: 46-70.
③ 王勇. 公平与效率视角下我国个人所得税研究 [D]. 成都：西南财经大学，2009.
④ ［法］孟德斯鸠:《论法的精神》（上册），张雁深译，商务印书馆 1997. 第 221 页。

从本质上讲，实现良性的征纳关系，政府应当与纳税人建立信任感，"只有信任存在的地方，或信任能被建立起来的地方，制度和权威才有实施的基础。"[①] 以上研究成果如财税法领域的粒粒珍珠，为本选题的全面系统研究提供了宝贵的素材和基础，也为本项研究的纵深推进探明了方向。

五、创新与不足

（一）创新之处

1. 研究视角的创新

政府征税既是一个法律问题，又是一个经济学问题，其经济属性要求在研究过程中将经济学中"理性经济人"的研究视角置于财税法学语境中进行系统研究，以弥补法学理论的不足。

诚信征税问题的"存在场域"一直属于法学的范畴，其理论基础、前提假设、分析工具及结论均立足于法学，可以说传统法学分析工具的使用过程中几乎不考虑征纳双方的利益博弈行为以及税收遵从度较低的"经济人"理性选择，仅从税权分配的公平以及私权保护角度研究财税法的"良法善治"的目标和价值指向，确保征纳双方的互信以及税法的实质公平和正义。但征税行为具有本质上的主体间经济利益减损，揭开财税法背后的"经济学面纱"是洞察和剖析税收遵从的重要途径，对这些问题的研究需要将经济分析纳入法学视角进行审视和反思。以经济学理论分析为研究工具，实现诚信征税的经济分析和规范分析两种方法的对话与融合。

2. 研究方法的创新

作为纳税主体的自然人和法人与提供公共产品的国家之间存在利益的博弈与均衡，经济学领域中的"成本—收益"理论、效用最大化理论均可对税收征纳的本质关系进行解释和分析，制度性交易成本是纳税人的税收遵从和"税痛感"高低的重要因素，经济学内在的理论进路和分析理路为财税法研究领域增添了新的理论基础。此外，将私法领域的契约理论引入具有公法性质的财税法研究，强调并论证国家与纳税人之间是一种平等的契约关系，为倡导和深化纳税人权利保护理论提供了理论支撑。一直以来，财税法领域主

---

① ［美］安东尼·奥罗姆：《政治社会学导论》（第 4 版），张华青等译，上海世纪出版集团 2006. 第 3 页。

流观点认为：税收宏观调控作用和纳税人私权保护不能兼顾和平衡，纳税人与征税机关基于财产数量上此消彼长的关系而根本对立，征纳双方的"非合作博弈"必然会产生效率损失的"负和博弈"，"纳什均衡"理论的引入论证了政府中诚信征税制度的构建能使对立的征纳双方由非合作博弈转为"合作博弈"，并形成"整合博弈"的"有效均衡"格局。此外，不完全契约理论的借鉴能对财税法的根本目标——社会福利最大化这一要旨作出学理上的解释，并能为诚信税收制度设计找寻到逻辑机理。

3. 促进财税法理论的发展和制度变革的创新

征纳双方之间互不信任是其紧张关系的根本原因，良性的税收制度安排是税收遵从度较低和征纳成本高企的制度诱因。从本质上讲，通过严密科学论证，寻觅到财税法深化改革的突破口和优选路径，提高财税制度的科学性、规范性和衡平性，方能实现财税法的法定性、公平性和实质正义，不断提高税收遵从度。循此逻辑，不断丰富财税法学科体系和分析框架的终极目的是建立一套体现征纳互信的财税制度，从而实现政府限权、民权保护的良性税制局面。本选题立足政府诚信的逻辑起点，以纳税人权利保护为核心，遵循社会福利最大化原则，为税收诚信法治化进行制度设计，以促进财税法理论和制度变革的创新。

（二）不足之处

1. 研究中可能遭遇法学、哲学等知识储备不足的问题

诚信征税虽然是一个经济问题、社会问题，更是一个法律问题，在本选题的研究过程中不仅会涉及复杂的深层次法律关系和法学理论，还将运用抽象深邃的哲学思维剖析问题，找寻制度安排的逻辑机理。由于本科的非法学专业，法学基础理论知识储备存在先天不足。此外，博大精深的哲学思想和理论积淀比较薄弱，法哲学思维方式亦为本课题研究的短板。

所幸的是，税法领域的先贤们的研究成果和丰富著述，为法学研究奠定了坚实的学术基础和可资借鉴的理论宝库。在本选题研究过程中，有机会和条件得到了税法学领域、哲学领域大师们的悉心教诲和循循指引。最后，不同学科的丰富专业藏书、中外文数据以及方便快捷的网络资源，为本选题研究提供了诸多良好的学习渠道，很大程度上填补了法学、哲学基础理论知识储备不足的窘境。

2. 经济学研究范式的过度路径依赖

本选题在研究过程中打破了学科藩篱和禁区，引入和借鉴经济学、制度经济学研究视角和研究方法，运用博弈论、预期效用理论、信息经济学等有关理论解释和分析征纳双方的税收基本问题，揭示税收征纳关系紧张的经济学缘由，剖析诚信征税制度构建的经济学逻辑机理，探寻提升税收遵从度应当遵循的客观经济规律，似乎整个研究过程与经济学理论和方法须臾不分，对经济学研究范式极易造成过度的路径依赖。

不容忽视的是，财税法是调整纳税人与征税人之间的税收法律关系，建立以纳税人权利为本位的优良税制和和谐征纳关系问题研究，应当落脚于纳税人的私人财产权确认和保护，以及国家征税权的合法性和正当性判定，均构成了税收领域权利的确认与分配。因此，本选题在研究过程中运用法经济学的研究方法，以税法的权利义务为主线，仅以经济学研究作为方法和视角，以现有税收法律制度的"实然"现状为切入点，以诚信征税的法律制度构建为目的，克服了法学与经济学的"两张皮"现象。基于在研究中可能涉及如何从税收的客观事实提炼法律规范，如何将法律价值融入法律规则的构造等法学方法，前期十余年的法经济学交叉研究的学术经历，为实现经济学和法学的融入与贯通提供了基础和保障。

第一章　税收诚信原则的法治演变及诚信缺失的实践样态与学理追问

第一节　诚信原则的法治演进

　　孔子云:"人而无信,不知其可也。"著名宋代理学家亦言:"信犹五行之土,无定位,无成名,而水金木无不待是以生者。"民间更有"忠厚传家久,诗书继世长"的古训。由此看来,诚实信用不仅是个人的立身之本,也是家族兴旺之基,更是国家强盛发达之根。从诚实信用原则的发展历程来看,诚实信用原本是一种民事习惯和道德约束,要求人们在民事活动中保持诚实善意的态度,意思表示真实,恪守诺言,追求自己的利益应当以诚实信用为前提。由初始的民事习惯演变为现代民法基本原则,诚实信用从最初的民事习惯,发展到调整债权债务法律关系的补充性规定,最后作为民法基本原则,期间经历了漫长的法治发展过程,在这一过程中,西方契约绝对自由思想起着非常重要的推进作用,思想自由与主观恶意的对立与矛盾,罗马裁判官在判案过程中的"告知"与"衡平"的必然发生,加之恶意抗辩权成为对抗绝对思想自由的制约方式,这些因素致使诚信原则用于司法的早期渊源。随着商品交易日益频繁和复杂,诚实信用原则以诚信契约和诚信诉讼被广泛运用于债法之中,且具有强制性法规的功能。随着人类法学思想和法治理念的不断发展,诚实信用原则逐渐突破了民商法的私法范畴,开始出现在行政法等公法领域开疆拓土的趋势。与此同时,诚实信用原则的触角也开始渗透到税法之中。但是，税法作为以强制性义务为特征的典型性公法，诚实信用原则更多地单向适用于纳税人的纳税义务，而非政府的征税行为的约束和规范。

一、诚信原则在私法领域的缘起与勃兴

人不信，则名不达。诚实信用的道德约束功能在民事行为之中发挥着巨大作用，并以之促进了规范有序的民事活动。诚实信用原则要求人们在日常生活和交往之中，遵循公序良俗，忠实承担自己履行的义务和责任，以社会利益和他人利益为前提追求自身利益。在我国，诚实信用也早就作为治国、安邦和民间交往之行事准则。追溯至我国商朝时期，法家代表作《商君书·靳令》就将"诚信"与"礼乐、诗书、修善、孝悌、贞廉、仁义、非兵、羞战"并列确定为"六虱"，并以之作为政令和民众行事指导原则。[1] 在盛唐时期，出现了因诚信获得罪责赦免的案例，据《新唐书·刑法志》记载，唐太宗于贞观六年，"亲录囚徒，闵死罪者三百九十人，纵之还家，期以明年秋即刑。即期，囚皆诣朝堂，无后者。太宗嘉其诚信，悉原之"[2]。此两处之"诚信"，更多地体现为道德的弘扬和宣示，但尚未成为专门的法律规范和法律原则。

众所周知，诚实信用从商业习惯向法律规范的移植始于罗马法，而我国民法体系中的诚实信用原则源于罗马法，并通过日本、德国等国法律的借鉴和移植，逐渐确立了诚实信用原则在民法这一私法领域的地位。其重要原因是诚实信用（bonae fides）具有诚信、善意的一般意义，并主要包含以下两层含义：一是指诚实守信，是合法民事行为的基本特征；二是指不损害他人权利的善意。[3] 因此，罗马法上的诚实信用要求人们具有诚实和不欺诈的内心状态与外在行为，它要求人们在民事活动中的意思表示和行为过程保持一致性和统一性。因此，诚实信用原则从开初的民事习惯演变为现代民法基本原则，经过了从民法的补充规定到仅调整债权法律关系再到作为民法基本原则的过程。[4]

---

① 徐国栋.民法基本原则解释[M].北京：中国政法大学出版社，2001：75.

② 陈媛.论诚实信用原则的语源及其历史沿革[J].青海师范大学学报（哲学社会科学版），2009（6）：48.

③ 黄风.罗马法词典[M].北京：法律出版社，2001：67.

④ 孟庆凯.论诚实信用原则是如何被放弃以及怎样重新确立——诚实信用原则在市场经济中的地位[EB/OL].（2016-08-21）[2020-03-05].http://blog.sina.com.cn/s/blog_5415123101000a88.html.

（一）诚实信用原则对契约自由的矫正

亚里士多德曾言：积习所成的不成文法比成文法实际上更有权威，所涉及的事情也更为重要。[①] 诚实信用原则原本来源于伦理德性，上升为法律之后方成为一种具有强制性的特殊行为规则，对人们的意志和行为产生指引、评价、预测、强制和教育的作用，并成为民众认同且自愿遵守的社会规范，对社会的有序状态起着至关重要的作用。随着罗马商品经济的发展与繁荣，订立和履行契约成为经济活动中不可或缺的组成部分，契约自由观念随之产生并偕同发展。但法律无法穷尽所有社会生活现象，必须有其他法源予以补充。随着社会契约理论的广泛传播和普遍认同，个人权利本位思想促进契约自由，使契约自由成为近代私法的核心，正如台湾民法学者陈自强指出的："契约自由原则，虽然不是私法自治原则的全部，但却是最重要的内涵。"[②] 历经数年成长与完善的罗马法，曾一度被奉为司法实践裁决争议的不二准则，法官职能依照法律之条款进行私法活动，而无须自作利益衡量[③]，罗马法也成为司法实践中纯粹的私法机器。但是，在个人权利本位观念和契约自由思想的影响下，当缔约双方与社会公共利益出现冲突时，如果没有诚信原则作为补充，法官则无法依据合适的准则对当事人行为进行诚信与否之判断，其自由裁量也被完全排除，即使设计严密的罗马法也显得力不从心。本质上契约自由以保障当事人的正当利益不受他人和国家侵犯为根本目标，囿于诚实信用原则非强制性的道德调节作用，交易安全和市场秩序无法以"约定"和"俗成"行为有效维持，民事关系中的法律漏洞亦无以消弭。其主要原因如下：首先，复杂的商品交换关系衍生出的法律关系千差万别，法律规范的局限性无力详尽规定所有民事法律关系的行为模式、法律后果以及行为评价。其次，交易双方的信息不对称（information asymmetry）引发利益博弈和道德风险（moral hazard），无论多么周密的法律规范和法律条款，如果当事人存在滥用意思自治的主观故意，其总能找到规避策略，追求法律绝对确定而否定司法活动能动性的罗马法，在规范纷繁复杂的经济活动中就显得力不从心，从而对诚实信用原则有了强烈的法治需求。因此，契约自由、法

① 高其才.当代中国的社会规范和社会秩序——身边的法 [M].北京：法律出版社，2012：1.

② 陈自强.民法讲义契约之成立与生效 [M].北京：法律出版社，2002：119.

③ 梁慧星.民法解释学 [M].北京：中国政法大学出版社，1995：60.

官自由裁量权以及成文法所固有的弊端与缺陷呼唤普适性法律原则予以补充和矫正，诚信契约和诚信诉讼就在罗马法中顺势而生，最初主要体现在债权法这样的私法领域。在债权债务法律关系中，诚信原则要求债务人应当按照诚信契约原则承担善意诚实的义务，诚信诉讼原则同时也被适用于司法领域中，这样不但可以公平合理地确定当事人之间的权利义务，也可以判定当事人是否尽善良之注意义务，作为当事人责任分配和责任承担的评判和度量标准。因此，债权法领域中普遍适用诚实信用原则，其"诚信要求"和法官的"自由裁量权"已经具备现代民法的基本内涵。① 至此，诚实信用原则对市场主体的道德约束功能得到了拓展与升华，诚实信用原则不仅具有民事主体的道德调节功能和民众自愿遵守的行为准则，也成为法官自由裁量的法理依据，有效弥补了成文法的法律漏洞，并对当事人的利益冲突进行了合理平衡。

（二）诚实信用原则在私法领域的发展与勃兴

1.诚实信用原则法治化发展的逻辑进路

诚实信用原则在民事活动中的作用具体体现如下：该原则作为约定当事人的当然条款，不以是否在合同中明示或载明为必要条件，在履约过程中，一旦给对方当事人造成不利后果，则可以运用诚实信用原则进行考量和评判，对于当事人而言，不仅仅是承担约定的义务，还是一种必须承担的强制性补充性义务，任何当事人没有排除适用的特权，并不得在条款中明示排除适用。由此可知，诚实信用原则是所有民事主体享有的民事权利和承担民事义务的当然组成部分。随着司法理念的演进和转换，诚实信用原则逐渐完善，其三大功能具体包含平衡当事人和社会利益功能、解释和补充法律和行为之功能以及评判和确定行为之规则功能②，对此功能定位，学术界和实务界均不持异议。

只要在适用成文法的过程中出现漏洞与不足，诚实信用原则的补充作用就会被运用和体现，这也决定了诚实信用原则具有适用上的强制性③，同时

---

① ［美］博登海默.法理学——法律哲学与规律方法［M］.北京：中国政法大学出版社，1999：77.

② 李双元，温世扬.比较民法学［M］.武汉：武汉大学出版社，1998：56.

③ 姜秀梅.论诚实信用原则的司法适用［J］.辽宁广播电视大学学报，2006（3）：62-63.

在严格规则主义的立法方式下赋予了法官自由裁量权。因为诚实信用原则具有如下实质性内涵：不需以当事人是否明确做出意思表示为前提条件，诚实信用原则具有的天然实质正义精神，不只是能有效平衡缔约各方和社会利益，而且对法官在司法实践中赋予当然的自由裁量权，在法律条文中具有解释准则之作用，在本质上体现了公平、正义的法律价值目标。

社会利益分配的矛盾与冲突日趋复杂，成为推动诚实信用原则法治化的另一强大诱因。19世纪后半期，随着社会经济的不断发展和交易日趋复杂，新产生的经济关系对具有固定性的成文法提出了挑战，纷繁复杂的经济纠纷使缺乏弹性的民事法律在定纷止争方面越来越力不从心。经济基础的发展需要法律这一上层建筑的变革与之相适应，基于此，各国在立法中纷纷采取自由裁量和严格规则相结合的方式。与此同时，随着团体主义民法理论的产生，学者们不断地将实证主义和团体法学理论引入法学，将社会利益置于个人利益之上，对个人权利的绝对化和个人意志自由进行限制，强调个人应当承担社会责任和社会义务。尤其随着20世纪现代民主国家思想日渐被广泛接受和推崇，社会本位思想逐渐居于个人本位之上，该思想推动了民事立法的重大变革，立法宗旨从个人本位转变到了社会本位。这种立法导向的实然转变，使之前一直奉行的契约自由得到了国家强有力的干预。契约的绝对自由思想和主张受到了很大程度的挤压和限制，诚信原则的个人利益与社会利益的衡平作用得到了前所未有的强化，罗马法的严格规则主义逐渐过渡到严格规则与自由裁量相结合的立法状态。① 在形态万千的民事活动中，逻辑井然的合约无力平衡缔约各方的利益关系，履约过程中显性或隐性的利益纠葛和矛盾冲突不可避免，社会有序运行和利益平衡成为法律制度面临的首要问题，因为法律文本无力在保障社会有序运行的前提下穷尽和平衡所有利益关系，诚实信用原则当然成为"兜底条款"以弥补成文法之不足。正如博登海默所言："被视为社会交往的基本而必要的道德正当原则，在所有的社会中都被赋予了具有强大力量的强制性质。"② 因此，诚实信用原则等道德约束转化或上升为法律规定，对约束和规制利益的配置与流转以及社会稳定与和谐起着不可替代的作用。

---

① 徐国栋.民法基本原则解释（增订版）[M].北京：中国政法大学出版社，2001：334.

② 博登海默.法理学：法律哲学和法律方法 [M].邓正来，译.北京：中国政法大学出版社，1999：374-376.

2. 诚实信用原则法治化的立法演进

诚实信用原则在解决纠纷和平衡利益方面有着不可或缺的作用，但只有将其上升为法律才具有强制遵从的属性，并通过立法进行法律文本表达，以得到民众的自愿和普遍遵从。在以自由主义为核心的民法原则与经济社会发展的需要不相适应之时，契约自由受到社会本位和公共利益的制约和限制，同时反映出诚实信用原则法治化的历史演进过程。

诚实信用原则肇始于西方欧洲大陆，使制定法脱离了古典自然法的社会秩序的界定标准，逐渐成为民事立法的普适性通用原则。法国大革命带来了思想革命，人权思想和自由思想彰显了"人性解放"，诚实信用原则被嵌入法律条文之中，这是"人权平等"在法律形式上的体现，意思自治的契约精神也在相关法典中反映，契约思想中的诚实信用更是明确规定。① 因此，诚实信用原则奠定了现代民法典的基石，开创了诚实信用原则法治化的先河，随后的《萨克森民法典》《德国民法典》和《意大利民法典》等都明确规定了诚实信用原则的适用。② 如果说上述法典中只是由道德规范迈向了法治化的原则性规范，那么，《瑞士民法典》可以称为诚实信用原则的突破性标志立法③，因为其诚信原则的适用，由单纯的调整债权债务关系扩充到民事活动中的一般权利义务关系，这也是该法典出台初始就受到了各国法学界充分认可和广泛赞誉并成为标准化范本的根本原因，诸多国家的后续民事立法纷纷效仿，使诚实信用原则逐步走向了民法的权力之巅。诚实信用原则也因

---

① 《法国民法典》于1804年3月21日通过，是一部早期的资产阶级民法典，与当时的自由竞争经济条件相适应，体现了"个人最大限度的自由、法律最小限度的干预"这样的立法精神。其中的基本原则——全体公民民事权利平等的原则、绝对所有权制度、契约自由及过失责任原则等，都是代表着资产阶级的自然法领域中的"天赋人权"理论在此民法典中的体现。而私权神圣的核心就是所有权绝对。其中第1134条规定，契约应依诚信方法履行。具体参见：http://baike.sogou.com/v585335.htm.

② 1863年的《萨克森民法典》第158条规定："契约之履行，除依特约、法规，应遵守诚信，依诚实人之所应为者为之。"1896年《德国民法典》是其时代的代表，第157条规定："契约应斟酌交易上之习惯，遵从诚信以解释之。"第242条规定："债务人负有斟酌交易上之习惯，遵从信义，以为给付之义务。"1865年《意大利民法典》第1124条，1942年《意大利民法典》第1175条、1337条、1338条、1366条、1375条，1889年《西班牙民法典》第1258条等均有诚实信用原则的规定。

③ 1907年，《瑞士民法典》在第2条中作出了如下规定："任何人都必须诚实、信用地行使权利和履行义务。"

此完成了早期的道德规范到君临民商法全法域的"帝王条款"的转变。随着法律从个人本位向团体本位不断发展,诚信原则在民法中的适用范围逐渐扩大。受此影响,大陆法系各国在立法中均将诚实信用原则规定在民法典之中。① 在商法领域,诚实信用原则全程适用于合同的订立、履行、修改,并明确规定任何一方当事人均不得以"合意"为由加以排除。至此,诚信原则在民法领域已经处于全面渗透之态势,并对民事领域的司法和守法产生了深远的影响。

反观中国数千年封建社会,诚信作为一种道德约束形式,其教化功能、导向功能、调整功能成为调整社会秩序不可或缺的伦理要素。基于中国君王至上的"君言即法"的治国传统,诚实信用在较长时期仅仅停留在道德规制范畴,没能转换为具有强制性约束的法律规范。清朝末年,受"洋务运动""立宪思想""戊戌变法"等民主思想的影响,政府开始效仿西方变法修律,大量借鉴和引进西方法律制度,并在民法中引进了诚信原则,民国时期的民商法正式将诚实信用原则定为基本法律原则。之后的较长时期,由于中国走社会主义的计划经济之路,市场经济几乎处于停滞状态,诚信原则自然不可能得到法律的认可。直到1978年改革开放之后,社会主义市场经济体制随之确立,诚实信用原则才具备现实的前提和基础,直至1986年《中华人民共和国民法通则》正式颁布,诚实信用原则才在中国的民法制度中得以确立。

二、诚信原则在公法领域的承认与接纳

诚实信用原则的发展经历了罗马法、近代民法和现代民法三个阶段。作为民法中的普适性法律术语,完成了从道德规范到君临民商法全法域的"帝

---

① 1967年《葡萄牙民法典》第726条、1850年《巴西民法典》第131条、1984年《秘鲁民法典》第1362条、1928年《墨西哥(联邦特区)民法典》第1796条都对诚实信用原则作出了规定。虽然各国由于自身的历史传统、法律进程和民族性格的影响,在诚实信用原则立法演进的进程和步骤上并非绝对同步,但都把诚实信用原则作为民法的一项重要基本原则。在普通法系国家,美国与英国不同,其法律受德国的影响非常大。美国在1952年出版的《统一商法典》中直接引入诚实信用原则,其四百个条文中有五十多处提到诚信概念。如总则篇第1—102条第3款规定:"本法典所规定的诚信、勤勉、合理和注意义务,不可通过合意而排除。"第1—102条第19款规定:"诚信意为在有关的行为或交易中事实上的诚实。"在货物买卖篇第2—103条第1款b项规定:"涉及商人时,诚信指事实上的诚实和遵守同行中有关公平交易的合理商业准则。"

王条款"的转变，主要因为诚实信用原则来源于西塞罗等罗马法学家崇尚的"善意与衡平"的自然法思想。不仅如此，司法考量和利益衡平是诚信原则的外部运行机制，其内在运行机制则具有道德调节因素和伦理强制功能，"内外兼修"的诚信原则，强调民事主体的内部约束和公共权力的外部强制的有机融合。

中国作为大陆法系国家，公法（juspublicum）与私法（jusprivatum）存在较为严格的划分，成文法／制定法为其主要法律渊源，部门法典和单行法规，共同构成较为完整的成文法体系。在成文法的司法活动中，法官只能根据法律所建立的理念和逻辑作推演，而无权自作利益衡量。[①] 换言之，法官只能在法律规定下对案件进行评判和裁决，不得擅自创造法律和行使自由裁量权。众所周知，公法与私法的标准以保护利益进行界分，公法以维护公共利益为主要目的，其显著特征为"公益"，而私法则以保护平等主体之间的私人利益，即"私益"为依归。如前文所述，诚实信用原则具有法律解释功能，是赋予司法机关自由裁量权的重要法理依据，并以此弥补法律漏洞及衡平当事人之间的利益冲突。从主体地位来看，公法关系中国家与个人、政府与人民的地位不平等，是一种以命令和服从为特征的法律关系，似乎不具备诚实信用原则的法理基础。而私法关系中，法律主体的地位一律是平等的，不允许有特权的存在。[②] 因此，诚实信用原则的司法考量和利益衡平作用在平等主体的私法领域中广泛运用，而在以控权思想和命令服从为特征的公法领域，诚信原则鲜有适用。

经济发展和社会分工使经济活动日益频繁，市场交易主体个人本位的权利观念致使其产生了确认财产权利归属的现实需求，契约绝对自由则产生了自定交易规则之需求，政府与公民之行为理应受到信赖利益保护的契约要求。但此时的诚实信用仅仅是基本的道德约束，在司法上也只是简单适用和参考。社会主体的行为操守和道德准则逐渐构建了公共福祉提升和社会正义实现的基础和平台，政府与公民之间的管理与被管理关系也产生了善意、真诚、守信等伦理要求和道德期待，政府与民众的对立转向平等的公平诉求，其思想观念和法律思维浸润着平等和自由，并映射到个体自由和社会正义的价值考量。诚信原则的法理构建和制度设计需要一个符合抽象正义的伦理学

① 梁慧星.民法解释学 [M].北京：中国政法大学出版社，1995：60-61.

② 李保中.浅议公法和私法的主要区别 [J].黑河学刊，2011（10）：86-87.

范畴和法学范畴与之相呼应。起源于罗马法的古典契约思想构成了现代契约思想的价值判断的标准，契约自由原则逐渐渗透到政治领域，在以不平等主体为调整对象的公法领域也引入了契约自由思想，而诚实信用是契约精神的灵魂，稳定的契约关系需要诚信加以维系，公法中控制主体的权力应当受到制约和控制，权利义务主体的平等契约理念成为公法中的理论基础，诚实信用原则首先在判例法中给予确认。① 德国对于诚实信用原则在公法中的适用走在了世界的前列，1919 年的《德国租税通则》对纳税人和征税机关也有诚实信用义务的规定。在大陆法系的国家和地区中，德国率先在公法领域适用了诚信原则。日本在昭和 62 年最高院的一篇判决词也体现了诚实信用原则在税法这一传统公法中的适用。② 与此同时，葡萄牙和韩国的《行政程序法》对政府和公民的行政行为与活动均有诚实信用原则适用的限制性规定。③ 瑞士是较早在税法中适用诚实信用原则的国家，赋予了该原则法律解释的功能。我国台湾地区在行政法这一公法领域也明确适用诚实信用原则，其《行政程序法》第 8 条明确规定："行政行为，应以诚实信用之方法为之，并应保护人民正当合理之信赖。"由是观之，诚实信用原则由最初的保护民事行为主体的信赖利益已经转为协调法院与诉讼当事人的整体关系；我国澳门特区的《民事诉讼法》也体现了这一诉求，该法第 9 条规定："当事人应遵守善意原则；当事人尤其不应提出违法请求，也不应陈述与真相不符的事实。"诚实信用成为宪法原则不仅承认了政府与国民之间是一种特殊且平等的契约关系，而且对政府和民众具有普遍约束力。因此，诚实信用是法治政府的基本要求，也是政府公信力的基本保证。诚实信用原则在我国公法中以法律规范的形式明确得到确认，主要有《中华人民共和国行政许可法》第 8 条关于信赖利益保护原则，以及经济法领域的《中华人民共和国反不正当竞争法》的第 2 条："经营者在生产经营中，应当遵循自愿、平等、公平、诚信的原则，

---

① 1926 年 6 月 14 日，德国行政院在一项判决中声称："国家作为立法者以及法的监督者，若课予国民特别义务，于国民私法关系，相互遵守诚实信用乃正当的要求；且国家对于个别国民在国家公法关系上，该诚实信用原则亦是妥当的。诚实信用原则，对于一切法律界，包含公法在内，皆得适用之。"

② 阎尔宝.政府诚信论纲[J].北方法学，2008（10）:59.

③ 1996 年葡萄牙《行政程序法》第 6 条规定："行政活动中以及行政活动的所有手续与阶段，公共行政当局与私人依照善意规则行事并建立关系。"韩国在 1996 年《行政程序法》第 4 条更明确规定："行政机关执行职务，应本于诚实信用为之。"

遵守法律商业道德。"将诚实信用原则引入公法，是社会民主思想以及社会本位观念对制度变迁的内在需要和结果。

第二节 税收诚信缺失的实践样态

征税诚实信用原则的提出，并非一种闭门造车式的空想和纯粹的理论推演，而是由税收诚信中的法律实践问题引发的法律学理问题和反思。诚实信用原则要求当事人在行使权利和履行义务时，遵循自愿、公平、等价有偿的基本准则，信守承诺并诚实为之，不得违背对方的合理期待和信赖。诚信征税，首先应当表现为纳税人与征税主体之间的地位平等，这是税收诚信的基础和前提；其次是税法主体、征税客体、计税依据、税率等课税要件以及征税规模应当为纳税人的真实意思表示；再次是政府用税环节的税收支出项目和支出金额应当符合民意，税收支出程序应当遵循民众的意思表示，税收支出效率必须满足纳税人的利益最大化要求；最后是税收机关必须依据正当程序行使征税权，不得违反。但是，在政府征税的客观现实中，诚实信用原则的应然要求与实然表现存在较大差异，具体外化为税收征管的"越权"与"错位"，征税与用税随意性大，政府征税和用税的非诚信表现使纳税人视税法为"恶"法，致使征纳关系紧张，征税机关公信力较低，税收制度效率受到较大程度的减损。

一、征税环节诚信缺失的实然表现

无论是道德规范还是法律原则，诚实信用都要求人们在从事各项社会活动中诚实守信。政府在征税行为中出现的"人情税""过头税"等，擅自扩大税收执法权限、随意进行税收优惠、超越执法范围和违反税收执法程序、人为增加纳税人的不合理负担，以及在用税环节违反预算支出程序和支出范围等诸多非诚信征税行为严重影响了和谐税收征纳关系的构建。

（一）"过头税"非诚信征税行为屡禁不止

1. "过头税"的非诚信行为方式解读

2021年3月，"两会"的首场"部长通道"明确提出严禁征收"过头税"，税收行为应当依法依规。① "过头税"是指税收征管部门基于自身的利益和绩效考核需要，为完成上级下达的税收任务而过度地向民众征税的行为，是地方政府出于各种目的过度征收税款的俗称。具言之，"过头税"包含政府征税时间上的"过头"和征税幅度上的"过头"两大类，也包括征税机关对国家税收减免政策"打折扣"，甚至巧立名目增设新的收费项目。反观政府征税现状，尽管国家严格强调依法完成预算确定的税收收入目标和预算确定的减税目标，不得随意扩大或缩减征税规模和滥用税收优惠权②，但"过头税"现象依然令行不止，该现象在一定范围内长期存在，严重侵犯了纳税人的信赖利益和期待利益。

时间上的"过头"是指征税机关为了完成税收任务，把未来年度甚至以后更多年份的税收提前收缴，而幅度上的"过头"是指政府征税机关擅自增加非法定税种，或者提高税率，随意罚款等。时间上的"过头税"行为方式主要有以下几种：①本年度提前征收以后年度可能发生的税款，其数额在下一年初冲抵；②税源不足的情况下，由财政垫付税款，日后再返还；③本年度应该抵扣、退税的款项，故意从严审批，延期办理，至下一年再抵扣、退税，造成本期税收数额更大；④借助"混库"等方式，延期上缴、截留不属

---

① 2021年3月5日，两会开幕式结束后，财政部部长刘昆回答2021年财政政策落实情况的记者提问，他明确表示：积极的财政政策要提质增效，更要可持续，是一个整体。财政收入取之于民，用之于民，财政支出要提质增效、用得其所，回应人民的需求，让老百姓更多受益，发挥更好的效果。做到这一点，要从4个方面落实。一是依法依规征收，严禁征收过头税费。不能因为财政收支矛盾大而违法违规，增加群众企业的负担。二是提高支出效率。要优化结构，加强管理，快速直达，提升资金的效率。三是防止铺张浪费。要坚持艰苦奋斗、勤俭节约、节用为民，把钱花在刀刃上。四是强化绩效管理。绩效管理要覆盖到所有的财政资金，切实做到花钱要问效，无效要问责。

② 随着分税制改革的政策效果不断凸显，基于政府间的财政关系不均衡、地方政府的"数字崇拜"以及"财权"与"事权"的矛盾等诸多原因，"过头税"日渐盛行。2012年11月，河北沧州市献县诸多当地中小企业被国税局列入约谈名单，被要求"补缴"少则2万多则数万的税款。2013年7月30日，国税总局表示，地方征收"过头税"时，可以向总局报告。2013年12月26日，全国税务工作会议上国家税务总局局长王军强调说不收过头税。时至2018年1月17日，国家税务总局在全国税务工作会议上仍然强调"坚决不收过头税，坚决落实减免税"，"过头税"现象屡禁不止反映出税收法定在一定程度上还停留在形式正义。

于本级的税；⑤主体税种尚未征缴，先征缴待征税种。① 幅度上的"过头"主要表现为如下行为方式：①征税机关滥用自由裁量权，随意进行可高可低的自由裁量税率或罚款幅度，且就高征收税收和从高处罚税收违规和违法行为；②故意放纵税收中的违法违纪行为而不加以提醒和警示，以便从重处罚；③征税机关从高确认企业计税收入，从而提高税收规模；④征税机关通过改变计征方式、包税摊派等方式收取"过头税"。

2. "过头税"非诚信征税行为缘由解析

依据税收法定原则，征税机关征税的课税对象、适用税率、计税依据和征税范围等内容都应当基于税收法定，其年度税收规模源于具有法律效力的年度"国家预算"，税收机关应当严格依法征税，无权变动法定课税要素。与此同时，征税机关应当恪守税收正当程序原则，依照税收法律的规定严格执行，在缺乏法律依据的前提下，任何人都不得征税或减免税收。② 易言之，税务机关征税权力的行使，都必须受到依据建立在纳税人同意基础之上的税收法律之制约和禁锢，防止税务机关征税权的擅断与滥用，从而保护国民财产不受非法征税之侵害。③

"过头税"这种税收乱象长期存在，不仅有违于税收法定原则，而且对纳税人的财产权造成肆意侵蚀，更为严重的是，该征税行为违背了诚实信用原则，对征税机关的公信力造成了极大减损，加剧了征纳双方的对立情绪。"过头税"这一特殊的征税现象并非偶然，其间存在诸多必然原因。

首先，由于宏观经济形势低迷，纳税主体收入锐减，税源遭受较大影响，地方政府基于经济和社会发展以及社会责任的需要，加之国税、地税机关合并前长期形成的央、地的"财权"与"事权"划分不合理，造成央、地之间、地方政府之间的利益博弈和过度的税收竞争④，迫于财政支出压力，最倾向于"过头税"这种简单便捷的征税方式。

其次，税收任务异化为各级政府以及税务部门业绩的"指示器"。各级

---

① 黄国珍.地方政府"过头税"是怎样炼成的 [N].第一财经日报，2010-01-19（A07）.

② 张守文.论税收法定主义 [J].法治研究，1996（6）：57.

③ 王鸿貌.税收法定原则之再研究 [J].法学评论，2004（3）：56.

④ 2018年实行的国税与地税合并，旨在降低征纳成本，理顺职责关系，提高征管效率，为纳税人提供更加优质高效便利服务，将省级和省级以下国税地税机构合并，同时改善"地方税收竞争"，推动服务深度融合、执法适度整合、信息高度聚合。但地方政府的财权与事权不匹配现象仍未得到根本性改变。

地方政府的"业绩"指标和经济增长，甚至长期被简单地量化为税收规模的增长。为确保完成征税任务，粉饰政绩和制造繁荣局面，各级政府往往层层提高征税标准，尤其是遭遇经济周期性下滑、税源较大幅度减少的状况，地方政府在税收总量方面就极有可能"人为注水"，收取"过头税"。由于多种原因，我国在税收计划的具体编制过程中，是在上年完成的税收任务基础上，核定一个增长率，以之确定本年度的税收规模，相对于零基法①的税收总量确定方式，基数法②显然没有顾及经济波动的影响和宏观经济形势，这也是导致税收乱象的一个重要原因。

再次，在政府税收征收上，往往会根据长官意志，偏离地方经济发展状况，盲目设定征收目标，人为"平衡"入库，违规先征后返，甚至按不同口径编制多个账本，做大账目。甚至部分地方政府以及税务部门为了提高税收征管人员的积极性，按照征收数额给予奖惩。此外，税务官员出于逃避惩罚、追求奖励的自利动机，也可能走上征收"过头税"之路。

最后，部分地区为了增加地方既得财力，在税收征管方面出现道德风险以维护自身利益最大化，如随意改变纳税期限，恣意征收各类税收的预缴税款。详言之，征税机关对一些本应适用"权责发生制"核定税收的销售收入和营业收入，却在应纳税所得额年尚未实现时提前征税，或者对虽已实现了的但未到纳税期的收入预先征税等。另外，出于地方政府的群体突发事件平息的维稳和政绩需要，该地区的纳税人不得不承担增加预算支出的税负，地方政府支出往往倒逼增加税收收入，这也是"过头税"产生的一个重要原因。在一定程度上，这与税务部门培植税源、助力经济增长并不矛盾。

（二）"人情税""关系税"拷问税收部门的征税诚信

几千年来，中国一直受到重人伦的儒家文化的影响，并且成为形成人情

---

① 零基预算是指在编制成本费用预算时，不考虑以往会计（税收年度）期间所发生的费用项目或费用数额，而是以所有的预算支出为零作为出发点，一切从实际需要与可能出发，逐项审议预算期内各项费用的内容及其开支标准是否合理，在综合平衡的基础上编制费用预算的一种方法。零基预算的基础是零，本期的预算额是根据本期经济活动的重要性和可供分配的资金量确定的。

② "基数法"是与"零基法"相对应的一个税收规模核定概念，基数法是以上一年度税收为基数，根据一定的增长率，再加上特殊因素确定当年的税收任务。基数法在信息对称、权责方面显示出很大的弊端，容易出现隐瞒税款、平衡入库等行为。

社会的真正原因。① 中国的人情文化以关系为纽带，形成一根根以私人关系为节点的社会网络。到目前为止，中国社会模式依然是人情社会模式，这种人情文化深刻地影响着行政公共组织。在现代公共行政组织中，关系社会、差序格局的影响力依然不容忽视，并且产生了一系列不良现象：人格化倾向、非规范化、寻租与腐败行为等，这些不良现象将直接损害公共行政组织的形象与信用，引发组织内部人员、社会公众的强烈不满。② 在政府征税过程中，征税机关同样会受到这样的困扰，"人情税"现象亦普遍存在。所谓"人情税"，是指以感情、关系代替税法的一种税收腐败现象。"人情税"的基本特征就是以权力为资本，以缺乏法制制约为条件，以人情为媒介，以谋取私利为目的，它是当前贯彻落实依法治税和建立诚信政府的一大障碍，尤其在税收制度不健全的当下，"人情税"已变成了最通行的调节原则，主要表现如下：税收应收不收，不应减免的反而减免，使追求实质公平和正义的税收制度的天平向着极端自私的方向倾斜，"人情税""关系税"拷问政府征税诚信，拷问政府公信力。

（三）滥用税收优惠审批权的征税不诚信

税收优惠是指依据税法及其相关规定对某些特定纳税人和征税对象给予税收照顾和减免的一种特殊规定，一般表现为免除纳税人应缴的全部或部分税款。由于我国税收优惠立法权的限制性规定缺失，该权力滥用已经成为税收征管中的普遍现象。主要表现如下：基于经济宏观调控、产业结构调整、培植税源以及增加就业的需要，财政部、国家税务主管机关等部门未经全国人大及其常务委员会授权，直接出台相应的税收优惠政策，甚至一些国家部委在审批地区规划项目时，往往将税收优惠政策一同并入审批事项。还有一些地方政府为了加大招商引资力度，自行出台税收优惠政策，主要包括对企业应交税收予以先征后返，或者给予财政补贴等变相税收优惠政策。在税收优惠的决策过程中，对于税收优惠力度、减（免）额度、税收优惠期限等事项，并未经过严格审慎的考量与评估，存在程序上的合法性缺失。更有甚者，一些地方政府及其官员将税收优惠作为"权力寻租"的途径和手段，严

---

① 李晓玲. 中国人情：本土化的社会资本来源 [J]. 长春理工大学学报（社会科学版），2007（2）：43.

② 王自亮、陈洁琼. 科层理性与人情社会的冲突与平衡 [J]. 浙江学刊，2016（6）：138.

重违背了税收公平原则。综上所述，税收优惠权的滥用减损了征税诚信度，加剧了征纳双方的对立和不满。

虽然税收优惠政策是为了推动国家或政府为宏观调控需要而采取的一种激励措施，在一定程度上不具有法律的稳定性，但也应当遵循税收优惠法定原则，并且税收优惠审批权以及税收优惠立法权取得和行使均应当具有合法性。从税收优惠立法权的取得来看，只有通过宪法或法律的明确授权才在效力上和形式上具有合法性。但是，我国宪法对税收优惠的立法权存在缺失，并没有明确规定该权利的取得与行使，这并不意味着税收优惠立法权可以随意取得，这一点可以在《中华人民共和国立法法》中找到依据①，虽然税收优惠立法权未能在此法的法条中载明，但该事项关涉国家宏观调控、区域均衡发展和产业机构调整，应当属于"必须由全国人民代表大会及其常务委员会制定法律的其他事项"。这一兜底条款所涵盖之内容只能制定为法律，全国人大常委会有权授权国务院作出相关的规定，同时该项授权决定应当明确授权的目的、范围，以及授权机关不得再授权。可见，我国税收优惠的立法权只能由全国人大及其常委会行使，或在必要时由全国人大常委会授权国务院行使，其他任何机关行使税收优惠立法权在形式上都是不合法的。

此外，税收优惠立法和执法活动的程序要具有合法性。税收优惠立法在程序上应当符合程序公正的一般性要求，税收优惠立法程序上的公开、民主和科学是其实现形式合法性的基本要求。同时，税收优惠的实施和执行程序应具有合法性，税收优惠的内容和征税对象等规定要符合法律规定，即税务行政机关必须严格依据法律的规定稽核征收，而无权变动法定课税要素和法定征收程序。税收优惠立法的内容不能与已有的效力位阶高于它的税收优惠法律相抵触。下位阶的税收优惠立法不能违背上位阶的税收优惠立法，上下位阶的税收优惠立法应当保持一致性，即全国人大所立的税收优惠法律具有最高的权威，国务院所立的税收优惠行政法规不应该与之相抵触。

二、用税环节诚信缺位的实然表现

从本质上讲，政府用税仍然属于纳税人财产权的延伸，同样需要对政府

---

① 2015年3月15日，十二届全国人大三次会议表决通过了修订后的《中华人民共和国立法法》，该法规定有关税收等11事项只能制定法律，其中，第八条第六项明确税种的设立、税率的确定和税收征收管理等税收基本制度必须制定法律。

税收权力进行约束和控制，否则也会对纳税人权利产生侵害。预算法规范了政府税收中的收支行为，对政府用税权力划定了职权范围，使财政支出在有序可控的状态下进行。但是，在预算编制和预算执行环节，必然涉及纳税人、财政部门以及各级政府等多方主体的切身利益，作为"理性经济人"不可避免会产生逐利行为，从而偏离预算的公共利益目标。[①] 因此，在政府实际用税过程中支出不到位、缺位和错位等现象依然存在，因预算支出增加而使地方债恶性膨胀，从而造成财政分配不公，或政府提供的公共服务和公共产品不足和不均衡，人为造成财政预算收支严重失衡和税收使用效率低下，部分财政民生工程和投资项目损失严重，腐败现象横生。[②] 政府用税的非诚信现象主要体现在以下几个方面：

第一，各级地方政府为了自身利益或者为了满足教育、科技、医疗和社会保障等法定支出考核需要，随意增大公共财政预算，导致财政资金大量沉淀，年终集中花钱现象长期存在且较为普遍，由此降低了税收的使用效率。第二，地方政府预算编制过程未能充分尽到审慎注意义务，缺乏对国家宏观经济社会发展态势的研究和预判，对民众的公共产品需求没有进行深入的分析研究，仅仅根据历史经验做主观判断和预测，导致预算编制内容不够翔实、数字精确度较低，产生预算计划与实际支出差别较大，致使一些项目当年因预算资金的约束而无法执行，从而出现财政支出"年末财政预算资金结转过大"的问题。第三，对预算资金使用和财政资金往来专户的资金控制不严格，未实行有效监管。在财政支出时违反预算法及财政部相关文件的规定，将库款资金调入财政专户中，或者将中央及省级财政专项资金滞拨而不下发，甚至部分预算单位将违规收费收入和非税收入等资金存入财政资金往来专户进行预算外循环。再者，擅自改变预算资金用途的现象也时有发生，如有的预算单位将国库资金出借给相关企业用于周转及建设，严重违反了关于预算资金的用途约束。

财政支出关涉几乎所有黎民百姓的公共利益和财产利益，政府用税的公共属性不言而喻。此外，政府基于国家权力的保障又使税收支出带有强烈的权力性和垄断性，因而财政支出领域存在广泛的选择和自由裁量空间，而这

① 林静.新预算法下以支出控制为核心的财政规则研究[J].西安财经学院学报,2018(1):5.
② 刘隆亨.新《预算法》的基本理念、基本特征与实施建议[J].法学杂志,2015(4):23.

些选择和自由裁量直接关系到民众福祉。^① 欲实现政府税收行为从"税收法定"到"支出法定"的法治化要求，不仅需要从法律制度方面加以完善，还应当以诚实信用为行为约束准则，否则长期存在且禁而不止的"过头税""人情税"以及税收支出的"自由裁量权滥用"的现象，将在一定程度上侵害纳税人的财产权、生存权以及发展权，容易使民众让渡的征税权沦为侵害、掠夺之权。

第三节 税收诚信缺失的学理追问

于 2016 年 6 月 1 日全面实施的"营改增"政策，使征收了 66 年的营业税彻底退出了历史舞台。"营改增"制度设计的初衷是结构性减税的改革而产生的，但面对该制度实施后 5 000 亿的天量减税，纳税人似乎并未因减税而提升税收遵从度，偷税、漏税现象依然屡禁不止。^②

一、征税诚信缺失的"税制基因"

税收起源于封建帝王统治，并无契约国家的诚信基础，既然将"纳税"和"死亡"相提并论，就言之凿凿地告诉纳税人：纳税正如人不能祈求长生不老，对待纳税义务不应有投机取巧的侥幸念头，依法纳税具有和死亡一样的自然规律，不可违背，不可避免。易言之，政府依靠征税取得财政收入，以之维系正常运转，并为纳税人提供公共产品，以税收弥补生产和提供公共产品的成本。然而，我国却对税收有着这样的普遍认识：税收是基于国家主权根据法律法规，强制性取得国家财政收入的主要手段和方式。公民履行纳税义务，政府行使纳税权利，以满足政府运转的经常性支出和社会公共需求的提供。不难看出，我国的税收立法并非古典自然法学家们认定的契约式立法，而是公权力主导的强制性税收制度，"普天之下，莫非王土"是中国传统税文化的重要历史渊源，黎民百姓租住和寄居"王土"，缴纳租税乃天经地义之事。再者，民众在"王土"之上生存和繁衍生息，君主或帝王为之提

---

① 刘剑文.财税法总论[M].北京：北京大学出版社，2016：329.

② 堪称设计完美层层抵扣的增税税种，世界 200 多个国家和地区普遍征收的增值税，依然在征收环节中出现偷税现象。具体参见 http://business.sohu.com/20160928/n469331498.shtml.

供了安全之保障，纳税上贡理应遵从国君之意。另一方面，"天子"之地位乃为神授，接受黎民之供奉为天然之秩序。这样的税收制度本身就带有扩张性、侵犯性和任意性的强大基因，而不具备西方契约国家理念中所倡导的平等、自由和诚信的本质。

这种强制性、义务性的税制理念加剧了纳税人的税收不遵从，减损了征税机关的公信力和信任度。2016 年，针对频发的增值税发票虚开案件，武汉市国税局在全国率先成立了增值税预警管理"别动队"，试图以开展"清网行动"从源头遏制骗税行为。尽管我国税收征管法以及刑法均对偷税、漏税和抗税做出了较为严苛的规定，并设计了较高的违法成本，但税收遵从度依然是征税机关绕不过去的"难点"和"痛点"。影响税收遵从的因素大致分为三个方面：威慑阻碍因素、社会承诺因素和人口统计因素。这三个因素中，税收公平和伦理道德基础对税率的遵从度影响较大。[①] 其他学者如 Bonno Torgle（2003）和 Neil Brooks（2001）均认为：纳税人对国家和政府的信任、社会道德水平和税收公平程度为税收遵从度的重要影响因素。[②] 由于我国征税诚信原则的缺失，纳税人偷税、漏税、避税和抗税等税收不遵从行为屡屡发生，征纳关系较为紧张，税收遵从度低仍是实现税收法治化的重要障碍。我国税权产生基于国家公权，并非征纳双方契约的结果。依据民法相关理论，契约是以双方当事人互相对立合致的意思表示所构成的为满足缔约各方的需要所进行的自由平等交往而相互遵守的约定。[③] 基于缔约各方的信息不对称和彼此不信任，涵盖自由、平等、守信、救济的契约精神随之产生。诚实守信是契约精神的根本要求，也是缔约双方的伦理基础。故此，诚实信用作为民法的"帝王条款"和"君临全法域之基本原则"，要求缔约各方均无超出契约的特权，并在合同法、保险法、证券法等民商事领域均有明确的规定和体现，作为私法领域的基本原则已成为共识。反观税权起源，按

---

① 威慑性因素又包含被发现的概率、处罚、违法而受到的社会鄙视以及纳税人因违法而产生的犯罪感；社会承诺因素则为公平、税法复杂性、对社会税收不遵从状况的事前评估以及伦理道德水平；人口统计因素则包含年龄、性别、收入所得和税率。详见：Abramowicz Kenneth Frank；An Empirical Investigation of Tax Compliance of Relate to Scholarship Income,[D].Columbia: University of Missour, 1991.

② TORGLE B. Theory and Empirical Analysis of Tax Compliance[D]. Basel: University of Basel, 2003.

③ 刘建民，杨明佳.契约理论视野中的"全球契约"[J].经济研究导刊,2010（25）：11.

照马克思国家学说的观点，税收是国家产生之后的产物，国家取得财产收入（税收）的权力是一种凌驾于私有财产权之上的主权权力，这种公权的产生和使用并不以国家付出相应的代价为条件，纳税便当然成为一种强制性义务，因此税收具有"强制性、无偿性和固定性"，私法的契约精神所倡导甚至强制的诚信理念自然缺失。

另外，我国征税权缺乏宪政的在先约束，税收法定原则仍显空泛。国家实现从私有财产到公有财产的转化大致有两种方式：暴力夺取或取得民众同意征税。从本质上讲，政府征税和用税都表现为自上而下的行政权力，是对纳税人自然财产权的侵蚀和剥夺，正如美国大法官约翰·马歇尔所言："征税的权力是事关毁灭的权力"，征税所造成的财产减少在规模上和数量上都是任何私人犯罪（如盗窃、抢劫）所无法比拟的。① 反观我国宪法，则只是明确规定公民有纳税的义务，而征税权的归属和行使至今阙如，其征税权就失去了法律上的约束和限度，征税诚信原则更显多余。再者，处于弱势地位的纳税人在这种强大的垄断权力面前，其财产权如果没有宪政承认和保护，面对征税权的肆意滥用也无能为力。税收法定原则在公法上长期得不到确认，学者们倡导的税收法定也沦为了一句掷地无声的口号。

二、税收法定原则中诚信理念缺位

税收法定原则起源于欧洲中世纪，其以"无代表不纳税"的理念确定了对纳税人财产权的保护，以及从法律层面限制了国王的征税权，确立了"国王自理生计"的财政原则，从根本上界分了国家税收收入的主要用途，强调未经国会同意的课税应当被禁止。随着我国法治进程的不断推进，税收法定也成为税收立法中的基本原则并加以采纳，但是税收法定原则仅为政府征税的"有法可依"目标，因为该原则在我国宪法中只是体现为纳税人的义务，② 并无政府征税权的法定限制，而无征税权和征税行为的法定表述。税收法定原则要求对政府征税的税收规模、征税对象、税率以及征纳双方的权利义务都应当以法律形式加以固定，无法律依据则不能征税和减税。在税收法定的应然要求中，税种法定、税收要素法定和税收程序法定是形式正义的法律表达形式。税收法定原则在实体方面禁止立法机关滥用税收立法权力，

① 高军，白林.宪法税概念探讨[J].中共四川省委党校学报，2014（2）：50.
②《中华人民共和国宪法》第五十六条规定："中华人民共和国公民有依照法律纳税的义务。"

且通过立法制约政府课税权，进而要求在税收立法中充分体现量能课税原则、平等负担原则、生存权保障原则等宪法性原则。此外，税收法定在程序方面要求税收立法、执法和司法的全过程也都要自觉贯彻法定主义。因此，税收在较大程度上能实现国家征税的"有法可依"。进言之，税收实质法定不仅要求形式上的法定，或者静态的、文本意义上的立法表达和制度罗列，更需要追求实质性的平等和公平、正义和效率。从表面上看，缴纳税款是对纳税人财产权利的强制性"剥夺"，因此纳税人视税法为"恶法"，"负价值"则成为对政府征税行为的总体认知。如此一来，纳税人基于自身利益驱动，往往尽其所能降低自己的税负。加之我国税法过分强调税收的强制性、无偿性 ①，以及税收征管法的义务性导向立法，更加剧了纳税人对政府税收行为的对立。如此一来，纳税人与征税机关的平等性成为一纸空文，纳税人甚至认为其缴纳税款的作用就是供养政府及其官员，因此这种根本性的抵触无疑会导致政府征税机关的诚信遭受质疑，还会使纳税人认为税收"取之于民，用之于民"仅仅是一句空洞的口号，正如孟德斯鸠所言：因为国民相信赋税是缴纳给自己的，因此愿意纳税。②

我国税收法定原则中诚信理念阙如，与良法善治要求相去甚远。税收法定应当实现由"规范法律形式"向"规范法律实质"的跨越，并具有较高遵从度。税收法律制度不仅要"有法可依"，而且要追求"良法善治"。一方面，税收立法应当受到作为其上位规范的宪法以及宪法精神的约束，以确保每一部税收法律都符合现代法治国家的基本理念。③ 税收实质法定要求税收立法自觉蕴含我国宪法的精神、体现和确认落实我国宪法的要求。而宪政精神则兼具法治、人民主权、平等、分权与制衡、人权等基本内涵。另一方面，由于我国税法并不具有宪政基础，更遑论平等和主权在民的民主思想，征纳双方不平等现象已然存在。要实现税法的良法善治，税收法定缺失了契约精神的诚信基础，税收法定的遵从也就没有征纳双方互信的根本，税收遵从度较低、纳税人的"税痛感"较强也在情理之中，这与建立和谐社会、诚信政府和效能政府的目标相去甚远。

---

① 虽然《中华人民共和国税收征收管理法（2015 年修订版）》经过了多次修订，在总则第一条也提及"保护纳税人合法权益"，但后续的法条对纳税人权利的实质性保护并未体现，因此现行税收征管法仍然是纳税人的义务导向。

② ［法］孟德斯鸠.论法的精神（上册）[M].张雁深，译.北京：商务印书馆，1961：221.

③ 刘剑文，侯卓.税收法定原则，如何落实[N].光明日报，2015-03-30（010）.

综上，我国征税的诚信基础缺失，不仅造成税收征纳双方真实的契约关系长期被遮掩，而且在税收立法中过分强调政府征税权的强制性和用税权的行政性，纳税人对政府征税行为的有效监督和制约被弱化，偷税漏税甚至抗税现象频发。理论上，对诚信基础的忽视和淡化，则无法从根本上满足税法研究范式的私权保护转型，在税法理论上的逻辑自洽性也陷入难以为继之虞，更无力解决实务操作方面的改进乃至完善，亦难救其脱离税收遵从度低的现实困境。

三、理性经济人的行为选择加剧税收的非诚信

征税权的当然职能是破解由市场失灵产生的公共难题，实现公共产品有效配置、收入分配公平和宏观经济稳定。① 政府为了实现满足公共需要的民众要求，需要设置多个公共部门提供公共产品，并通过征税筹集资金。纳税人的税负为国家及其机构运行提供了经济基础，除了提供公共产品和服务，政府部门的经常性支出也不容小觑。比如，维持公共部门正常运转或保障人们基本生活所必需的支出，其中的人员经费、公用经费以及购置办公设备等非生产性支出，均构成政府财政支出的重要组成部分。然而，相对于公共产品和社会保障等福利支出，经常性支出的隐含性和非直观性，财政支出征纳双方的"信息不对称（information asymmetry）"，使国家税收支出的可识别的自我利益缺乏显著的外部特征，在财政支出环节尤其是行政经费支出时，更需要政府以诚实信用为原则来保护纳税人的知情权和监督权。不难看出，征税权权力滥用和纳税人税收遵从度低，应当以诚信为基础对征税权加以约束和匡扶。

另一方面，依据经济学一般原理和基本假设，纳税人都是精于计算的"理性经济人"，政府的公共行为、税收政策都会引致纳税人的"对策行为（strategy behavior）"。纳税人认为纳税是和政府的一笔"交易"，把政府提供的公共产品看成是自己缴纳税款的"回报（return）"②，他们自然关心政府能提供多大规模和何等服务质量的公共产品和公共服务，并以此作为其让渡财产的量化标准。但是，政府履行收入分配的国家职能在确保公平的同时

---

① ［美］理查德•A.马斯格雷夫，詹姆斯•M.布坎南［N］.公共财政与公共选择：两种截然对立的国家观［M］.北京：中国财政经济出版社，2000：24.
② 周叶.纳税人纳税行为的经济学分析［M］.上海：上海财经大学出版社，2009：124-127.

对国民收入进行再分配，需要更多地兼顾要素禀赋和贫困差异。为了最大程度实现区域间的均衡发展，必须对社会弱势群体、经济落后地区进行财力倾斜，如我国已经完美收官的精准扶贫战略，运用税收政策对贫困地区进行"输血"，而后的实施乡村振兴还需要一系列税收优惠政策增强其"造血功能"。① 另外，国家为了实现经济稳定发展职能，需要通过税收优惠、税收减免和转移支付等手段刺激经济增长或促进相关产业发展，这必定会增加相应的财政支出。再者，宏观经济形势发生波动时，国家会采用"宽松的财政政策"以增加财政支出，发挥政府投资支出的"乘数效应（multiplier effect）"来熨平经济周期，确保经济运行的平稳过渡，而这类财政支出，政府通常采用投资道路、通信等基础设施建设，并非以直观且易量化的货币支出。然而，纳税人往往是收入较高且居于扶贫资助之外的群体，似乎他们只有纳税的义务，而无用税的权利。落后地区和国家产业政策扶持的企业都得到了税收支出的"收益（revenue）"，而无纳税支出的"成本（cost）"。此外，当大规模的公共疫情发生时，国家基于公共利益考量以及疫情防控的需要，往往会运用行政手段集中财力给予疫情暴发地财政专项支出，并对受损企事业单位和个人的复工复产进行倾斜性的税收减免和财政补贴。这也必然出现政府在用税环节的地域和人员个体的不均衡性，从而产生税收缴纳负担与税收福利享受的非一致性。不难分析，基础设施建设的投资性支出的目的在于刺激需求和增加就业，必然存在税收负担与受益不均等和受益滞后性的窘境，这种"时滞性"差异加剧了"成本—收益"的非对称性，所以税收负担与收益的"非绝对对称性"在一定范围内割裂了"税收牺牲"与"税收利益"的同一性，纳税人极易否定税收的交易公平性和等价交换性，导致纳税意愿和税收遵从度下降。很显然，税收契约的平等性同样需要对纳税人进行诚信约束，同时对政府征税机关加以诚信规制，减少纳税人的税收抵触，以征纳双方的诚实信用制度设计构建和谐的征纳关系，确保税收负担与税收收益的法益衡平。

---

① 据国家税务总局数据显示，全国税务系统落实支持脱贫攻坚税收优惠政策实现减税金额从 2015 年的 263 亿元提升到 2019 年的 742 亿元，2020 年达到 1 022 亿元，年均增长超过 30%，有力推动了贫困地区脱贫脱困。

四、税收诚信缺失的"税文化"基础

税收契约本质上要求治理国家的政府及其公务员以纳税人利益为出发点，在公众授权的范围内，最大限度地运用归其控制管理的公共资源为大众谋取最大利益。政府与纳税人的财产利益根本对立，因此其目标效用函数并不一致。从我国税收历史演进过程的沉淀及其轨迹分析，政府与纳税人形成了社会一致认同的精神追求、价值取向和行为准则，认为税收具有强制性、不对等性以及行政管理性的天然属性，局限于强调征税人的管理和纳税人的税收意识，诚实信用原则更普遍地适用于纳税人，而征税机关的征税行为代表国家意志，无平等协商之意和契约精神中诚信原则的约束。这样的税收传统文化加剧了政府与纳税人的对立情绪，税收遵从度较低的顽疾一直是税收领域挥之不去的痛点。

（一）"收益型"税文化的非诚信租税路径依赖

受皇权主义的影响，君主的统治权源于上天赋予，与人民无关，更无法去监督甚至剥夺。土地、人民、社稷都是君王的私产，对之享有绝对的所有权，国家对人民生产成果具有天然的收益权和处分权，课税的正当性来源于君主对国家的统治权。在税收征纳关系上，只有绝对的统治与服从，且无任何商量的余地。中国宗法社会特有的家国不分的传统政治文化和税收文化对政府征税理念影响颇深。

1. "收益性"税收文化对征税机关无诚信约束

主要表现为纳税人与政府之间的权利、义务的不对等。中国历经几千年的皇权社会，普天之下的财产为皇家所独有，国民人身自由权和财产权缺乏应有的保护，税收不过是皇室家族家庭财产权的收益而已。[①] 在封建君主专制的臣民社会中，统治者居庙堂之高，百姓则处江湖之远，完全不平等的君臣关系，导致统治者至高无上庶民伏地称臣。在传统的"家天下"的宗法思想支配下，税收被认为是"子民"对以"父母"自居的君主的无条件供奉，是一种无条件的义务。同时，封建专制社会奉行"君言即法"，立法完全无须程序约束，甚至全凭君主的个人喜好，帝王可以无须征得公民同意，仅凭

---

① 杜树章.赋税沉重引发中国皇权专制社会治乱循环的经济学解释 [J].新疆财经大学学报，2010（4）：56.

皇室即治理天下的需要，且无须承担任何义务即可随意开征新税，更遑论诚信之约束。税收法治的不稳定性严重影响纳税人的行为预期。中国古代"法自君出"，君主俨然就是国家最高立法机关，一切法典、法规皆冠"皇帝诏曰"之名便可颁行，君王的诏敕和口谕皆可直接成为法律，甚至君王的嬉笑怒骂都能成为剥夺民众权利的依据，毫无稳定性可言，更遑论纳税人的期待利益保护。与此同时，君主又拥有最高司法权，君主可以法外用刑，也可法外施恩，赦免任何罪犯。纳税人所缴纳的"皇粮国税"属于非履行不可的强制性义务，对拥有立法权、征税权的君主而言，他们拥有的是绝对的税收征收权，而无须履行相应的义务，如此一来，不纳税反而成为有地位、有身份的象征，历史上的皇亲国戚或功勋显著的将士就享有免税特权，这不仅巩固了民众对不纳税身份的崇拜心理，而且逐渐形成了对税收的错误理念，加深了对政府征税的抵触和不满。"苛政猛于虎"就是民众对税收的形象描述，加剧了纳税人与政府的对立。

2."收益性"税收文化体现了征纳双方的地位不平等

传统封建社会中的普通民众认为，税收是皇室和权力者的"收益"，而不是民众为自己获得公共产品支付的"对价"，双方不能平等地对税收进行讨价还价，不能有纳税人的意思表示，更不能要求征税人以诚实信用原则履行义务。而在现代民主国家里，纳税是基于政治契约和税收契约的权利让渡，不但纳税人之间地位平等，纳税人相互之间也应是平等的，纳税人的意见应当得到遵从，政府的征税权必须被限制。但我们传统理念认为国家是领导和管理民众的，税务机关代表国家意志，皇族、朝廷奢靡的吃穿用度以及朝野上下的大兴土木，均可以肆意对纳税人摊牌名目繁多的苛捐杂税，纳税人则处于被统治和被奴役的地位。这种封建宗法思想的影响，导致纳税人几乎不关心政府征税权的公正性和合理性，仅仅以逃税、偷税等行为来对抗政府征税。从理论上说，纳税人有权对不合理的征税提出异议，对于未征得民众"同意"的政府征税行为，纳税人有权选择不遵从，并对政府征税和用税享有平等协商权、知情权和监督权，但由于政府和纳税人地位错位，以及"普天之下莫非王土"的"收益型"征税理念，奉养皇室与百官乃民众的强制性义务。基于此，纳税人权利被忽略，以诚实信用原则约束政府征税机关更认为是天方夜谭。[①]

---

① 顾銮斋.从比较中探寻中国中古社会税赋基本理论[J].史学理论研究，2005（4）：32-42.

（二）"负担型"税文化征税诚信缺失的制度效率损失

现代公共经济学理论认为，税收本质上是公平、安全、秩序等公共产品的价格。宪政理念下的国家税收支出应当用于公共产品和公共服务的提供，具有"取之于民、用之于民"的公共属性。但中国皇权社会的税收几乎不具备公共服务性质，而具有显著的私利性和专制性。因为专制统治首领就是国家的主人，理所当然拥有这个国家的臣民和财产，父权主义下的税收自然用于皇族及其臣子的供养，而民众自己的疾病、天灾和养老等问题都是百姓个人之事。故此，民众纳税之后没有对应的权利与收益，且税收的多少几乎完全取决于统治者的好恶和他们的用度。因此，我国税收思想起源并非基于征纳双方地位平等的契约关系，乃不知税收就是公共服务的对价，更无契约精神中的诚实信用对征税权的限制。站在黎民百姓的角度思考，税收就是一种政府当局强加给自己的财产"负担"，是对权利硬生生地攫取与豪夺。在我国传统的人治文化影响下，税收体现的是君主意志或国家意志而非人民意志，征纳双方并无共同的税收目标、税收价值观、税收道德观和使命感。"负担型"税文化对纳税人造成了根深蒂固的影响，纳税人履行纳税义务时，以逃避性的对策行为尽力减少税收支出，而这种意识的根源在于税收传统意义上的"强制性""义务性"和"无偿性"，这不但造成了政府征税机关与纳税人沟通上的困难，更让纳税人"嫉税恨税"，对赋税产生逆反心理，甚至产生暴力对抗。我国的课税的理论中，"义务性"是纳税的合法性和正当性依据，并曾经在较长时间占据主流学说地位，纳税人的权利保护长期被忽视，包括最高效力的宪法都强调纳税是公民应尽的义务，而鲜有人顾及纳税人应当享有的权利，更谈不上对纳税人的权利保护和意思遵从。在征税实践中，民众的"税痛指数"居高不下，与政府进行斗智斗勇的税收博弈，增加了政府的征税成本以及税收制度的交易成本，降低了税收的征管效率和经济效率，降低了社会公共福祉。

第二章 税收诚信的理论来源与发生机理

第一节 税收诚信的理论来源

一、税收诚信的理论发端

起源于 16 世纪中叶的重商主义（mercantilism）思想，正值西欧封建制度解体和资本主义生产方式产生时期，是欧洲资本原始积累时期代表商业资产阶级利益的一种经济学说和政策体系，由早期的货币差额论（重金主义）发展到晚期的重商主义贸易差额论（重工主义），主张只有在对外贸易保持顺差，才能增加一个国家的财富，国家应实行干预经济的政策，以保证金银财富的流入。[①] 重商主义者在提出和阐述各自的税收政策措施时，广泛涉及国家税收理论的许多基本问题。托马斯·孟认为，应充分发挥对进口货物的保护关税的作用，对本国出口货物减低甚至免征关税，同时对外国进口的货物课以重税。法国财政大臣晚期重商主义的重要代表人物柯尔贝尔也积极主张国家实行保护关税和奖励出口的政策，且主张应对外国进口的用于消费的成品实行高额税率。由是观之，重商主义适用的贸易差额理论主张有差别地征收关税，主要还是基于保护本国的国家利益这一公共目的。从资产阶级的人文主义出发，重商主义认为政府向人民征税的原因是政府与人民之间的一

[①] ［英］亚当·斯密.国富论（下）[M].郭大力，王亚南，译.上海：上海三联书店，2009：3-20.

种政治契约行为，二者之间存在利益交换关系。托马斯·霍布斯（Thomas Hobbes）的税收观念也印证了政府征税的利益交换本质，他指出："人民为公共事业缴纳税款，无非是为换取和平而付出的代价，分享这一和平的福利部门，必须以货币或劳动之一的形式为公共福利做出自己的贡献。"① 霍布斯认为，政府征税应是平等的，这种平等就是使各纳税人承担的税收负担与其享受的政府提供的利益成比例。② 质言之，霍布斯的税赋交换理论认为，税收就是纳税人与政府签订的契约，并以此获得自然法约束下的公共服务。约翰·洛克（John Locke）发展了霍布斯关于税收利益交换说的思想，在天赋人权理论基础之上，进一步分析了政府征税和人民纳税之间的利益平等性，公民以签订税收契约的方式使政府让渡部分财产权，且政府征税行为应建立在对个人财产利益平等的基础上。③ 他指出：公民让渡私人财产权是国家税收契约的本质使然，政府没有巨大的经费就不能维持，但是这仍需得到他自己的同意，即由他们自己或他们所选出的代表所表示的大多数的同意。④ 重商主义学者们以自然状态假说为基础，借助理性主义、人性论、人权论等为分析工具对税收进行了研究，从税赋交换理论发展到税收契约理论，由霍布斯的自然规律对征税权的限制上升到税权的主权约束，即征税必须征得纳税人的一致同意，公众保留有最高权力来罢免或更换立法机关，这些理论所确立的原则从根本上扭转了公众和政府在财产权和税收关系中的地位⑤，建立了民众与政府的平等契约思想，为现代税收法治的权利本位、道德正义走向法律正义提供了坚实的理论支撑。

二、税收诚信的逻辑原点

将私人财产通过政府征税转化为公共财产，征税机关具有占有、使用纳税人这部分通过契约让渡的财产权，但是政府对此公共财产权还不具有严格意义上的所有权的属性和特征。既然如此，对政府征税权的限制也就在情理之中了。换言之，公共财产权是一种应受控制的公权力，更要注重公共财产

---

① 钟永圣.论税收依据[J].现代财经（天津财经大学学报），2007（2）：8.

② ［英］托马斯·霍布斯.利维坦[M].黎思复、黎廷弼，译.北京：商务印书馆，1936：219.

③ 张美中.税收契约理论研究[M].北京：中国财政经济出版社，2007：40-41.

④ 霍伟岸.洛克与现代民主理论[J].中国人民大学学报，2011（1）：87.

⑤ 张美中.税收契约理论研究[M].北京：中国财政经济出版社，2007：41.

的取得的正当性和分配的正义性。① 波斯纳认为：税收主要用于为公共服务支付费用。一种有效的财政税（revenue tax）应该是那种要求公共服务的使用人支付其使用的机会成本（opportunity cost）的税收。② 纳税人为了自身的利益而纳税，政府因为民众的公共事务而产生、而存在、而运转，所有税款的分配与再分配都只能用于满足民众对公共物品和服务的需求，而不能用于君主、执政者（集团）的个人利益和小集团利益。公共利益既包括所有可能因搭便车而私人不愿提供的公共物品，也包括为所有民众发展与福利提供的公平的经济社会环境，当然还包括扶弱抑强的社会慈善事业和正义事业，但其终极目的都是使每个人都能成为自由发展的社会的一分子，都能分享社会发展的成果，都能幸福、和谐地相处。不言而喻，税收的使用方式、使用范围和使用目的均具有公共财产属性。另一方面，作为公共产品和公共服务的对价，国家通过税收契约取得民众让渡的财产权，国家的财政收入必须依赖于公民的财产牺牲。③ 公共财产（税收收入）的取得、管理、分配和使用均应遵从民众与政府的契约而进行，并且最大限度地保护纳税人的利益。易言之，税收征纳的逻辑关系应当基于民众"意思自治"的真实意思表达，国家用税应当充分保护公民对公共服务的需要的权利，以"契约精神"实现公共利益，促进社会总福利最大化。进一步分析，税收征纳的法律关系中，征收主体的权利来源于与民众契约的委托，是公权力的代表。纳税主体则是全体纳税人，是公共需求的整体反映和诉求，是民众公共意志的集中体现。就征收客体而言，国家税收收入也是社会民众的公共财产。国家税收的财产来源具有天然的公共性，税收财产的使用不仅需要满足全体社会成员的公共需要，还应当最大限度地实现和保护公共利益，如促进社会公共福利、矫正社会不公等。④ 所以，公共财产的公共属性决定了税收财产的公共性。当要将属于私人的财产转变为政府掌控使用的财产时，私人的问题就变为众人的问题了，无论是征多征少还是怎样分配、怎样使用、绩效如何，都关乎每一个人的切身利益，其公共财产性就不言自明了。

① 刘剑文，王桦宇.公共财产权的概念及其法治逻辑[J].中国社会科学，2014（8）：129.

② RICHARD A P. Economic Analysis of Law[M]. London：Little, Brown and Company，1992：479.

③ 丛中笑.税收国家及其法治构造[J].法学家，2009（5）：90-99.

④ 刘剑文.财税法论丛（第16卷）[M].北京：法律出版社，2015：13.

　　公平是个体的纳税人承认纳税人整体与政府所缔结的社会契约的前提，也是推动个体纳税人负担公共经费的动力。纳税人之所以愿意建立政府，就是为了能够公平地对待每一个纳税人，公平地从每一个纳税人身上取得公共经费并公平地向每一个纳税人提供公共物品。[①] 而这一切无不最终都要归集到税收的公平征收与公正分配上来。掌握钱袋子的权力是所有权力中最大的权力。看似经济交换的税收，由于牵扯每一个纳税人的切身利益，也是政府治理国家的经费使用权利。现代租税国家中，人民与国家已经由原来的单纯的权力与服从的关系，转化为一种类似债权债务关系的请求给付关系，本质上与私法的权利义务关系有相似之处。[②] 诚实信用原则在私法领域的作用可以当然适用于税法，对征税主体（政府）具有应然的拘束力。

　　诚实信用原则之所以成为政府征税的逻辑原点，主要有如下原因：第一，纳税人通过与征税机关的税收契约，使征纳双方就权利和义务分配达成了合意，与此同时，征税机关对纳税人的信赖表示了正式主张，纳税人的信赖利益应该得到当然的保护，信赖利益保护亦是诚信原则的核心内涵。第二，纳税人将原本属于自己的私有财产转移给政府，政府占有的公共财产权并不属于完全意义上的所有权，尤其是处分权这一重要权利的缺失，这就为纳税人监督和限制政府征税和用税权提供了必要性，纳税人有权要求政府征税和用税过程中恪守诚信原则，遵从纳税人的意思表示，不存恶意且没有欺骗。第三，公共财产权属性并不意味着纳税人完全失去了所让渡财产的全部权利，该财产的公共性决定了财产权的社会义务职能，并且要承担社会利益再分配和协调的功能，也就说具有"形塑社会秩序"的功能。[③] 顺此逻辑，政府征税和用税方面均应当以社会公益为基本价值追求，以限制征税权力、保护民众权益为取向。如果政府违背了诚实信用原则，以权力寻租等方式追求本部门或者个人私利，必然会损害社会公共利益，从而导致民众福祉减损。财税法中公共财产权的行使应当具有明确界限，以诚信原则中的"忠实于自己的义务和责任"为权利约束标准，使政府税收行为能真正在民众和政府之间实现分配正义。税法所蕴含的公私兼具的法律属性、契约精神和价

①　翟继光.财政法学原理——关于政府与纳税人基本关系的研究[M].北京：经济管理出版社，2011：14.

②　李刚.税法与私法关系总论——兼论中国现代税法学基本理论[M].北京：法律出版社，2014：264.

③　同上，第106-108页.

值目标，使政府的税收具有公共财产属性，要处理好政府与私人财产之间的关系，划定私人财产征收的限度和程度，防止公共权利侵犯合法的私人财产①，防止税收公共资金被挪用、侵吞、浪费，应当以诚实信用原则作为约束，尤其在政府法定征税环节的法条疏漏时，能以之作为补充解释和利益衡平的基本原则之一，最终实现分配正义。民众这一集体主体委托政府提供公共产品和公共服务，其对价为来自民众的税收，财政预算不仅可以体现正义、自治与财产权保护等问题，还是落实公民权利、实现民主治理的重要手段。因此，私人财产经由政府征税行为转变为公共财产，不仅需要以诚信为原则管理好这部分财产，还需要以诚信为使命承担财产权的"社会义务"，保护纳税人的信赖利益和税收权利，更需要以诚信为行为准则和政府征税行为规制的逻辑原点。

三、税收诚信的理论自洽

诚实信用要求行为人具有诚实的信念、怀有善意、没有欺骗和欺诈、持信任和信赖的态度，忠实于自己的义务和责任。诚实信用原则始于道德规范，后上升于法律规范具有强制性，因此兼有法律调节和道德调节之功能。② 其实，作为民法"帝王条款"的诚实信用缘于契约双方的不信任，这种不信任增加了人们的交易成本，尤其是履约过程中过错的认定与赔偿的确定，造成了许多缔约损失。随着自由、平等、守信逐渐成为契约精神的主流价值追求之后，缔约各方之间的诚实信用之契约价值才真正得到实现，使诚实信用原则成为私法领域中"君临全法域之基本原则"。税收契约作为一种民众与政府的财产权的委托—代理契约，无疑具有自由、平等、守信的契约精神。契约自由要求缔约意思表示真实，平等精神则要求缔结契约主体人格和地位平等，双方平等地享有权利和履行义务，实现亚里士多德主张的"正义交换"，互为对待等价给付，任何一方都无超出契约之特权，违背契约精神者应当受到制裁。正是因为契约精神近乎完美地内涵了自由、平等和诚信精神，才成为社会契约理论的理论基础，并将其扩大到税收领域之中，民众通过与政府之间达成的税收契约，让渡部分经济自由权和财产权利委托政府代为行使，以之提供公共产品和公共服务。

① 华国庆.试论财税法的本质属性[J].财税法论丛，2015（2）：6-14.
② 梁慧星.诚实信用原则与漏洞补充[J].法学研究，1994（2）：22.

法律是一种外在的约束，在有矛盾产生时，由第三方（国家机构）来强制执行。契约是人类社会行为的一种理性选择，随着人类文明的不断进步，原本作为民事法律的契约开始逐渐成为人与人交往的道德基础和行为约束。但契约是两个个体之间签订的协议，履行与否完全按照当事人的意愿，其他因素无法控制。也就是说，它们之间的约束力有区别，法律的约束力更强一些，更有保障一些，而契约的约束力要弱些。从某种意义上讲，法律与契约更像是法律与道德的关系，法律调整的是人们的外部行为，契约不仅调整人们的外部行为，也调整人们的内心世界和动机。因为契约本身就是一个承诺，是对未来关系的一种约定。因此，契约的履行需要缔结契约的各方恪守信用。没有契约，就没有信用；没有信用，就无诚信可言。税收契约关系中存在契约性团结或共同意识，这种契约性团结能够通过一系列正式或者非正式规则来规范交易过程中当事人的行为，从而节约交易费用。同时，缔约双方利用正式或非正式规则还可以确保它们之间关系的稳定性。因此，税收契约当事人都愿意建立一种规制结构来对契约关系进行适应性调整。税收契约中的"法定税收契约"注重政府与纳税人之间的关系，这种征纳关系主要借助"法律约定"，一般体现为固定性税收制度。而非正式制度形成的"交易税收契约"注重纳税人与其利益相关者之间的关系，这种经济交往伙伴关系的维护依赖于"市场合约"而非"法律约定"，交易税收契约关注经济交往伙伴关系的过程性和连续性，以至于很多条款可能悬而未决，故意留待以后根据商业形势进行适当的变化。因此，"交易税收契约"的灵活性远甚于"法定税收契约"，政府与民众之间的税收关系定位于交易性税收契约更为妥当，国家征税除了维持自身运转，更重要的是满足民众不断增长和变化的公共需要，交易性税收契约在很大程度回应了国家征税目的的多样性和多变性。诺贝尔经济学奖得主诺斯认为，制度是委托人和代理人之间为实现作为专业化结果的交换收益，因而使其财富最大化而做出的契约安排。[①] 威廉姆森关于契约的核心概念如下：契约是交易的微观规制基础，即契约是制度的一部分，是一种微观性的制度。埃里克·弗鲁伯顿和鲁道夫·芮切特在《新制度经济学：一个交易费用分析范式》一书中指出，"制度是影响人们经济生活的权利和义务的集合。这些权利和义务有些是无条件的，不依靠任何契

---

① 吴玲.会计准则与会计职业判断的关系分析[J].广东科技，2012（2）：8.

约。"① 不难推证，基于"委托—代理"关系的税收契约，应当通过法律制度安排，使纳税人交换利益最大化，并以普适性的诚信原则，合理分配征纳双方的权利和义务，提高税收效率和遵从度。

依据制度经济学观点，一般正式制度源于人为的设计和安排，另一部分正式制度则是非正式制度由官方正式记录并用法令形式予以公布，非正式制度凭借官方色彩而成为正式制度并且具有正式制度的规范功能。实际上，不管是自愿还是强制的，制度都是契约参与者的内在意志合作的体现，是契约的外在表现。税收契约是人类在税收活动中创造出来的一系列规则或制度，其主要特征之一在于其具有强制性或约束性，并主要通过法律规制、组织安排和政策而得到表现。"法定税收契约"就属于一种正式的"税收制度"，虽然"交易税收契约"属于一种规则或者经济合约，没有强制的法律约束力，但必须受制于合同法的约束，且对缔约双方具有拘束力。故此，无论税收法律制度渊源是"法定税收契约"还是"交易税收契约"，无论诚实信用原则是默示或明示，其蕴含的契约精神和平等原则，为诚实信用原则在税法中的适用提供了理论基础。基于诚实信用原则本质上的交易道德约束属性和对实质正义的追求以及对缔约当事人利益和社会利益的衡平功能，税收契约思想与税收诚信的内涵一致性和自洽性，私法上的"帝王条款"诚实信用原则正是在调整平等主体履行契约之债的基础上得以建立和运用。

四、税收诚信的理论延伸

17、18 世纪新兴资产阶级的激烈反对封建"君权神授"理论，认为国家权力的起源是民众意志的产物，而不是神权赋予，国家主权约束成为大众争取平等自由政治地位的思想武器。社会契约建立政治社会，政府契约诞生国家主权者，立法权作为国家的最高权力，是为实现某种目的而形成的一种受委托的权力②，并且应当受到民众主权的约束。卢梭（Rousseau）认为，公共的力量就需要有一个适当的代理其行动的人，并在公意的指导下发挥作用，这个代理人就是政府，它是介于臣民和主权者之间的中间体，只不过是

---

① ［德］埃里克·弗鲁伯顿，鲁道夫·芮切特.新制度经济学：一个交易费用分析范式[M].姜建强，罗长远，译.上海：上海三联书店、上海人民出版社，2006：139.

② ［英］洛克.政府论[M].叶启芳，瞿菊农，译.北京：商务印书馆，2007：53.

主权者的执行人，社会契约使人们由个人结合成了人民，而人民又构成主权者。① 作为主权者人民的受托者和政府契约的参与者，政府权力自然受到契约内容与精神的束缚与限制，以履行保护公民财产权、生命权和自由权的义务。在一个完善的立法体系里，个别意志是不起任何作用的，政府本身的意志完全是从属的，因此只有公意即主权者的意志始终占主导地位，才是其他各种意志应当遵循的唯一标准。② 民众与政府订立契约的过程就是前者权利让渡的过程，公共意志的绝对主导地位决定了将自己部分权利让渡给政府，民众与政府之间就是一种"委托—代理"关系，政府仅作为代理人代为行使该权利，应当尊重委托人的意愿，并认真履行代理人职责。因此，社会契约理论中的"委托—代理"税收契约思想不仅是资产阶级民主共和国家在政治上与法律上获得正当化的基础，亦为资产阶级国家以平等、自由为核心理念的法律制度得以确立并发达的先导。③ 不难分析，国家征税权同样为民众让渡给政府这个共同体的财产权，并委托政府代为行使该财产权，且政府的征税权和用税权均要受到共同体制定的法律制约和监督。

无论是霍布斯的税赋交换的税收思想、洛克的权利让渡理论还是卢梭的财产"委托—代理"理论，都从不同程度强调主权约束并遵从民众意志。税收利益交换说和"委托—代理"理论构成了税收契约思想的重要理论渊源，契约自由则应当遵守社会公平的诚实信用原则，该原则亦是关乎契约行为的善意真诚、恪守诺言、不损他利的心理状态、价值准求、行为规范和行为准则。④ 税收作为政府与民众财产让渡的契约，且由民众委托给政府代为行使税收财产权，政府税权的正当性基础经过民众同意而产生。

① ［法］卢梭.社会契约论［M］.李平沤，译.北京：商务印书馆，2011：64.

② ［法］卢梭.社会契约论［M］.李平沤，译.商务印书馆，2011：70.

③ 宫海燕.引领人民向自由前进的航标——浅评卢梭的《社会契约论》［J］.西南政法大学学报，2004（2）：115.

④ 徐国栋.客观诚信与主观诚信的对立统一问题——以罗马法为中心［J］.中国社会科学，2001（6）：112.

第二节　税收诚信的发生机理

一、征税与用税环节矛盾的诚信调和

（一）公共产品的属性解析

依据公共产品是否具有"非竞争性"和"非排他性"，通常将公共产品划分为两类：纯公共产品（pure public goods）和准公共产品（quasi public goods）。[①] 质言之，纯公共产品一旦生产出来，民众都可以均等地获得对这种产品的消费，并且不会减少和影响其他人对该产品的消费，不纳税者甚至本国土上的外国人都不能被排除消费，如国防、公共政策环境、公共基础设施、义务教育、公共卫生保健、公共社会秩序、社会保障和公共福利制度等均属于纯公共产品。一般地，这类公共产品应当由政府提供，因为它具有三个基本的特征：一是在技术上存在"排他性"的高难度；二是在消费方面存在几乎完全的"非竞争性"；三是效用上的正外部性。而准公共产品则有所差别，在消费过程中具有明显的排他性，如有线电视频道、森林牧场和高速公路等，由于该产品的公共属性，在使用中必然存在"拥挤效应"和"过度使用"等问题，如地下水流域与水体资源、牧区、森林、灌溉渠道、公共交通等。因此，准公共物品虽然也是由政府提供，但由于使用过程中存在"拥挤点"[②] 的问题，为了避免消费者过度使用准公共产品，从而造成该产品的配置不均和浪费，往往需要支付一定的费用才能消费。

公共产品具有非排他性，表明一部分人对该产品的消费不会影响他人的正常消费，因此不会招致他人的反对，这就决定了人们可以无差别地消费同一类产品，不付费的动机也就随即而生，"搭便车（free riding）"现象就不

[①] 纯公共产品是指每个人对这种产品的消费，都不会导致他人对该产品消费的减少。严格地讲，它是在消费过程中具有非竞争性和非排他性的产品，即任何一个人对该产品的消费都不减少别人对它进行同样消费的物品与劳务。准公共产品是指具有有限的非竞争性或有限的非排他性的公共产品，它介于纯公共产品和私人产品之间，如教育、政府兴建的公园、拥挤的公路等都属于准公共产品。对于准公共产品的供给，在理论上应采取政府和市场共同分担的原则。

[②] 纯公共物品，增加一个人的消费，其边际成本为零。但准公共物品到达"拥挤点"后，每增加一个单位的消费，将减少原有消费者的效用。

可避免。正如萨缪尔森所言：按私人边际成本等于私人边际收益的原则所确定的公共产品价格和产量，不能弥补生产的全部成本，使公共产品的供给量往往低于有效率的水平。市场的这一缺陷，只能由政府来替代。① 此外，按照竞争性市场的帕累托最优标准：公共产品的供给数量应该与需求相等，并且反映在税收规模正好为公共产品的成本对价。但由于搭便车和逆向选择等利己动机的存在，公共产品的供给和需求难以达到有效的平衡，市场主体一般没有提供这类产品的意愿，自然不能满足民众对这类产品的需求。

故此，公共产品的本质特征决定了政府提供的必要性，而非由市场来提供。国家在本质上就是人们通过契约而形成的不同利益的集合体②，政府作为国家的代表机关所拥有的权利也是民众一致同意基础上的让渡，仅靠民众以税收形式的财产给付而存在，提供公共产品则需要政府介入并利用税收手段来集资以提供公共产品。为了节约交易成本和提高效用，公共产品提供一般由政府主导或者垄断。

首先，纯公共产品和准公共产品均存在技术上的非排他性困难。由于纯公共产品完全不存在消费上的排他性和竞争性，以"免费"的方式提供给民众使用是最为节约的方式，而对于准公共产品采取简单的无差别付费方式则容易避免"拥挤点"的产生。公共产品的免费使用和低价使用决定了其提供主体的唯一性，市场机制的个人利益最大化价值取向不可能提供几乎没有正常利润的公共产品。换言之，公共产品的受益范围涉及一个国家所有的人，并以特殊的方式提供给社会的各个成员，无法指望每一个社会成员积极主动去购买，如果依然按照市场等价交换的原则进行交易，就会导致供给失败。③ 但不可否认的是，政府在公共产品供给中的垄断地位并非因为市场机制形成，而是民众权利让渡的结果，政府以税收形式获得公共产品的对价，纳税人一致同意的基础何在？政府以何证明没有获得独占性的垄断收益？

其次，公共产品具有消费上的非竞争性，也就是受益对象之间不存在此消彼长的利益冲突。就其成本而言，民众对公共产品每增加一个单位的消

① 贾海彦．公共品供给中政府经济行为分析——一个理论分析框架在中国的应用 [M]．北京：经济科学出版社，2008：9．

② 李增刚．国家利益的本质及其实现：一个新政治经济学的分析思路 [J]．经济社会体制比较，2010（4）30．

③ ①，第103页．

费，其边际成本（marginal cost）[1]几乎为零。反之，由于公共产品的收益外溢性，即使纳税人不用付费也能获得额外的收益，付出与收益的不对等导致其私人收益低于社会收益，而私人成本却无以弥补，市场主体的逐利行为致使利用市场机制不能解决这个问题，需要政府进行适当干预。[2] 公共产品领域资源配置"市场失灵"的存在，构成了政府干预和介入的基础。基于"经济人"的假设，外部性问题必然产生，它使"看不见的手"的效率特性被破坏，因此迫切需要政府"看得见的手"来弥补。[3] 政府适合提供公共产品的主要原因如下：一是政府作为纳税人的委托代理人，作为公共利益的代表者，担负着谋求社会全体成员利益最大化的使命，其主要职能是满足社会的公共需求和维护公共利益，最大限度地降低社会运行成本，从这个意义上讲，相对于市场主体而言，政府提供公共产品是有效率的。二是政府拥有对全体社会成员征税的强制力。这种强制力主要是通过与民众达成的社会契约而产生，这种强制的付款就是政府赖以生存并提供公共产品的基础和物质条件[4]，民众对征税的"服从"是以同意为基础的，其主要目的是弥补"生产"公共产品所消耗的成本。政府代表大众的利益对社会成员采取强制性征税，政府作为一个公开解决市场问题的社会性组织，它所特有的社会强制力可以节约大量的社会交易成本，使公共产品的供给更加合理有效。[5] 社会成员是消费公共产品的主体，也是缴纳税款的主体，并以此为消费公共产品支付对价，应当认为是一种等价交换。民众的权利让渡奠定了政府征税的正当性和合法性基础，解决了公共产品消费中的"搭便车"问题，使正外部性能更好地发挥作用。但是，政府对公共产品的绝对垄断地位势必会产生严重信息不对称，从而造成社会福利损失[6]，信息不对称无疑增加了民众的监督成本和制度成本，也加剧了纳税人对政府征税行为的诸多质疑。另外，正外部性的

---

① 边际成本是一个经济学概念，是指每增加一个单位的收益所增加的成本。由于公共产品具有消费的非竞争性，其边际成本接近于零，而总的社会收益却会增加。

② 张百灵.正外部性理论与我国环境法新发展 [D].武汉：武汉大学，2011：21.

③ 胡元聪.外部性问题解决的经济法进路研究 [M].北京：法律出版社，2010：110.

④ [美]曼瑟尔·奥尔森.集体行动的逻辑 [M].陈郁，郭宇峰，李崇新，译.上海：格致出版社、上海三联书店、上海人民出版社，2014：11.

⑤ 张效科.民族地区公共产品与政府经济行为分析 [J].学术论丛，2009（22）：96.

⑥ 张柏杨.垄断福利损失：理论、实证与反垄断政策——以中国工业为例 [D].成都：西南财经大学，2016：1.

社会收益外化，更加削弱了公共产品成本的数量计算性和直观性，民众对公共产品的"对价"持怀疑态度，这也是税收遵从度较低的深层次原因。这种外部性不是一个过程而是一种结果，是经济主体之间权利与义务的不对等，以至于利益的失衡。①

（二）征税规模确定与公共产品供给矛盾的诚信调和

从表面上看，政府征税和用税都基于纳税人的公共利益，但"取之于民、用之于民"的税收实际上有关涉纳税人的个体私利，每一个纳税人以牺牲个人财产权为代价，目的是通过国家权力的运作去实现单个的力量所无法实现和保障的权利。② 税收在本质上是政府提供的公共产品的"价格"，受益者（纳税人）通过缴纳税款来共同承担政府的生产成本。英国学者霍布斯在 1657 年完成的《利维坦》中提出社会契约论，他对国家定义为"就是一大群人相互订立信约，每个人都对他的行为授权，以便使他能按其认为有利于大家的和平与共同防卫的方式运用全体力量和手段的一个人格"③。作为公共产品理论的嚆矢和缘起，一方面国家是一种具有公共品性质的社会契约产物，另一方面暗含了政府的职能就是为民众提供公共产品和公共服务。但是，由于政府的财产权非自然拥有，也非与生俱来，而是民众权利让渡而转移至国家手中，政府作为一个"公共经济体并不能创造生产性收入"④，必然将提供公共产品的成本以税收的方式分配给民众，而政府提供公共物品的成本在很大程度上取决于民众对公共物品的需求。此外，公共产品在本质上是满足公共需要，且具有非竞争性和非排他性，社会共识和共同偏好应当以多数人的意思表示为依据，以之确定公共产品的供给数量。因此，以政府与民众之间"同意"的交换决策的基础，最终确定政府征税和用税规模，也是政府用税规模确定的正当性和合法性基础。正如莫里斯·迪韦尔热所言："权力的合法性只不过是由于本集体的成员或至少是多数成员承认它为权力。如果在权力的合法性问题上出现共同同意的情况，那么这种权力就是合法的。

---

① 胡元聪. 法与经济学视野中的外部性及其解决方法 [J]. 现代法学 2007（6）：130.

② 张晓君. 国家税权的合法性问题研究 [M]. 北京：人民出版社 .2010：44.

③ 贾海彦. 公共品供给中政府经济行为分析——一个理论分析框架在中国的应用 [M]. 北京：经济科学出版社，2008：8.

④ WIESER F V. The Theory of Public Economy[M]. London: Macmilla, 1958: 190-201.

不合法的权力则不再是一种权力，而只是一种力量。"① 民众的一致同意与权利让渡构成了政府征税的权力来源和合法性基础，作为对价的公共产品提供的规模、质量以及效率，则以何为约束之策？通过税收进行的公共产品的供给，如何使纳税人相信是税收的对价所得？

传统的或社会公认的价格定义就是交换得来的商品数量，即对商品的货币度量，存在商品交换的地方必然就有价格。公共产品作为民众与政府通过契约交换的特殊商品，仍然需要价格度量和讨价还价，并且通过价格支付获得同等价值的产品补偿而不遭受任何的利益损失。相反，如果民众没有通过税收契约支付"对价"，也无从获取所需要的公共产品，因为政府提供的公共产品成本和费用无法得到补偿。质言之，民众纳税和政府提供公共产品之间就是一种利益交换关系。如前文所析，税收是一种垄断性的权力，并且具有国家强制力的保障，政府征税对纳税人财产权利的实质侵犯和减损，必然会使民众产生本能的对抗和不信任，加之政府对提供公共产品的唯一性和垄断性，其信息不对称、民众"搭便车"行为的存在以及公共产品与生俱来的外部性溢出效应，必然会导致政府征税信用的减损。再者，公共产品的正外部性在一定程度上放大了其投入的效用，其收益与成本在数量上的非对等性加剧了民众对政府的不信任，由此产生的纳税人对政府征税规模的质疑应当给予弥合和修复。如果仅仅依靠具体的法律制度设计进行调和，这种税收信任的增进收效甚微。原因如下：一方面，由于成文法自身的僵化性、滞后性和局限性，无力穷尽和预测公共产品生产和提供领域里所有事无巨细之情势，即使精心设计的法律也会留下争议的余地②，使社会发展的多变性与法律制度的稳定性永远是一对无法调和的矛盾。另一方面，依据经济和社会发展的宏观形势，民众对公共产品和公共服务的需求种类、方式多种多样，受立法技术、意识形态等诸多因素的限制，法律条款根本无力消除民众对政府征税规模的质疑和对立。反顾诚实信用原则，该原则始于道德规范，因为道德已经蕴含于人们的意识形态之中，能被人们普遍认可与接纳，并成为自愿遵从的行为准则。再者，将其具有追求公平正义的诚实信用这一普适性原则适用于税法之中，并称其为立法之基本原则和立法宗旨，具有道德性的在先

---

① ［法］莫里斯·迪韦尔热.政治社会学：政治学要素[M].杨祖功，王大东，译.北京：华夏出版社，1987：117.

② 彭岳.国际条约在国内适用中的制度僵化及其解读[J].中国法学，2014（9）：53.

约束嵌入全域性的税收法治，意味着行为主体对制度或法律的忠诚和对义务履行的承诺[①]，有利于规范和约束政府征税行为。征纳双方基于诚实信用的行为要求，不仅能形成规矩、诚实、合作的征纳关系，更能彰显征纳互信，从根本上调和政府征税规模与公共产品供给之间的矛盾与冲突。

二、不完全税收契约的税收诚信补遗

既然税收契约在本质上为政府与纳税人之间的税收合同，如一般合同一样必然存在情势变更之情形，如果因不可归责于当事人的事由出现，其责任效力认定的评判原则的确定是一个不容回避且无法绕开的问题。但是，税收契约作为交易双方行为约束和实现均衡的手段，一般意义上的契约均假定为完全契约，完全契约的假定前提如下：交易主体完全理性、交易费用为零，且交易主体之间信息完全对称。由此产生的完全契约具有如下特点：一是交易各方能够充分预期并能准确描述未来所有相关事件发生的可能性；二是缔约各方能针对未来发生的每一件事明确规定出应对方案和策略，且愿意支付发生的各种费用和成本；三是缔约各方的利益在缔约时能达到均衡，并在整个履约过程中不再进行谈判；四是缔约各方的权利义务和责任能够清晰划分，违约责任的评判和度量不会增加交易成本。[②] 由此可见，完全契约的各种可能事件都能被准确预测，契约条款在事前都能被准确拟定，并且能被准确执行。事实上，完全契约的很多假设和结论只具有逻辑上的理论意义，纷繁复杂的现实生活与之相去甚远，不完全契约才是生活的常态。

（一）税收不完全契约剖析

如果将契约视为制度的重要组成部分，与之相对应的契约理论则是制度设计的理论基础和逻辑起点。以此逻辑，缔约双方应当准确预见未来履约过程中所发生的一切事件，以及彼此应当拥有的权利和承担的义务，并在契约中明示所有承诺。但是，未来的不确定性才是社会的常态，加之缔约双方的信息不完全以及有限理性（bounded rationality），严格意义上的完全契约几乎不存在。概言之，契约的不完全体现在两个方面：一是缔约双方在缔约时可能会出现的行为或状态及其相关责任和义务的遗漏；二是未能完全预

---

① 　刘创 . 诚信税收研究 [D]. 南昌：江西财经大学，2003：1.

② 　杨宏力 . 本杰明·克莱因不完全契约理论研究 [M]. 北京：经济科学出版社，2014：2.

见未来所有可能的状态下缔约各方对应的责任和损失承担的划分。对于第一种类型的不完全契约,在法学领域中称之为"责任"不完全或者"瑕疵"契约,但法律上的"指定缺席规则(default rule)"能填补缔约责任上的空缺。"不可预见的可能性(unforeseen contingencies)"和"信息黑箱"是第二种类型的不完全契约产生的本质原因,这虽然是经济学家们所关注的不完全契约①,但现实生活中的诸多问题所蕴含的经济性和法律性密不可分,几乎同时成为法律问题的理论来源。

契约不完全乃现实社会经济生活的常态,因为交易主体不是完全理性,信息也不是完全对称,交易费用亦不可能为零,订立契约时更无力准确预估后期履约过程中可能出现的一切情势变更事件。同理,政府和民众作为税收契约的缔约方,由于公共产品的正外部性(positive externalities)以及由此产生的"搭便车"行为的普遍存在,政府也并非一个仁慈且无所不能的政府,无力准确估算民众对公共产品的需求数量和真实偏好,公共产品供给依然存在"政府失灵(government failure)"。另外,民众作为理性经济人,本着自身利益最大化原则,同样也是有限理性的缔约主体,并与政府之间进行着非合作博弈(non-cooperative game),力求付出公共产品的"对价"(税收支出)最小。同理,税收契约作为国家与政府、民主与自由、公平与正义不断发展的产物,民众与政府在订立税收契约时,同样存在信息不对称、有限理性和交易事项不确定性等多种因素,税收契约是一种不完全契约②。

---

① 李亚磊.基于不完全契约理论的政府代建制项目激励约束模型研究[D].大连:大连理工大学,2014:13.

② 不完全契约(incomplete contracting theory)是指缔约双方不能完全预见契约履行期内可能出现的各种情况,从而无法达成内容完备、设计周详的契约条款。不完全契约理论的早期思想可以追溯到1991年诺贝尔经济学奖得主罗纳德·科斯,他在《企业的性质》中论述了由于企业成为长期契约,而本来的不确定性决定了长期契约只是原则性的一般条款,从而契约便是不完全的,这是最早的契约不完全理论。西蒙和威廉姆森从交易环境的复杂性和交易者的有限理性解释了契约的不完备。加莱斯认为昂贵的成本与难以预料的或然性是导致现实生活中契约不完全性的原因,马斯金和梯若儿则认为是当事人与第三方这两者之间信息不对称的结果。2016年,诺贝尔经济学奖授予哈佛大学教授奥利弗·哈特(Oliver Hart)和MIT经济学教授本格特·霍姆斯特朗(Bengt Holmstrom),以表彰两位经济学家在契约理论(contract theory)方面做出的杰出贡献,哈特教授的主要贡献体现为不完全契约理论,而霍姆斯特朗的贡献主要体现为完全契约理论。自此,不完全契约理论再次成为契约理论热点问题。

公共财产权是政府基于公共性特质行使的权力，是在现行财税体制和财税法理论中抽象出来的兼具财产性和行政功能的公权力。① 税收除了增加政府财政收入的功能之外，还具有经济调控和调节收入分配之职能。国家的存在就是行使管理社会和干预经济的职能，除了通过税收筹集必要的财政资金保障政府运行外，还要运用税收这一经济杠杆，以适宜的经济政策和产业政策熨平经济周期，通常运用降低税率、减免税收、增加财政支出等方式，引导微观经济主体的经济行为尽可能转移到国家预期的社会经济发展方向，确保经济快速平稳发展。政府税收契约中的税收政策，是一定社会形态下国家政治经济状况及国家任务的内在要求的选择，国家的经济形势受经济周期、国际政治经济形势以及国家治理目标等诸多因素的影响。这些因素的变动不居，充分印证了税收契约的不完全性。此外，税收的收入分配调节职能虽然是税收本身所具有的内在职能，但其税收要素的确定和税收规模的测度，也应当依据国家当前的财富拥有现状，以及市场经济有效运行的客观要求和政府履行经济职能的需要。税收调节作用的发挥，是通过一个完整的税制体系对个人收入的来源、分配、使用、财富积累与转让等财富的流量和存量进行直接和间接调节来实施的。税收作为政府调节收入分配的重要工具，通过税制本身税种的设定、税基的选择以及税率的高低等方式来达到调节收入公平的目的。这也是由税收公平收入分配职能和缩小贫富差距的调节作用所决定的。② 发达国家税收调节收入分配的实践经验表明，税收在调节收入分配中起到了其他政策不可替代的作用。

由是观之，纳税人与政府之间的税收契约订立、履约和监督等环节均存在有限理性、信息不对称、道德风险、经济周期变化、宏观调控重点以及国家发展战略等诸多变化。通过对税收制度的不断变化以期达到国泰民安的治理目标，政府与纳税人之间的税收契约属当然的不完全契约。

（二）不完全税收契约的税收诚信弥补

经济契约关系的扩展促进了契约观念的发展，同时促进了诚实守信、公平正义的契约精神不断法律化。本质上讲，契约既是一个法律领域的概念，

① 刘剑文.论财税体制改革的正当性——公共财产法语境下的治理逻辑[J].清华法学，2014（5）：7.

② 张怡.衡平税法研究[M].北京：中国人民大学出版社，2012：1.

又是一个经济领域的概念。在法律领域里，契约是双方当事人以发生、变更和消灭一定债的法律关系为目的的协议。为了让契约能有效地履行，诚实、信用、公平等社会伦理观念就为其提供了可靠的保障。[①] 在经济领域，契约作为交易双方实现均衡的手段，契约思想根植于古罗马的经济土壤，表现为一系列外在的法律义务。随着内在的道德要求与法律形式的不断融合，自由主义、诚实守信和意思自治等契约精神逐渐渗透到了财政与税收制度领域，并外化成显性的制度安排。但是，契约理论研究和相关制度设计似乎遵循着一个未曾改变的前提假设和逻辑起点——信息完全和契约完全。俱言之，缔约各方能够准确预见未来所有的或然事件，并就此事项达成合意，在契约中载明缔约各方应该采取的行动和承担相应的责任和义务。由于缔约各方在签订契约时对未来事件所有可能性以及相应的责任承担都是可以预期的，据此签订的契约各方已经处于最优状态，他们均无意改变现在的均衡状态，并愿意遵守已经签订的契约条款，基于交易成本的约束，缔约各方也不愿意以后对契约重新谈判。因为契约的执行情况是可以证实的，第三者（如法庭）不用花费任何成本就可以确定谁违反了契约，因而完全契约也是可以强制执行的。[②] 换言之，当事人在完全契约的假定前提下，这种契约乃为一种涵盖未来所有可能情况的契约，并完全可以明确规定双方的权利和义务，这是基于"完全契约"的契约理论相关制度设计的理论基础。

（三）不完全契约理论与税收诚信的理念契合

不完全税收契约的存在，是当税收契约在履行过程中出现非缔约时所预料其变更情势，当其显然有悖于诚信原则（显失公平）时，应认其法律效力有相当变更的规范。[③] 假设所有的交易和制度都可以看作是一种契约关系，由于信息不对称，当事人可能会出现一种不道德的行为，其间存在的道德风险会致使契约履行效果减损甚至出现履行不能。契约理论就研究如何通过有效的机制设计减少道德风险，让当事人双方的收益最大化。从法律意义上讲，权利义务的配置就是利益的分配，也就是税收契约中缔约双方的权利义务不断调整和重订的过程。依据不完全契约理论的解决方案，权利应该配

---

① 陈玉梅，贺银花.契约法诚实信用原则研究 [M].北京：中国社会科学出版社，2012：16.

② 于颖.契约性质及其对企业的影响 [J].辽宁税务高等专科学校学报，2006（6）：56.

③ 史尚宽.债法总论 [M].北京：中国政法大学出版社，2000：444.

置给对投资或总产出重要的一方。税收契约的事后控制权配置应该以总体福利最大化为考量标准。因此，我们需要在税收契约中厘清谁是对国家公共产品提供和改善贡献最大的利益主体，制度设计应当优先保证他们的利益，然后补充受损者的利益。① 毋庸置疑，税收制度的正当性应先得到民众（纳税人）的肯定和认同，并且符合纳税人的价值判断，其财产利益应该被优先考虑，并且同时兼具合法性和正当性，确保财税秩序实现真正的公平正义，使社会长治久安。② 不可否认，契约精神和平等原则是税收契约的基础，税收契约关系中的征纳双方均享有同等的法律地位。税收是纳税人集体依据追求自身效用最大化做出的让渡财产权的理性选择，并以"自愿、合意、诚信和互利"为假设前提，要求其财产代理人——政府提供合意的公共产品。如前文所述，这种"委托—代理"关系极易产生道德风险（moral hazard）和逆向选择（adverse selection），政府（受托人）诚信履约是对纳税人（委托人）财产利益保护的最根本要求，并且以最大诚信为纳税人提供优质的公共产品和公共服务，不减损纳税人的利益，做到实质的公平正义，使社会总福利得到提升，这样实现了经济学上追求的帕累托效率。不仅如此，政府诚信征税和诚信用税，都需要政府从社会福利最大化的角度出发来制定有效的政策。如果政府税收契约中能够从社会福利最大化的角度出发，做到社会主义核心价值观所倡导的民主法治、公平正义、诚信友爱，和谐的税收征纳关系和税收秩序将得以建立。一方面，以诚信原则作为不完全税收契约的责任变更认定和弥补之判定原则，德国最早在税收判例中就有引用，因为情事变更原则正是为了平衡当事人之间的利益关系，消除法律行为因情事变更所产生的不公平后果，与诚信原则具有同一旨意，因此情事变更原则既源于诚信原则，又受其支配，可以认为诚信原则的具体适用类型之一。③ 税收中的不完全契约适用诚实信用原则，税务机关不得以不可抗力情形对抗纳税人之履约请求，这样既可以对纳税人的信赖利益进行有效保护，使其免于不合理的税收债务，又可以提高政府公信力和税收遵从度。另一方面，以诚实信用原则

---

① 聂辉华. 不完全契约理论对中国改革的启迪 [EB/OL]. (2017-01-15) [2020-11-15]. http://doctornie.blog.sohu.com/322987655.html.

② [美]哈贝马斯. 在事实与规范之间：关于法律和民主法治国家的商谈理论 [M]. 童世骏，译. 生活·读书·新知三联书店，2003：533.

③ 1919年《德国租税通则》第4条规定："解释税法之际，须斟酌其立法目的、经济意义及情事之发展。"

作为情事变更的理论依据仅为概括性条文，政府在用税方面只要能体现诚实信用，能合税法之立法目的以及经济意义，纳税人亦不能对抗。

三、理性经济人的税收诚信矫正

税收契约关系中涉及纳税人和征管人两方法律主体，基于我国税收"强制性、无偿性和固定性"的传统理念和思维定式，对于纳税人的理性行为选择和纳税人与政府的"非合作博弈"理论研究较多，与政府征税行为选择理论研究"过冷"形成鲜明对比。对于税收行为选择和税收效用的研究，其重心在于以税收制度为核心的经济关系，这可以追溯到对税收公平思想的研究。亚当·斯密主张以收入衡量税负，穆勒在其1848年出版的《政治经济学原理》中阐述了以"税收支付能力"为衡量标准的税收公平思想，拉姆齐（Ramsey）从需求弹性角度研究税收制度的优化问题，即对于不同需求弹性的商品如何征税才能做到效率损失最小的原则。此外，诸多学者分别从不同角度对影响税收的因素做了较为深入的研究，为税收契约的深入剖析奠定了坚实的基础。[①] 此后，许多学者从最优税制角度研究税收契约，掀起了最优税制及社会福利最大化的税收制度安排的研究热潮，直到今天还被作为热点问题受到政府乃至经济组织的广泛关注。[②]

税收征纳的法律关系中，涉税行为就是征纳双方相互博弈的过程。中国传统税收文化所形成的税收遵从理念与现代法治社会所要求的税收遵从格格不入，主要表现如下：作为税收承担者的纳税人与拥有征税权力的征税人之间的权利义务的非对等性，税务机关的"人治"特征和征税人员的行为随意

[①] 弗兰克·莫迪格莱尼（Franco Modigliani）和墨顿·米勒（Mertor Miller）所创立的MM理论获得了诺贝尔经济学奖，该理论从融资与税收的关系方面揭示出利息抵税效应，为企业与债权人之间的税收契约研究奠定了基础。还有许多学者从利益相关者角度探讨了税收对其的影响，这为进一步研究利益相关者的税收契约奠定了基础。贝克尔（Becker）在政治压力集团之间竞争的研究中推导出政府会利用最有效的方法向政治上的弱势集团征税而补贴强势集团的结论。斯格雷夫研究私人部门收入与支出的经济循环流转过程中，剖析诸多有影响作用的"税收冲击点"，即影响税负的关键点，这对研究经济运行中的税收契约提供了研究思路。诺贝尔经济学奖得主詹姆斯·莫里斯（James Mirrlees）于1971年创造性地提出"最优税制理论（the theory of optimal taxation）"，解决所谓最优所得税制等经济激励问题，开辟了从信息不对称角度研究税收问题的新思路。另一位诺贝尔经济学奖得主斯蒂格利茨（Stiglitz）于1988年从帕雷托效率角度研究最优税制与社会福利的关系。

[②] 蔡昌.论税收契约源流嬗变：类型、效力及实施机制[J].税务研究，2012（6）：87.

性，使纳税人无法意识到自己权利主体的地位，进而对纳税产生厌恶抵触情绪，往往出现情感性税收不遵从。[①] 经济学理论中的经济主体的行为选择均基于"理性经济人"的基本假定，纳税人依法诚信纳税的根本动机，在于期望政府提供公共物品满足公共需要，并能对自己的人身和财产进行有效保护。纳税主体作为"理性经济人"，通常以追求个人利益最大化作为行为选择的逻辑起点，其动机都是利己的，每一个经济主体的经济行为，都精于成本与收益的计算，力图以支付最小成本获得最大经济收益，纳税这一财产权利让渡和公共产品的取得，概莫能外。"纳税理性"使纳税人在涉税行为决策时，会对纳税成本与纳税受益进行比较和权衡，力求在税收损失最小的前提下做出最合理的决定，并力图实现和保护自身最大利益。政府征税相应地减少了纳税人可支配的收入或财产数量，这种数量关系的变化通常用政府征收的税款占纳税人税前收入或财产数量的比重进行衡量。如果纳税人在消费政府提供的公共物品之后，认为自己所承担税负过重，且税收成本大于税收收益，则税痛感增强，就极易选择偷税、漏税甚至抗税，致使税收征纳关系日趋紧张。

依据经济学理论，所有的交易和制度都可以看作是一种契约关系，契约理论则是将所有交易和制度都看作是一种契约（合同）。在税收契约关系中，纳税人和政府都是"理性经济人"[②]，追求自身利益最大化是双方的行动目标，其财产交易性决定了履约的道德风险不可避免。由于公共产品的外部性以及"搭便车"行为的存在，纳税人在缔结税收契约时会故意隐藏对公共产品的真实偏好和需求数量，在纳税环节会通过税收筹划避税、漏税甚至偷税竭力减少税收支出。政府是由单个主体组成，政府的行为规则是由单个主体制定的，政府的行为也需要单个主体去执行，基于政府中经济人的"有限理性"和信息交易成本高昂，在用税环节极易导致价格机制对公共产品资源配置的无效率，政府在提供公共产品时由于自身的低效率也无法得到最优的公共决策，造成决策失效。因此，我们没有理由认为政府总是纳税人集体利

---

① 刘振彪.基于行为博弈的税收遵从论[M].厦门：厦门大学出版社，2012：4.

② 理性经济人假定是西方经济学家在做经济分析时关于人类经济行为的一个基本假定，意思是作为经济决策的主体都充满理性，即所追求的目标都是使自己的利益最大化。具体说就是消费者追求效用最大化、厂商追求利润最大化、要素所有者追求收入最大化、政府追求目标决策最优化。西方经济学的鼻祖亚当·斯密认为：人只要做"理性经济人"就可以了，"如此一来，他就好像被一只无形之手引领，在不自觉中对社会的改进尽力而为"。

益的代表和反映，也会不顾公共利益去追求有政府成员所组成的集团的自身利益。公共决策失效表明：公共产品政府供给原本是为了弥补市场的供给失灵，但其公共决策过程仍然异常复杂。此外，公共产品供给决策存在外生制度缺陷① 以及政治决策程序介入的效率损失，决策成本、交易费用高等因素表明，单方面提高政府的决策能力至少不是提升公共产品的供给效率最优选择，"市场的缺陷并不是把问题交给政府去处理的充分条件"②。在考虑信息不对称（information asymmetry）的情况下，设计最优的契约来减少当事人的道德风险、逆向选择和敲竹杠（hold up）等问题，从而最终提高社会总福利水平。③ 维克赛尔（Wicksell）认为，如果没有政治决策程序的介入，人们将不愿意说出自己对公共产品的真实评价，必须人为地设计激励消费者主动显示其偏好的机制。因此，不完全信息的现实使价格制度常常不是实现合作和解决冲突的最有效安排。④

　　在税收委托—代理关系中，政府是"一仆多主"的公共代理人。⑤ 易言之，纳税人这样群体性的多个委托人授予政府权力，不同的委托人对公共产品的需求可能是替代的（alternative），也可能是互补的（complementary）甚至是相同的，委托人之间可以协调起来激励代理人，也可以单独激励代理人。理性经济人的个人行为是以自利的规则进行选择，每个市场主体都追求自身利益最大化，必然与集体利益产生冲突。为了解决个人利益与集体利

---

① 决策机制的外生制度缺陷主要体现在两个方面：一是集体单边决策模式使公共决策的运作过程缺乏正常监督，易产生政府决策的高度集权异化为个别领导人的个人意志。政府权力越集中，对公众的回应就越弱，公共品供给就越容易与民众的实际需求发生背离。二是集体决策的从众心理、团体压力和高昂的交易费用。这两方的外生缺陷都使政府难以制定并执行合理的公共决策，导致公共决策失效。

② BUCHANAN J. The Theory of Public Choice Ann Arbor[M].Michigan: The University of Michigan press, 1972：18.

③ 同上。

④ 张维迎.博弈论与信息经济学[M].上海：上海三联书店、上海人民出版社，2010：2.

⑤ 张维迎.博弈与社会[M].北京：北京大学出版社，2013：289.

益的冲突，"激励相容"① 应该是一种较为恰当和有效的制度安排，当经济主体之间存在信息不完全时，有效的制度设计必须满足"激励相容（incentive compatible）"或"自我选择（self-selection）"条件。因为这一制度能使个人与集体价值最大化的目标相吻合。"激励相容"原则能够有效地解决个人利益与集体利益之间的矛盾冲突，使行为人的行为方式、结果符合集体价值最大化的目标，使个人价值与集体价值的两个目标函数实现一致化。② 在这个原则之中，蕴含了这样一种机制：单个理性经济人的利益最大化策略与机制设计者所期望的策略一致，从而参与者会自愿按照机制设计者所期望的策略采取行动。

　　由激励相容原理可知，双方利益冲突解决的基本路径如下：优先考量和保证对总收入更重要的一方，然后让优先获利一方补偿利益受损的另一方，从而实现社会利益最大化。税收契约关系中，民众利益为全社会之根本利益，财税制度的民生性就体现为保障和改善民生，其出发点和落脚点均在于提升纳税人福祉。税收法律制度也是一种契约关系，是公民和政府之间的财产转让与使用的契约，该契约双方存在根本的利益冲突和对立，因此这种制度安排应当集中体现激励相容的社会利益最大化价值衡平。欧洲国家就是通过民主选举和公共预算来实行政治问责和权力制约③，美国则是通过总统和国会的倾轧和角力在利益衡平中寻求财政预算的正当性。④ 这对解决我国税收契约矛盾冲突是较好的借鉴，政府在征税和用税中以社会整体利益为中心，权利分配方面偏重纳税人这一"投入资产"最大的主体之利益，追求民众利益最大化，则能对理性经济人的自利行为进行匡扶和矫正。

---

① "激励相容"是指在市场经济中，每个理性经济人都会有自利的一面，其个人行为会按自利的规则行为行动。如果能有一种制度安排使行为人追求个人利益的行为正好与企业实现集体价值最大化的目标相吻合，那么这一制度安排就是"激励相容"。现代经济学理论与实践表明，贯彻"激励相容"原则，能够有效地解决个人利益与集体利益之间的矛盾冲突，使行为人的行为方式、结果符合集体价值最大化的目标。参与者理性实现个体利益最大化的策略，与机制设计者所期望的策略一致，从而使参与者自愿按照机制设计者所期望的策略采取行动。

② 胡伟伟.浅析土地参与宏观调控的缺陷[J].资源与产业，2012（3）：62.

③ WEBBER C, WILDAVSKY A. A History of Taxation and Expenditure in the Western World[M]. New York: Simon & Schuster, 1986：318.

④ ［美］乔纳森.卡恩.预算民主：美国的国家建设和公民权（1890-1928）[M].叶娟丽，译.上海格致出版社，2008：186-196.

四、税收诚信防范征税机关税权滥用的理论逻辑

英国自由主义思想家托马斯·霍布斯认为，国家的产生不是神学的合法性来源，而是政治契约的认同。政府虽然是民众一致同意的产物，但由于民众对于财产的让渡并委托政府代理行使原本属于自己的诸多权利，把政府看作是"必要的恶"，对政府设置种种限制也成为实现民主政治的重要途径，并明确提出"有限政府"的概念，强调充分保护民众的基本人权（生命权、财产权和自由权），为政府行为设置"底线"，以法治和人民的"革命"来抗击政府强权。① 美国思想家托马斯·潘恩认为政府是强取豪夺和暴力获得的统治地位和权利，在其最坏的情况下，就成了不可容忍的祸害，主张以宪法至上的共和制度来降低政府"祸害"的程度。② 马克思和恩格斯则把国家称为社会的"累赘"和"肿瘤"，虽然该提法略显偏颇，但无疑体现了诸如征税权这样的强制权力的限制。

（一）征税权力滥用与政府失灵的内在一致性

政府是政治契约的一种制度安排，"政府是必要的恶"论证了政府存在的必要性，因为它在很大程度上可以防范政治秩序崩溃、市场失灵、公共产品供给缺位等一系列风险。此外，政府能通过恰当的制度设计和机制建立，通过财税政策、货币政策调节社会收入分配，保证公民享有平等的自由权利、维护市场公平竞争。波普尔曾经说道："国家不管怎样必定拥有比任何个别国民或个别公众团体更大的力量，虽然我们可以设计各种制度，以使这些权力滥用的危险减少到最低限度，但我们绝不可能杜绝这种危险"，这为"政府失灵"的理论提供了更加有力的论证。

随着社会和经济的发展，人们对"政府失灵"的诱因有了更深、更广的认识和理解，主要因为政府及其官员均为理性经济人，信息不对称、委托代理风险以及有限理性已经成为政府公共决策的普遍制约因素。加之由于公共政策过程异常复杂，存在种种障碍和制约因素，因此政府难以及时制定并有效执行科学的公共政策。在这种情况下，政府宏观调控行为非但不能起到弥补市场缺陷的作用，反而加剧了市场失灵，带来巨大浪费，甚至造成社会灾

① ［英］洛克.政府论（下篇）[M].北京：商务印书馆，2007：5.
② ［美］托马斯·潘恩.潘恩选集[M].北京：商务印书馆，1981：243.

难。[①] "政府失灵（government failure）"使"制约政府"成为政治领域的核心议题，尤其是关乎民众财产利益和社会治理的税权限制，更应该通过法律和制度设计来筑起严密的"防火墙"，限制政府的税权滥用，减轻和防范政府公权力对纳税人基本权利的肆意和过度侵害。迄今为止，"以权力制约权力"和"以公共利益为中心"被看作文明法治国家普遍遵循的准则。因此，政府税收权力限制的制度安排应当包括人民主权、权力制衡的核心理念，遵循依法行政、征税权"法律保留"的基本原则。

制度经济学家诺思提出的"国家悖论"（也称为"诺思悖论"）如下：国家具有经常冲突的双重目标，一方面通过向不同的势力集团提供不同的产权，获取租金的最大化；另一方面，国家还试图降低交易费用以推动社会产出的最大化，从而获取国家税收的增加。"诺思悖论"描述了国家与社会经济相互联系和相互矛盾的关系，即"国家的存在是经济增长的关键，然而国家又是经济衰退的根源"。另外，由于公共决策还存在"投票悖论（the paradox of voting）""理性无知（rational ignorance）"，加之政治市场的竞争更不充分，交易的对象更难以考核，政治市场的交易费用高昂[②]，致使政府作用的结果往往是经济增长的停滞。[③] 现代社会治理中，水、电、气等许多行业因为事关国计民生，需要进行管制和行业准入，政府应当在行业准入和成本定价方面进行干预和监管，但政府却会因为税收和政绩等自身利益等因素，出现监管"缺位"和"错位"。此外，私利被认为是所有人类活动的一种强大的驱动力量，而人类行为如果不受伦理的或者道德的约束和制约，将会直接以促进个人利益或私利为目标。[④] 权力不仅本身能带来名利双收，而且还能通过"权力寻租"带来更大的经济收益，如果权力不加限制就会被滥用，从而滋生腐败。正如著名宪法思想家麦基文所言："宪政有着亘古不变的核心本质：它是对政府的法律限制。"[⑤] 换言之，政府权力的限制应当在法律制度中

① 燕继荣.从"行政主导"到"有限政府"——中国政府改革的方向与路径[J].学海，2011（3）：86.

② 熊俊.中国信托业发展优化的制度分析[D].昆明：云南大学，2010：91.

③ [美]道格拉斯·C.诺思.经济史中的结构与变迁[M].陈郁，罗华平，译.上海：上海三联书店、上海人民出版社，1994：24-25.

④ [美]詹姆斯·M.布坎南，戈登·图洛克.同意的计算——立宪民主的逻辑基础[M].陈光金，译.上海：上海人民出版社，2014：26.

⑤ [美] C.H.麦基文.宪政古今[M].翟小波，译.贵州人民出版社，2004：16.

体现，并且借助国家强制力予以实施。"国家的收入是每个公民所付出的自己财产的一部分，以确保他所余财产的安全或快乐地享用这些财产。"① 民众让渡部分权利给国家的主要目的是集合众人的财力保护自身的权利和利益，这便是税收契约理论的核心问题。国家一方面运用征税收入维持国家机构的正常运转，以便行使保护人民生命财产安全和增进社会总福利的职能。另一方面，税收的"祸国殃民"属性也同时兼具，其外化的横征暴敛行为不仅损害民众的基本权利，还会引发社会动荡、经济凋敝等不良后果，也有"竭泽而渔"的伤及税本、"寅吃卯粮"的恣意征税。如果政府征税权不加以限制，必将引发税收领域的决策失败、税收规模过度扩张、财政支出效率低下、税权的寻租与腐败等"政府失灵"，政府税收行为之结果导致政府公信力降低、政府与人民愈加对立的双重恶果，违背民众人民让渡税权的初衷。因此，政府征税权滥用必然导致政府失灵，二者具有逻辑上的一致性和同一性。

（二）税收诚信防范税权滥用的理论逻辑

人们天然拥有生命权、财产权、人格权等自然权利，但这些自然权利往往因为人与人之间的纷争而让其受到侵害。为了避免因纷争带来的权利减损，民众自愿订立契约，将自己的部分自然权利让渡给共同体，该共同体以政府的形式而存在，接受共同体成员的委托，遵从民众共同意志，恪守契约宗旨和条款。按照著名财政学家瓦格纳之观点：政府征税规模应当与其治理职能成正比。随着社会和经济的迅速发展，政府职能不断扩大，征税规模也随之不断增加。一方面，政府为了维系日常运转和提供公共产品，不得不利用征税收入支付不菲的经常性支出和公共产品之成本；另一方面，基于政府及其官员的政绩、升迁和财富等自我利益的价值追求，其诸多行为均以自身利益最大化为根本出发点，正如美国政治学家威廉姆·A. 尼斯坎南（William A. Niskanen）在《官僚制与公共经济学》中所言："官僚并非总是代表公共利益，其行为的驱动力实际是个人利益，他们设法实现自身利益和部门利益的最大化。"从收入来看，国家预算中的税收收入和其他非税收入有限，不可能无限制满足所有的公共需要。因此，政府及其官员应尽其所能扩大征税规模。政府作为国家预算的执行主体，不仅承载着以公共需求为基准提供公共物品的法益目标，还应当体现公平正义的法律价值。从根本上讲，政府预

---

① ［法］孟德斯鸠.论法的精神（上册）[M].张雁深，译.商务印书馆，1961：213.

算约束是指政府的总支出必须等于政府的税收与其他非税收入。① 从内容上看，国家预算包含预算收入和预算支出，预算收入的主要来源为税收收入，预算支出则是维持政府日常运行的经常性和提供公共物品和公共服务的支出。在税收资源稀缺的现实约束下，政府征税应当做到公平与合理，用税环节更应当尽力避免委托—代理产生的道德风险。由于一国的社会财富增长和居民收入增长存在一定限度，公共预算最大化是政府征税的普遍追求，政府力求税收规模增长必然使民众为政府及其官员的私利买单从而违背公意，致使"以权牟钱、以权换钱"等腐败行为滋生。

尽管反映纳税人意志的《预算法》在较大程度上限制了政府的征税权，但事实上，政府官员和政府机构因为追求个人收益、升迁和政绩的自身利益需要，可能会谋求权力与机构的扩大，最终导致政府部门人员数量的增加和支出水平的增长。这些维持和满足政府及其官员的经费需要从表面上看几乎都是属于合情合理的正当性支出，将这些满足私利的支出列入预算之中，在形式上至少满足了《预算法》的基本要求。因此，《预算法》对政府征税权滥用的限制较为有限。此外，政府提供的公共产品的质与量难以测定和衡量，政府用税绩效考核也很难直观清楚地加以量化和评估，对公共产品提供的监督当然成为难题，政府在这"难题"之下就有了滥用征税权的空间和余地。政府部门垄断公共物品的供给，免除市场机制下的外部竞争压力，同时也失去了提高效率和服务质量的内在动力，加之由于公共物品消费的整体性和发散性，造成其成本与收益计算的模糊性和非直观性，政府官员也不可能像企业经营者那样公开合法地参与盈余分配。因此，政府及其官员的税收目标不全是社会整体利益的最大化，部分是政府机构及人员规模的最大化，并以此达到自己增加升迁机会和扩大势力范围的利己目标。此外，纳税人固然有政府预算及其执行的监督权，但政府独家占有财税收入的占有和使用的权利，政府垄断相关监督信息变得容易，甚至很有可能利用强权操纵监督过

---

① 广义的政府预算约束是指政府为实现各种目标而花费的总支出（利息支付、其他转移支付、商品与劳务采购）必须等于政府的总收入（税收）、来自中央银行的借款（即印钞票）、来自别处的借款（公债）以及减少注入黄金、外汇这样的国家资产储备。而狭义的政府预算约束是指政府的总支出必须等于政府的税收与其他利润收入。政府预算约束指在不考虑增税的前提下，以货币融资、债务融资与政府出售资产三种国内融资方式所弥补的财政赤字限度。为了避免发生严重的通货膨胀，各国政府一般不采用货币融资方法，而代之有债务融资。本书的研究对象和范围主要集中于狭义的预算约束。

程，信息不对称极易使实有的监督权虚化，使公众监督软弱无力，弱化国家预算法的征税、用税权的限制功能。

公共产品的多元化供给机制已成为共识，政府作为供给主体的一员，既是参与者又是裁判员，在公共产品的供给中频繁地与其他行为主体发生联系。尤其是对于准公共物品①，早已形成了私人生产、政府提供的供给方式，政府成为准公共产品的最大买家，与提供该产品的私人部门存在千丝万缕的利益关系。政府管制俘获理论也深刻揭示了政府滥用征税权力致使腐败的社会经济根源。政府与公共产品生产企业看似对立，实则可以达成紧密的联盟。一方面，征税机关利用公权力掌握了公共产品生产者的准入，包括准入条件、准入资格和审核结果；另一方面，政府及其官员出于自身利益，利用权力创造大笔租金，企业的寻租行为由此产生。所以，在公共产品生产与提供环节，生产主体与政府之间的利益勾结与同盟，看似合规合法的"暗箱操作"削弱了预算法的制约效率，成文法的条款约束也显得力不从心。

为了使政府在征税和用税方面实现"循法"和"守限"，对于财政资金的使用方面引入了集体决策机制，我国《预算法》将预算的审批、调整以及预算执行情况评估等诸多权力赋予人民代表大会及其常务委员会②，确保财政决策的合理性和科学性。但是，公共决策是一个非常复杂的过程，不仅存在决策制定过程中的内生性缺陷，还存在导致决策结果失效的外生性制度缺陷。俱言之，导致政府决策失误的原因主要有以下几点：第一，政府公共政策所追求的"公共利益"是否是民众利益的真实和集中反映，因为此处的

---

① 从传统理论上讲，准公共产品是介于公共产品与私人产品之间的社会产品，它是具有公共产品与私人产品特征的混合产品。具体包括两类：一类是具有收益排他性但不具有消费竞争性的公共物品，也称为"拥挤性的公共物品"，常见的例子是公路、桥梁；另一类是具有消费竞争性但不具有收益排他性的公共物品，又称为"共同资源"，常见的例子则是草场和矿山。"拥挤的公共物品"的特征如下：在收益上是可以实现排他的，但在消费上却不具有竞争性。也就是说，随着消费者人数的增加，对这类物品的消费将会产生拥挤现象，而当消费者人数超过"拥挤点"后，会减少每个消费者所获得的效益，而且超过"拥挤点"后，随着消费者人数的不断增加，边际成本将随之上升。这必将破坏其在消费上的非竞争性的特性。所以，为保证这类物品非竞争性的实现，应在其达到拥挤点时进行排他，而通过收费，这类物品恰恰是可以在技术上实现低成本排他的。由于准公共产品具有成本—收益的可计算性，一般采取市场生产、政府提供的供给方式。

② 我国 2015 年 5 月 1 日正式实施的《预算法》第十四条、第二十一条第二款和第三款等条款都明确规定了各级人民代表大会及其常务委员会对于预算的审批权和监督权。

"公共利益"并不是个人偏好或利益进行简单加总。第二，以代议民主制为代表的民主决策机制由于集体决策成本过高以及表决程序冗长，多数原则看似"民主"，但不排除多数对少数强制的可能，真正的民意表达也不尽人意。相反，首长决策虽然富有效率，但容易导致以长官意志设定为"公共利益"，最终使民主意志异化为长官意志。第三，政府决策信息成本高昂，因为决策者素质良莠不齐以及收集信息动力不足等原因，大量公共政策是在信息不对称的背景下产生的。第四，基于个人有限理性，大多数选民在投票时难以预测未来的发展趋势，眼前利益的顾及成为决策时的主要考量因素，而政府官员为了自身仕途晋升，通常也会迎合选民的"短视"。所以，政府官员和选民的"近视效应"同样成为导致政府决策失误的重要原因。因此，国家预算的制定、执行与监督，以及建立公民参与机制，被认为是降低公民对政府不信任程度以及教育公民学习民主、了解政府活动的重要途径。但这并不能克服集体民主决策的种种缺陷，在看似精妙的制度安排下，政府滥用征税权现象依然以各种隐性或显性的方式存在。

经过多次修订的《预算法》，从法条层面充分保护纳税人的财产权、决策权和监督权，并对政府的征税和用税权利进行约束。但是，成文法的稳定性约束了对现实问题回应的及时性，尤其是财税法与经济社会发展须臾不分，应当对市场经济发展需要、政府职能转变、民主进程做出制度上的回应，通过经济法的"制度转型"，推进法治进程的"制度性减负"。[①] 而诚信原则除了诚实、信赖和谨慎善意的核心内涵之外，还涉及行为主体之间的相互信任以及以"信"（good faith）为基础的各种关系，并且要求缔约主体不能追求不合理利益，必须忠实于自己的义务和责任[②]，这与政府诚信征税中要求政府在征税和税收支出方面应当具有"诚实、公开、忠实且不追求不合理利益"的内涵具有一致性和契合性。当财税法出现对政府财税规制的局限性和缺乏对现实的无力回应性之时，当以诚信原则作为总体原则约束和限制政府征税权，并作为总括性的兜底条款和政府征税行为合规、合法性的自由裁量标准。因此，如果将诚信原则的道德调节法律化，不仅能将税收的实质正义与公平内含于法律制度之中，形成普遍认同且愿意遵从的行为约束准则，而且能平等地分配征纳双方的权利和义务，提高政府公信力和税收遵从度。

---

① 张守文.减负与转型的经济法推进[J].中国法学，2017（6）：188.

② 闫尔宝.行政法诚实信用原则研究[M].北京：人民出版社，2008：7.

第三章 税收诚信法治化正当性的经济学评判

经济学理论就像科学超越常识那样能超越法律制度本身，因为人们运用经济学相关理论分析和预测民众对法律制度的反应，并有助于对立法、修订法律、废止法律和对法的解释。[①] 查尔斯·罗利（Charles K.Rowley）认为：立法制度并不是独立于经济体系之外而给定的，而是经济体系之中的一个变量，必须依赖其他经济体系的构成因素才能审视它们变迁的效应。再者，经济学理论可以弥补法学理论所缺乏的行为理论和规范标准。[②] 政府征税行为不仅关乎征纳双方的财产利益分配、行为博弈以及交易费用，还涉及税收政策的经济宏观调控职能与效用的预判与评估。相对于其他法律制度，财税法具有较强的经济性，它自诞生之日起就与经济学密不可分。关于政府征税行为及其法律制度的研究，经济学、财政学领域的学者们一直都在密切关注，其丰硕的研究成果为法学领域的研究提供了可资借鉴的厚重理论基础。因此，财税法理论研究应当借用经济学理论和相应的研究成果，使税收法律制度更"合经济规律性"，尤其是将诚实信用原则运用于财税法之中，其正当性与合理性更应该从经济学纬度给予考量和评判。此外，财税法已经发展成为"领域法学"的一门显学，其学科体系和逻辑上的"自洽性（self-consistent）"尚不能满足经济社会发展之需要，这也成为财税法研究的"掣肘"与"短板"，应当借力"兄弟学科"理论和研究路径[③]，丰富和提升财税法研究，丰富财税法理论基础。

---

① ［美］罗伯特·考特，托马斯·尤伦.法和经济学（第6版）[M].上海：格致出版社、上海人民出版社，2012：3.

② 谢地，杜莉，吕岩峰.法经济学[M].北京：科学出版社，2009：2.

③ 刘剑文，陈立诚.财税法总论论纲[J].当代法学，2015（3）：113-114.

第一节 税收诚信之征纳博弈均衡视角解析

税收作为一种公权力介入的社会财富分配手段，在征纳关系中存在利益对立性和竞争性，二者的矛盾与冲突必然导致对抗性的博弈。利益交易中力量的不平衡必然引起利益冲突，不同的利益冲突需要不同的利益协调机制，契约是协调人类利益冲突的有效制度安排之一。[①] 因此，契约因利益冲突而存在，以利益协调为目的，通过调整利益关系而对交易行为进行约束，利益必然成为契约的效力根源。[②] "交易税收契约"就是以利益作为效力根源的，利益的存在和分配吸引纳税人及其利益相关者签订有利的税收契约以实现和保护自身利益。基于利益冲突的存在，缔约双方在履约过程中基于实现自身利益最大化相互博弈，从而引发道德风险，随之出现违背契约成立时所约定的权利义务。诚实信用原则在法律中运用的"正当性"决定着财税法的基本立法目标和法益期待的实现，也是伦理规范法律化的基本要求。诚实信用原则虽以社会伦理观念为基础，但其并非道德，而是将道德法律技术化。[③] 如何避免政府与纳税人之间的因利益博弈而产生的互信度降低现象，如何实现税收遵从与诚信征税的对立统一，是征税法治化正当性的基本前提。

一、主体考量：征税机关与纳税人征纳行为博弈

（一）征纳双方利益对立产生博弈

从宏观上看，政府的日常运行支出、公共产品提供以及社会福利均来源于民众财产减损的税收收入。税收征纳双方基于自身利益最大化追求，其效用目标函数迥然不同，必然产生异质的价值取向和行为逻辑，二者之间的利益博弈长期存在。而博弈论以"局中人"的完全理性的理论预设，因此理想的税收征纳关系博弈模型以信息对称、责权利对等为假设前提，以征纳双方利益最大化为目标，并在给定的知识和信息的条件下，呈现出一种密切和充分的征纳合作关系。事实上，"信息不对称"使绝对的税收征纳关系理想模

① 林钟高.内部控制执行力：诚信文化——基于契约视角的分析[J].会计之友（上旬刊），2010（5）7.

② 程宏伟.隐性契约与企业财务政策研究[D].成都：西南财经大学，2005：41.

③ 杨仁寿.法学方法论[D].北京：中国政法大学出版社，1999：138.

型并不存在。① 因此，纳税人与政府（征管机关）以各自利益最大化每时每刻都在进行着征纳博弈。追求利益最大化是理性经济人行为抉择的永恒追求和终极目标，国家利益和纳税人利益在数量上的消长关系反映并决定了征税主体和纳税主体在指向上相似而在形态上各异的价值取向。税收管理质量和水平在很大程度上受制于两大因素：生产力发展水平和社会政治文明程度。前者表现为税收管理的技术和手段，后者表现为税收文明的模式和路径。征纳主体间信息不对称，是征管质量、征管效率的重要制约因素和主要决定变量。② 征纳双方的利益冲突和非合作博弈（non-cooperative game）行为会引发的一系列非合作博弈行为方式如下：第一，以逃税、避税为目的的纳税人的财务信息异化。纳税人以理性"经济人"的价值取向选择其行为方式，他们尽其所能减少应税事项的披露和确认，以财务信息的"合法形式"掩盖逃税之目的，人为制造"信息盲区"，致使税务部门不能客观、全面、准确地掌握纳税人的经营状况。第二，征税机关运用法律制度和行政手段对抗纳税人的税收博弈对策行为。依据博弈论的基本原理，博弈论强调的是各方对策行为的相互依赖性。换言之，博弈中的一个理性决策者在选择自己最理想的行动方案时，必须考虑局中其他人的反应。③ 与此同时，征税机关会采取一系列的制度设计，不断提高税收征管水平以及加大相应的惩罚力度，以遏制纳税人的逃税、避税和抗税行为发生。第三，征纳双方的博弈行为属于动态博弈。由于征纳主体间的对策性行动是其理性选择的结果，双方的对策行为组合一般是在充分考虑对方行动的可能性的前提下策划和实施的④，并不断地进行着动态博弈（dynamic game）。

（二）征纳双方对税收认知差异加剧对立与博弈

税赋征缴是维护国家利益的必然，但是对于征税的态度，政府与公民出现了巨大的认识反差。政府认为征税权是政治机制赋予其合法权利，具有无可辩驳的正当性和合法性，纳税人则认为政府征税是对政府及其官员的"豢养"，是一种无偿的付出。由此，征纳双方演绎成相互利益减损的博弈，这

① 纪桦.滨州市地方税收管理问题研究[D].天津：天津大学，2006：39
② 李长江.强化我国税收管理的战略性选择[J].税务研究，2008（11）：70.
③ 陈瀚.税收征纳双方利益均衡博弈研究[D].大庆：黑龙江八一农垦大学，2015：9.
④ 李胜良.纳税人行为解析[M].大连：东北财经大学出版社，2001：207-219.

也是现代社会对于政府管理和维护社会大众利益的现实评价。依据瓦格纳法则①：税收是维系国家运行和行使其职能的物质保障，国家职能的扩大和经济的发展必然导致国家职能的财政支出不断增加。在一定意义上讲，国家的公共支出不在乎税赋的多寡，税赋重并不说明社会大众的福利普遍而殷实，历史恰恰说明政府执政与社会大众的利益相悖，引起社会的声讨甚至反抗；反之，税赋轻也未必就说明人民缺乏理性，耽溺于享乐而置国家利益于不顾。政府征税诚信在人民心中产生疑问并逐渐消失殆尽才是社会隐患的大问题。税赋涉及的另一社会问题是公平，主要涉及征税的范围和数量，即社会的负担。税赋还有一层意思，即社会财富应贡献标杆（标准参照系），以什么为标准应予将纳税主体的收入参与社会分配和资源配置，它不仅仅是政府意志的反映，也是整体社会的意愿体现。不幸的是，两者的认识往往出现差异，不可避免地会出现利益冲突，以至影响到社会的和谐。用何种方法来取得征纳双方的相互利益平衡，减少征纳双方的非合作博弈，考量着政府诚信和公信力。

（三）用税环节的征纳博弈持续存在

政府用税中出现的非诚信行为会践踏纳税人的财产权益，使征纳双方的博弈行为依然持续。在用税环节，政府作为公共产品提供的垄断者，极易造成信息不对称、政府与纳税人权利不对等以及民主机制不健全等问题。用税不诚信主要体现在政府基于自身效用最大化，倾向于财政预算规模最大化，且不过多关心税收收入支出的效率，致使财政资金的浪费和预算资金低效率或无效运行，并且这种现象得不到制约和追究，纳税人便会采取与政府博弈的

---

① 19世纪80年代德国著名经济学家瓦格纳在对许多国家公共支出资料进行实证分析的基础上得出了著名的瓦格纳法则。当国民收入增长时，财政支出会以更大比例增长。随着人均收入水平的提高，政府支出占GNP的比重将会提高，这就是财政支出的相对增长，被后人归纳为瓦格纳法则，又称为政府活动扩张法则。他认为政府职能的扩大和经济的发展，要求保持行使这些职能的公共支出不断增加，政府职能的扩大有两方面的原因：一是政治因素，经济的工业化使市场关系复杂化，引起了对商业法律和契约的需要，并要求建立法组织执行这些法律，因而使国家活动规模扩大；二是经济因素，即工业化的发展推动了都市化的进程，由此而来产生拥挤、外部性等问题，需要公共部门来管理。此外，他还把教育娱乐文化保健福利等反面政府支出的增长归于需求的收入的弹性，也就是归于实际收入的上升。

方式以达到减少缴税之目的。如此一来，政府提供的公共产品和公共服务成本高质量差，财政支出的效率损失加剧了财政收支的矛盾，纳税人通过税收博弈使政府税收减少，最终政府的财政支出只能过分依赖国债和赤字。同样，基于政府用税不诚信，税收博弈产生的对策行为也会出现纳税人的非诚信行为选择，而讲求诚信的纳税人如果按照税法规定足额、及时地缴纳税收，势必引起纳税人之间实际税收负担的较大差异，使社会财富分配不公和贫富差距进一步加大，很大程度地激发政府及其征税机关的管理欲望，使税收征纳关系日趋紧张，陷入积重难返的恶性循环，并且使征纳双方的博弈长期存在。

（四）税收征管法的征收管理导向造成征纳双方非合作博弈

政府及其征税机关以民众的管理者自居，税收征管和税收调控的职能越位和缺位并存。征税机关不仅应当履行征收税款并解缴入库的职能，还应当向征税行为相对人提供一些法定服务。税务机关提供的纳税服务是对纳税人的人文关怀和人格权尊重的体现，但《中华人民共和国税收征收管理法》（以下简称《征管法》）只规定了税务机关的宣传、咨询等服务内容，并未体现对纳税人的私权保护。[①] 在此理念下，征税机关只是依法履行加强税法宣传的义务，增强纳税人守法意识，保障税法的顺利实施，这些强制性的税收宣传和咨询义务，仍然未能摆脱纵向的管理窠臼，难以彰显征纳双方的平等性。因此，征税机关在税收执法和司法环节并没有保护纳税人的意识，并将实质性的税收服务看作是一种额外负担。《中华人民共和国税收征收管理法》实施细则，首次将税收服务写进了法律，正式确立了税收服务的法律地位，但其法条关于税收服务的内容依然语焉不详，并且缺乏实际操作性和执行标准，大多还是一些倡导式、口号式的宣贯表达。税法的主要功能本应该是对纳税人的权利保护和征税人的权利约束，但是目前我国的《征管法》却重在强调税收功能和税收征管[②]，并将政府征税权置于非常重要的位置，这就造

---

① 《中华人民共和国税收征收管理法》第七条规定："税务机关应当广泛宣传税收法律、行政法规，普及纳税知识，无偿地为纳税人提供纳税咨询服务。"

② 《中华人民共和国税收征收管理法》第一条规定："为了加强税收征收管理，规范税收征收和缴纳行为，保障国家税收收入，保护纳税人的合法权益，促进经济和社会发展，制定本法。"此条规定对《中华人民共和国税收征收管理法》的立法目的做了高度概括，对纳税人的利益保护显然置于较低的位置。新近出台的《中华人民共和国税收征收管理法实施细则》，在较大程度上强调了税收法定，但对纳税人的权利保护依然鲜有提及。

成政府官员服务意识淡薄，仍习惯于人治思想以及"长官意志"行事，以致在实践中出现了为了迎合上级喜好的政绩工程，使征税和用税权力滥用等问题禁而不止。另外，征税部门职能错位也是导致税收征纳的非合作博弈的诱因之一。政府征税和用税均是为了实现增加财政收入、调控宏观经济和调节社会财富分配的国家职能，但我国长期强制性的税文化以及民众与官员的地位差异等因素影响，使纳税人维权意识薄弱甚至缺失，并认为政府提供的公共服务是对国民的恩赐和施舍，使政府提供的公共产品和公共服务流于虚拟化、形式化、表面化、低能化，这助长了公务人员官本位和"政治不作为"的意识扩张，使纳税人在不平等的政治博弈和税收博弈中沦落为弱势群体。不难分析，纳税人和政府政治关系错位是因，纳税人非合作博弈的对策行为（strategy behavior）是果。纳税人民主意识的缺失，导致社会政治、税收博弈虚拟化、空洞化；反过来，政治不作为和政府失灵、部分官员腐败又导致纳税人民主意识进一步缺失，更进一步加剧了纳税人的非合作博弈行为选择。

二、目标考量：税收遵从与诚信征税的对立统一

税收遵从（tax compliance）起源于 20 世纪 80 年代美国对"地下经济活动"所引起的税收流失的研究，其成果主要集中于以经济学尤其是计量经济学为研究范式的实证分析，并创建了纳税人偷逃税的预期效用最大化模型，建立了纳税人的效用函数（utility function）和目标函数（result function），分析了影响纳税人税收遵从的税收征管、社会心理压力等因素。[①] 从法律的角度分析，只要纳税人的行为表现出遵循税法的要求履行纳税义务，即可视为税收遵从。税收法定主义要求国家的征税活动必须按照法律的规定进行，没有法律的规定，国家就不能要求其国民纳税。[②] 俱言之，纳税义务人应当遵照税收法令及税收政策，向政府及时申报涉税事项以及准确计算缴纳应缴纳的各项税收，政府机关应当在税法的规定下征收应征之税。这主要是因为税法的合法性和稳定性是税收法定原则应兼顾的价值目标，而诚信、公平、正义亦是征纳税需要考虑的内容。征纳双方的涉税行为应当遵从税法及其相

---

① ALLINGHAM M G, A.Sandom. Income Tax Evasion: A Theoretical Analysisc. Journal of Public Economics, 1972（1）: 323-338.
② 李伯涛. 税收法定主义的立法表达 [J]. 学术交流，2015（10）: 116.

关法律的规定，政府征税行为应当受到法律约束和规制。在征纳关系中，税法界定了征纳双方的法律关系以及权利和义务。但是，纳税行为会直接导致纳税人既得利益的减损，基于个人利益最大化的价值追求，纳税人往往会通过税收筹划进行纳税负担的低位选择，甚至通过逃税、偷税等方式减轻自身税负。而政府为了机构的扩张、日常运行以及提供公共产品的资金保障，尽可能运用独有的征税权利，甚至违背法律之规定增加税收收入。税收遵从要求征纳双方恪守税法从事涉税行为，同时二者又为自己的经济利益相互博弈而进行一系列的行为选择，并且双方行为相互依赖、相互作用和相互影响。按照博弈论原理：如果博弈双方能达到均衡（equilibrium），在给定的条件之下和约束范围之内实现各自利益最大化，都没有改变现状之意愿，则形成了局中人行动策略的最优且满意的状态。不难看出，在税收博弈均衡状态下，税收遵从度能在本质上得到提高。如何在法律制度设计方面找到一个具有普适性的原则，使征纳博弈处于均衡状态，提升政府公信力和税收遵从度，仍是一个亟待解决的问题。

（一）博弈论语境下的税收遵从解析

纳税人的税收遵从一直是税收征管领域中无法绕开的痛点，这不仅引发了实务界群策群力商议应对之策，还引发了理论界的广泛关注，试图为税收遵从度的提升找到一剂良方。从现有研究成果分析，普遍认为税收遵从度的影响因素有以下几个方面：税收征管的力度强弱；税制设计的复杂程度；税收负担水平；纳税服务情况；税文化以及风险偏好等[①]，这些研究成果为该问题的进一步深入研究奠定了厚实的基础。利益是指导人们行为的原始驱动力，税收征纳所引发的公民与政府财富此消彼长的对立关系，直接导致了征纳双方长期的"非合作博弈"，征收与反征收成为征纳双方斗智斗勇的常态，博弈双方的利益追求构成了税收征纳的主要矛盾。进一步分析，纳税人这方决策主体在确定自己的最优行动策略之前，必定首先考虑和猜度对方（政府）的征税策略，以对现时法律制度的认知为基础进行综合考量，最终选择能在给定条件下实现税收利益最大化的对策行为。因此，税收遵从度主要取决于"局中人"对方的行为选择和对已知信息量的解读，政府的税收征收

---

① 朱远芬. 从税收遵从度论完善广州纳税服务体系 [D]. 广州：华南理工大学，2011：10.

行为以及制度设计才是影响税收遵从的主要因素。实际上，征纳双方谋求主体利益最大化的主要表现如下：政府力求以依法治税为前提的税收收入最大化，纳税人以可承受风险为底线的财务利益最大化，这也是征纳税收博弈的实质性目标。如前文所析，绝对的（完全的、纯粹的）税收遵从模型在实际中并不存在，征纳博弈持续且不可避免地一直存在。由此可见，纳税人的税收遵从与否不是绝对和固化的，而是随着对政府的税收预算规模、所提供的公共产品以及税收法治与服务的满意度变化而变化。

除此之外，税收交易契约的非合作博弈降低了税收遵从度。依据贝克尔的犯罪经济学理论，税收遵从还取决于税务机关的执法水平与执法能力，以及税收执法手段与方式，包括税务检查、查获概率、惩罚率等因素。[①] 纳税人具有理性经济人的天然属性，他会精于计算检查率和处罚的乘积，如果大于其预期偷税收益，就不会出现偷税现象。[②] 详言之，税务机关的检查率取决于税务机关的执法力度、税制严密度、税收征管水平以及税收努力（tax effort）等诸多因素，不仅如此，该检查率还是动态变化的，不像数学公式里的常数是一个恒定值。所以，税收遵从不能单用税务机关的执法水平来全部解释。从税收法律关系来看，税务机关与纳税人之间是征纳关系，涉税行为必然导致财产数量上的此消彼长，二者在利益上的根本对立必然导致情绪上的对立，彼此的信任度自然不高。从税收管理角度分析，二者又是管理与被管理的关系。纳税人的权利保护长期被忽视，他们只是租税义务的被动承担者，地位上的不平等以及监督处罚手段决定了其与政府的矛盾不可调和，纳税人这一数量上的庞大群体与政府进行着对立性的博弈。

再者，税收契约的不完备性博弈也成为影响税收遵从度的重要因素。从税权的权利来源剖析，纳税人与征税机关基于税收契约关系，产生了委托—代理关系，委托—代理关系中的信息不对称极易产生"道德风险"，彼此不信任更大程度上降低了税收遵从度，道德风险既是引起征纳双方博弈的原因，又必然会产生税收不遵从。现代契约理论将契约划分为两种类型："法

---

① 同上第 15—19 页.

② HILDRETH W B. Richardson: Handbook on Taxation[M].New York: Marcel Dekker, Inc: 741—768.

定税收契约"和"交易税收契约"①，由于税收契约是纳税人与政府之间的权利让渡和委托代理，税收是政府提供的公共物品的对价，并经民众集体的意思表示一致以法律形式加以固化和规范，因此税收契约兼有法定性和交易性的双重属性。通常情况下，契约的履行主要源于两个问题：一是契约条款本身的不完备；二是履约过程中出现的形势变更和履约条件变化。由于契约的不完备性，契约履行过程中出现争议便难以避免。不论是"法定税收契约"还是"交易税收契约"，都面临着征纳双方的非合作博弈问题。"法定税收契约"作为国家法律法规的一部分，通常由国家认可或社会认可的权威机构或组织通过监督或者对违法规则的行为执行惩罚来进行，如税务机关、法院等。在中国，税务机关作为征税机关，代表国家拥有一定的执法权，对违法税法规定的纳税人予以强制征税、加收滞纳金或罚款等惩戒措施。而"交易税收契约"的实施通常依靠自律，不需要法律的强制约束，但必须受制于合同条款的拘束。由是观之，无论是"法定税收契约"还是"交易税收契约"，其税收遵从度都取决于政府的诚信，具体体现为税收法律制度的诚信表达和履约中的政府诚信行为。

（二）从对立到合作：诚信征税与税收遵从的辩证统一

诚信原则在私法上得到广泛运用，主要导源于对契约当事人的信赖保护，并对契约当事人行为进行约束。但是，国家的课税权源于全体国民的让渡，税收契约是全体纳税人与政府之间的公共产品和服务的对价契约，具有政府与国民多对一的公共属性。全体纳税人在整体上与政府之间的税收契约就是一对一的对应关系，这与私法的主体具有共同的性质，也为诚实信用原则获得了适用空间。政府与纳税人之间税收契约分配了二者的权利与义务，这种契约主要表现为税收法律制度，税法应当达到实质正义的公平与正义之法治精神内核，诚实信用原则固有的利益衡平、权利义务对等以及自由裁量准则

---

① "法定税收契约"的效力根源在于税收的强制性，国家以提供公共产品为交换条件而从纳税人手中无偿取得税款。法律为"法定税收契约"的实施提供基本保障，法律机制对于"法定税收契约"的缔结与履行具有强制性作用，为契约履行提供了基本的交易环境。但对于"交易税收契约"来说，其实施并不需要第三方强制性地介入，主要依靠自我约束，具有自动实施的功能。自动实施功能意味着"交易税收契约"具有自律行为，"法定税收契约"就属于一种正式的"税收制度"，而"交易税收契约"仅仅属于一种规则或者经济合约，没有强制的法律约束力，但必须受制于合同法的约束。

属性，与民众的税收遵从存在本质上的趋同性和一致性。因此，税法固然有适用诚信原则的必要，在个人与国家之间实现分配正义，同样有适用诚信原则的理由。反之，如果政府征税存在非诚信的行为，势必践踏纳税人的合法权益，降低民众的税收遵从度，严重制约税收征纳关系的和谐与健康发展。

契约具有协调人类利益冲突之功能，也是缔约双方普遍采纳的有效制度安排之一。政府与纳税人之间的税收契约对二者履行纳税义务以及享受公共物品权利的义务等问题做了预设和安排。税收契约发生在政府与纳税人之间，要求对纳税人的信赖利益予以适当保护。如果把税收视为一种公法上的债，政府与民众之间就会由原来的管理与被管理关系转化为一种具有私法性质的债权债务请求给付关系，政府与纳税人之间的税收契约本质上与私法的权利义务关系有相似之处，当事人之间的这种税收契约则可以视为民法上的履行承担协议，纳税人与政府之间的税收契约只要符合民事契约的生效要件，就在当事人间具有当然的法律约束力，征纳双方必须遵守。著名法学家蔡章麟先生认为：非以诚信原则为最高法律原则，无以实现社会的妥当性与公平。[①] 公法与私法领域共通条款的诚实信用原则[②]，能够较好地协调政府与民众的税收利益冲突和利益衡平，实现税法实质公平和实质正义。

纳税双方的动态博弈行为选择对税法的稳定性提出了挑战。纳税理性是纳税人对博弈方式、博弈手段的理性选择。作为纳税理性对立物的征税理性，则表现为以培育和扩张税收遵从为目标的管理机制的科学整合。同样地，征税理性是征税人对博弈方式、博弈手段的理性选择。征纳双方博弈的结果是构筑变动中的平衡，动态博弈中的对策行为不断挑战税法的稳定性，但是税法稳定性又是税收法定的基础和保证，税法的不确定性使纳税人遵从法律变得困难，因为税收制度变动不居，会辜负纳税人的信赖利益，使征纳关系更加对立。纳税人遵从法律的精神应该是有价值的，通过原则对税收行为的指导，会对应用范围窄的规则有补充作用。[③] 纳税人的行为理性与征税机关的税款征收存在利益上的根本对立，纳税人的税收不遵从与政府的防止税收不遵从是一对矛盾统一体。如果仅从纳税人单方面来分析税收不遵从问

---

① 王泽鉴.民法学说与判例研究（1）[M].北京：中国政法大学出版社，1998：303.

② 康炎村.租税法原理[M].台北：台湾凯仑出版社，1987：98.

③ ［意］埃里希·科齐勒.税收行为的经济心理学[M].国家税务总局税收科学研究所，译.北京：中国财政经济出版社，2012：17.

题，或者将影响税收不遵从的因素全部归于纳税人一方，显然比较偏颇。因为在税收征管实践中，由于征税人方面的原因而导致纳税人采取税收不遵从行为还相当普遍。征税人的税收遵从行为目标就是促进纳税人准确申报纳税和组织国家规定的税收。[1] 纳税人是否采取税收遵从行为在很大程度上取决于征税人是否采取税收遵从行为，征税人的税收遵从行为具体表现为是否充分保护纳税人的税收决策权、税收参与权、税收知情权、税收监督权等权利。诚实信用原则的指导作用和信赖利益保护功能，既能保证对政府征税行为的拘束，防止税收权利滥用，又能保障纳税人在税收法律关系中权利的充分行使。[2] 施智谋教授曾说："诚信原则为公法与私法应行共同遵守之原则，毋庸吾人置疑，故租税法之适用，亦同样遵守诚信原则。"毫无疑问，纳税义务人和政府征税机关都应当受到诚信原则的拘束。政府与公民的税收征纳关系因财产的此消彼长而根本对立，以诚实信用原则约束和规范征税机关的征税和用税行为，可以在较大程度上遵从纳税人的意思表示，保护纳税人税收利益，缓和紧张的征纳关系，提高税收遵从度，实现税收征纳关系的对立统一。

三、结果考量：税收诚信之征纳博弈帕累托最优解

纳税人与政府之间的对立博弈，最终需要协调与合作给予解决和弥合。协调的关键是如何形成一致预期，合作的关键是如何提供有效的激励。[3] 社会产品分为公共物品和私人物品，私人物品由企业和家庭（私人部门）生产和提供，而公共产品的非竞争性和非排他性决定其只能由政府生产和提供。从决策机制来看，私人物品的决策机制是市场上的"货币投票"，而公共物品的决策依赖于公共选择（public choice）。[4] 公共产品的成本与价格无法通过市场机制中的"价格发现"予以计算和定价，作为公共产品的消费者，纳税人也不能按照私人边际成本（marginal cost）等于边际收益（marginal

---

① 同上，第 21 页.

② 曲雯雯. 税法诚实信用原则研究 [D]. 北京：中国政法大学，2011.

③ 张维迎. 博弈与社会 [M]. 北京：北京大学出版社，2013：2.

④ 周叶. 纳税人纳税行为的经济学分析 [M]. 上海：上海财经大学出版社，2009：140.

revenue）的原则① 来确定公共产品价格和产量，以弥补公共物品的生产成本，"成本—收益"的计算失败，必将导致纳税人与政府进行重复博弈（consequence game），直到达到征纳双方全体一致同意的均衡点（equilibrium point）。

（一）税收行为中纳税人与征税机关博弈的收益分析

税收征纳博弈关系中，政府与纳税人均会根据对方的行动和现行税制环境以及获取的信息，进行各自实质性收益的计算，并且形成一系列对策行为组合。私利被认为是所有人类活动的一种强大驱动力量，而人类行为如果不受伦理或道德的约束制约，那么根据更为自然的假定，将会直接以促进个人利益或私利为目的。② 税收博弈过程就是征纳双方追求税收公平结果的过程。从税收征纳的视角考察，实现税收公平的程度，一方面依赖于政府（或税务机关）的制度效力和管理张力，一方面受到纳税人税收遵从程度的影响。政府及其税收主管部门在依法治税的前提下谋求税收收入最大化；纳税人则以财务利益最大化为目标，最大程度减小税收损失。实践中，税收既没有绝对的公平也没有纯粹的遵从，因而征纳博弈不可避免。政府和纳税人作为征纳对弈的"局中人"，如果能达到博弈均衡，则征纳双方都能追求到各方都能接受的税收公正这一帕累托最优的目标。通常情况下，由于纳税人对公共产品的需求偏好（preference）和需求数量缺乏激励性的表达机制，政府（征税机关）在进行预算时处于信息劣势方，而在公共产品的生产与提供环节，基于公共产品政府提供的垄断性，纳税人则属于信息劣势方，所以信息不对称是产生税收博弈的主要原因。换言之，在征税环节中，纳税人比政府拥有更多的信息，主要包括纳税人经营秘密、财务（财产）信息、收支状况等。另一方面，纳税人无法全部直接掌握和了解政府所生产和提供的公共产品成

① 边际收益（marginal revenue，MR）：是指增加一单位产品的销售所增加的收益，即最后一单位产品的售出所取得的收益。边际成本（marginal cost，MC）：指的是每一单位新增生产的产品（或者购买的产品）带来的总成本的增量，即最后一单位产品的成本。依据微观经济学理论，边际收益等于边际成本（MR=MC）是企业利润最大化原则，并以此决定均衡产量和均衡价格。一般认为，当人们活动的边际成本等于边际收益的时候，他们就实现了自己的收入或利润的最大化。

② ［美］詹姆斯·M.布坎南，戈登·图洛克.同意的计算——立宪民主的逻辑基础 [M].陈光金，译.上海：上海人民出版社，2014：26.

本和费用。因此，政府与纳税人之间存在涉税信息不对称，这种信息不对称反而会成为二者获得私利的理由和契机。政府以税收作为公共收入来源，力图通过各种方式取得收入，在税收预算和用税方面会利用自身的信息劣势虚增征税规模，而纳税人以政府用税环节的信息劣势，滋生"逆向选择"和"搭便车"行为，以此为由逃避税负。

税收过程中一般遵循这样的先后顺序：政府先对纳税人征税税款，再依据纳税人的公共需求提供公共物品和公共服务。二者之间的博弈属同样的结构，这种博弈会重复多次，且前一阶段的博弈不改变后一阶段博弈的结构，所有参与人都可观测到博弈过去的历史。[①] 因此，税收博弈既是动态博弈（dynamic game），又是一种重复博弈。从理论分析，政府与纳税人之间的征纳关系是通过税收契约，经征纳双方的意思表示一致进而形成相关的税收法律制度来规范和约束税收行为，政府与纳税人本应是一种征纳互信的和谐关系，二者均应该且愿意依法从事涉税行为，征纳之间关系也理应属于合作博弈（cooperative game）。但实际上，民众并非"笑纳"税收，政府也倾向于利用自己的独占征税权进行强制征收，甚至有的征税机关从本部门或本地区的局部利益出发，擅自制定一些地方税收法规，决定税收征免和税收优惠的实施细则，实行有差别的税收歧视（taxation discrimination），而纳税人基于"搭便车"心理和避免税收损失最小，更是处心积虑地逃避税法规定的纳税义务。基于此，如果博弈双方之间缺少了普适性的共同遵守的道德和法律约束，税收博弈也就演变成非合作博弈（non-cooperative game）了。[②] 由于税收博弈的存在，对于征税对象、税率的确定、征管措施等一系列问题，不仅取决于政府的行为选择和制度安排，还取决于纳税人对此的反应。因此，税收博弈存在政府作为一个整体与众多纳税人之间的博弈，这里的纳税人都被视为一个整体，且具有均质性。同时，税收博弈又存在政府与某一个纳税人之间的博弈，纳税个体也会与征税机关进行博弈。这两种博弈情况并存，倒逼出税收制度设计的特殊需求：既要符合纳税人的总体需求和价值取向，又要顾及众多纳税人之间的差异，以达到政府预期的收入目标和纳税人利益充分保护目标。如果税收博弈的结果使征纳双方都能达到一种衡平的收益，就能达到一种博弈均衡。

---

① 那力，臧韬. 税收博弈论 [J]. 税务与经济，2008（1）：54.

② 臧韬. 中国视角下跨国公司与收入来源国的税收博弈 [D]. 长春：吉林大学，2005.

（二）政府与纳税人的利益均衡

税务机关与纳税人之间的博弈具有竞争性和利益的对抗性，税收博弈参与各方均具有不同的目标或利益取向。基于利益的根本冲突和对立，博弈各方必须充分考虑对手的各种可能的行动方案，并力图选取对自己最为有利或最为合理的方案。

管理税收学理论要求税制设计必须考虑各方面可能出现的对策行为，以创造合作博弈的环境。从心理学的角度看，税收征管必须考虑各方面的态度和对策，如果存在博弈各方都乐于遵从的规则或制度，才能真正起到引导和约束人们行为的作用。因此，税制设计要对征纳双方的行为选择进行预判和分析，并引导政府与纳税人进行合作博弈，使征纳双方都愿意合作而不是继续采取博弈行动，不是简单地以公平或正义对税收法律制度进行价值判断，而是使税收制度达到一种"纳什均衡（Nash equilibrium）"[1]。制度作为一种行为准则，它本身不像道德规范那样得到社会的普遍认同和遵守，制度效力在很大程度上取决于规制与被规制双方的认可和主观遵从。一种制度安排要发生效力，必须是一种纳什均衡。因为达到纳什均衡的制度安排，人们选择合作，而不是进行"你有张良计，我有过桥梯"的对抗博弈。税收博弈终究是非对称信息博弈，非对称信息博弈的现实目标是局中人均有自己的最优策略。纳什均衡实际上是一种理性均衡预期，因为它要求每一个博弈参加者行为选择的预期符合其他参加者将要做出的真实选择，这种策略组合由所有参与人的最优策略组成。[2] 实现纳什均衡的税制设计目标的一个重要前提是形成对纳税人的激励机制和征纳合作机制。这样的激励机制要满足两个条件：个人理性约束和激励相容约束，实施严厉的税收处罚措施，并使税收处罚成为可置信威胁。而合作机制要满足三个条件：一是税收法律制度符合征纳双方的共同价值追求，并能达到利益均衡；二是政府要有良好的声誉和诚信，否则民众就会对政府产生不信任，如果政府声誉很差，则会失去信用，

---

[1]　纳什均衡，又称为非合作博弈均衡，是博弈论的一个重要术语，以约翰·纳什（John Nash）命名。所谓纳什均衡，指的是参与人的这样一种策略组合，在该策略组合上，任何参与人单独改变策略都不会得到好处。换句话说，在一个策略组合上使同一时间内每个参与人的策略是对其他参与人策略的最优反应。当所有其他人都不改变策略时，没有人会改变自己的策略，则该策略组合就是一个纳什均衡。

[2]　岳树民."囚徒困境"、"囚徒梦想"与税制建设[J].经济研究参考，2004（38）：41.

可能会导致纳税人的集体不遵从；三是税收法律制度应当具有良好的协调机制，避免征纳主体之间的行为冲突，甚至能通过制度协调出税收博弈的纳什均衡。

宏观税收博弈的"局中人"，就是中央与地方、政府（国民利益代言人）与纳税人（国家主人）。这种博弈应当是以信息透明、公平公正、利益均衡为价值取向的信息对称博弈，也是"局中人"必须遵循既定游戏规则的合作博弈。从制度层面上看，这种游戏规则主要反映为一种既定制度设计。不容忽视的是，由于税收的本质属性和特征，税收博弈实际上具有单向性、强制性。因为国家征税的目的是为公共产品的生产提供物质保障，国家凭借政治公权征税，税收是国家取得财政收入的基本方式，税收必须借助法律形式进行。与此同时，税收也是政府对经济和社会进行宏观调控和调节的主要手段，税收宏观博弈的结果必定趋向于一种利益稳定的纳什均衡，即税收制度设计应当能实现国家与纳税人的利益均衡。站在国家的角度，它依靠行使税收立法权、税收执法权、税收收益权和税收司法权，通过开征税种、确定征税对象、纳税人、税率、税目、计税依据、纳税环节、纳税期限、减免和加征、法律责任来维护其财税利益目标。因此，政府特别是中央政府作为税收制度的设计者，必须综合考虑各方利益诉求和承受能力，建立良好的信息沟通以及双边或多边协商机制，合理布局利益分配格局（如中央与地方税收分成比例的确定等），确保税收公平，使税收真正在优化资源配置、贯彻产业政策、实现公平分配、促进经济增长等方面发挥调节作用。

税收法律作为社会不同利益主体之间进行税收博弈的基本规则，不但始于征纳双方的税收博弈，也在博弈中日臻完善。税收制度通过提供一系列的规则来界定征纳双方的权利和义务，规范人们在税收征纳过程中的相互关系，减少税收行为中的不确定性，增进税收行为中征纳双方的合作，以促进整个社会经济的发展。正如著名博弈论学者张维迎教授所言：衡量一个人的行为是否正当以及是否应当受到鼓励（或抑制），应该采取帕累托效率标准（Pareto efficiency）。针对税收行为，政府征税和用税与纳税人消费公共物品之间应该形成这样一种状态：不存在另外一种可供选择的方案，使至少一个人的处境可以变得更好而同时没有其他任何人的处境变坏，从而实现税收资源效用最大化，而且纳税人没有改变税制和公共物品质量和数量的动机。那么，对政府征税权的制衡和约束，应当彰显现代权利的价值内涵，不仅体现出各利益主体之间的和谐、共生和共同发展，还要符合人本主义的价值观念。通过税收制度安排，能达到这样一种制度效果：权力应当是为民众服务的工具和手段，而不是冲击民众利益的"洪水猛兽"与"脱缰野马"，民众让渡给政府的权力应当为民众个人权利所主导，民众的权利是政府权力存在的理由、依据、出发点、限度和目的。税收契约理念确立了纳税人的主体地位，与征税机关具有平等的法律地位。博弈论的假设前提是每个主体的起始地位都是平等的，每一个体的合法权益不容侵害。循此逻辑，政府征税行为非经授权不得发生，政府不再是征纳关系中的强势主体，纳税人也不再是征纳关系中的弱势群体，征纳双方应该具有对等性和平等性。税收法律制度作为征纳双方的博弈规则，如果纳税人的行为符合法律要求，征税机关的对策行为必须且只能遵循博弈规则，恪守诚实信用依法征税，否则就要承担违反税收契约之责任。

完美的税收制度安排应当是均衡的，所谓税制均衡，就是指税收征纳双方对既定的税制安排和税制结构处于满意状态，虽然这一状态并不保证每一个博弈参与人都对现行税制非常满意，但因单方面改变现行税制的相对成本太高，出现制度变迁中成本与收益的巨大反差，此时的税制均衡使征纳双方均无改变现行税制的愿望和要求。但事实上，政府虽然为公共利益的代表者，但更多地表现为多元私人利益的协调者，多元利益的平衡最终依赖于对多元化私益的尊重，依托于对现实私益的选择和调和才是具有现实意义的界定公共利益的方式①，完美均衡的税制是征纳主体共同追求的目标，也是征纳双方利益协调的最佳机制。如果博弈双方均按照现有的税收制度规范和获得的已知信息做出了自我认为最利己的理性策略选择，而结果与预期相去甚远，他们就会对现行制度产生不满意情绪，进而萌生改革和优化现行税制的要求，直到最终建立起符合博弈参与人利益要求的新的税收制度为止。这种均衡从建立到打破到再建立的过程，就是税收制度逐步完善、逐步升华的过程，也是政府征税与纳税人的利益均衡过程。由是观之，税收制度不仅仅是政府征税的合法性依据，也是纳税人财产权利保护，更是限制政府权力的约束条款。构建有限政府、服务政府、阳光政府才是解决征纳双方利益冲突的一剂良方，也是达到征纳双方利益均衡应有之义。

---

① 黄丽娟.对我国地方政府行政决策行为的法规范探讨[J].武汉大学学报（哲学社会科学版），2008（6）：819.

第二节　税收诚信与公共产品效用最大化之视角解析

公众为自身福利最大化而资源让渡部分财富，以税收方式缴纳给政府这一社会共同组织，并以之建立和维持政府运行和机构扩张。与此同时，受纳税人之委托，政府为国民提供国防、教育和社会保障等诸多公共产品。纳税人在实质上负担了公共产品全部成本，这与民间普通投资存在相似之处，投资的终极目的就是要获得收益和回报。同理，纳税人承担着向政府纳税的一系列的机会成本和风险，期望税收付出能得到等值或超值回报[①]，纳税人对公共产品效用最大化要求可以看作是税收投资的利益最大化追求。因此，政府征税和用税并非单方意志和强制性，而是纳税人以税收支出为要约，并要求政府作出公共产品效用最大化的承诺。

一、公共产品效用最大化经济学标准对税收制度的需求

政府提供公共产品是为了弥补市场失灵，依据纳税人的意思表示从事生产和提供公共产品活动，纳税人的集体意思表示则体现为税收法律制度安排，财税法的价值取向应遵循纳税人的实际需要和价值追求，即契合公共产品效用最大化的应然需求。林达尔均衡理论（Lindahl equilibrium）告诉我们："公共产品的价格并非取决于某些政治选择机制和强制性税收，恰恰相反，每个人都面临着根据自己意愿确定的价格，并均可按照这种价格来购买公共产品总量。"[②] 易言之，公共产品的价格并非由政府独自决定，而是纳税人集体定价并表决的结果。当税收牺牲与公共产品收益处于均衡时，这些价格使每个人需要的公共产品相同，并与应该提供的公共产品量保持一致。[③] 该税收价格理论表明：纳税不是纳税人的单方付出和个人利益的直接损失，而是满足自己对公共产品的切身需要所应支付的成本。政府代表公众意愿承担公共产品的提供任务，应当在遵从民意的约束条件下，尽力提供高性价比的公共产品，借以提高社会总福利。进一步分析，公共产品作为政治市场中

---

① 张美中.税收契约理论研究 [M].北京：中国财政经济出版社，2007：76.

② 闵琪.从公共品需求到公共品供需均衡：理论与实践 [D].济南：山东大学，2011：22.

③ 同上，第52页.

一种"同意的计算"（calculus of consent）①，不仅要保证税收的一般均衡和资源的有效配置，还应当建立公共产品的民主决策机制和制度安排，以引导民众充分显示对公共产品的真实偏好和实际数量，实现公共产品的生产成本分摊（税收）与利益分享的帕累托最优（Pareto efficiency）。

　　公共产品作为整个社会共同消费的产品，使用上具有不可分割性，并且在消费过程中具有非竞争性和非排他性，也就是任何一个消费者对该产品的消费都不减少别人对它进行同样消费的物品与劳务。依据"林达尔均衡"理论：如果社会上每个社会成员都愿意表达自己对公共产品的偏好，并且都愿意按照自己从公共产品消费中所得到的边际效用的大小来分担公共产品的生产成本，那么市场就可以向社会提供公共产品。② 然而，"林达尔均衡"所要求的条件极为理想，在现实中并不存在。由于公共产品具有非竞争性和不可分割性，每个消费者都是理性的经济人，他们为了都倾向于作一个"搭便车者"，具有让别人付费购买公共产品而自己免费享用的强烈动机，从而实现自身效用最大化。然而，这种理性选择之行为，对于单个消费者无疑实现了效用最大化，但对消费者整体而言，则是一种利益的侵害。因为如果每个消费者都想作一个"免费搭车者"享受公共产品带来的"正外部性"（positive externalities）而不付出代价，那么就没有人愿意为公共产品的生产付费，政府便会面临无人纳税的窘境。公共产品的生产者所支付的成本无法得到补偿，公共产品将无人愿意提供。再者，过高排他的成本以致公共产品的消费排他不具有经济上的可行性，在现实中不能将拒绝付费者排除在消费范围之外，其生产的成本无法得到弥补，提供公共产品就会成为事实上的不可能。消费上的非竞争性特征隐含了民众在消费公共物品时几乎不存在边际成本，价格机制在公共物品配置上的无效率倒逼出纳税人的受托人——政府为公共产品的提供者。③ 公共物品的这些特征都意味着其消费主体是一个集体，"个

---

① 依据"公共选择"理论，制度和机制的选择，应当是集体行动（collective action）后的集体选择（collective choice），但这种集体行动必定是由个体行动（individual behavior）组成的，而个体的理性选择必然是他们通过对自己成本与收益的精密计算后在有限条件约束下的利益最大化抉择，他们最终会形成集体理性和集体选择，最后达成同意。

② 舒安奇.公共经济部门的理论思考[J].山东行政学院山东省经济管理干部学院学报，2003（5）：18.

③ [美]鲍德威·威迪逊.公共部门经济学[M].北京：中国人民大学出版社，2000：107-123.

人需求"凝结成"社会需求",具有共同公共物品消费需求的成员组成具有相同偏好的集体，通过共同协商的契约、章程等形式表达共同偏好和需求数量①，委托政府依据群体的聚合需求提供公共产品。政府作为公共产品的主要提供主体，不仅要尽量准确地收集居民对公共产品的真实偏好，还应当纠正信息不完全、有限理性等弥补市场失灵的现象。

在经济学分析中，"均衡"（equilibrium）分析方法常被用于在整体经济的框架内解释生产、消费和价格，处于均衡状态下的供给与需求在数量上相等，在此基础上形成的均衡价格是买卖双方都不愿改变的价格，此时形成的均衡数量也是买卖双方不愿增减的数量，并且双方都实现了各自利益最大化。从宏观来看，如果总供给等于总需求，则视为实现了全社会供需的一般均衡。② 在市场交易行为中，当买者愿意购买的数量正好等于卖者所愿意出售的数量时，我们称之为市场均衡或市场交易均衡量③，此时买卖双方均实现了效用最大化。对于公共产品的供给与需求，因税收契约完全就可以视之为公共产品市场，纳税人因让渡财产权而成为买方，政府因得到提供公共产品的"对价"顺理成章成为卖方。依据微观经济学均衡理论，政府因其能克服"搭便车"和"公共地悲剧"当然承担公共物品提供任务，其生产和提供的公共物品数量就应该等于纳税人的"公共需求"数量，以税收为对价的征税额就应该等于公共产品的生产成本。故此，实现公共物品供需的一般均衡应该基于以下条件：首先，应当以税收契约的诚实信用为逻辑起点和假设前提，建立一种能准确体现公共偏好的表达机制和表决机制；其次，政府应当在用税环节以诚信为本，以满足民众的公共产品需求为限，力求公共产品边

① 同上，第23页.
② 一般均衡是指经济中存在着这样一套价格系统，它能够使每个消费者都能在给定价格下提供自己所拥有的投入要素，并在各自的预算约束下购买产品来达到自己的消费效用最大化；每个企业都会在给定价格下决定其产量和对投入的需求，来达到其利润的最大化；每个市场（产品市场和投入市场）都会在这套价格体系下达到总供给与总需求的相等（均衡）。总供给与总需求相等则意味着实现了资源的最优配置，使社会总福利实现最大化。
③ ［美］罗伯特·考特，托马斯·尤伦.法和经济学［M］.上海：格致出版社、上海人民出版社，2012：13.

际社会收益等于边际社会成本。①换言之，以公共产品的边际成本等于边际税收额为税收均衡的评价标准，不仅能提高政府公信力和诚信度，还能弥补价格机制在提供公共产品方面的不足，也能有效避免政府失灵，并能对政府进行更好的约束和监督，且在此基础上决定公共产品的均衡产量，实现资源的最优配置和社会福利最大化，避免出现边际社会收益小于边际社会成本而导致效率损失的现象。

二、公共产品效用最大化实现的税收诚信征纳机制

制度是一个社会的博弈规则，或者更规范地说，它是一些人为设计的、形塑人们互动关系的约束。②政府作为公共产品的提供者，不仅应当满足民众对公共产品数量和规模的需求，还应当注重公共产品质量和效用的满意度，最大限度地实现公共产品的供给与需求均衡。纵观财税法对征纳双方的制度安排，尽管对双方的权利和义务进行了分配，以及在程序上对政府和纳税人的涉税行为做了详尽的规定，但是以纳税人权利为中心的权利保护理念没能得到应有的彰显，政府征税的诚信约束在财税法条文中更无片言只语。

公共产品效用最大化是纳税人的理性追求，纳税人的期望利益是否能顺利实现，主要取决于政府征税规模预算以及用税环节是否尽到了审慎注意义务和诚实信用。无论任何制度，老百姓和政府之间总是存在税收博弈。政府力量的强大程度，并不取决于国家机器的强大，而依赖于政府是否得到老百姓信任，民众对政府信任程度越高，政府就越强大，此所谓"得民心者得天下"，而法治的作用就是限制政府权力。③被"制度关进笼子里"的政府能代

---

① 边际收益指的是每增加一件产品获得的收益，边际成本指的是每增加一件产品增加的成本。首先，由于边际报酬递减规律，边际成本随着生产规模的扩大先是递减然后递增，当边际收益大于边际成本时，厂商增加一单位产量获得的收益大于付出的成本，所以厂商增加产量是有利的，总利润会随之增加。当厂商增加的产量到达一定程度时，边际成本就开始增加，在增加到等于边际收益之前，增加产量都会是总利润增加，当边际成本大于边际收益后，每多生产一单位获得的收益小于成本，多生产多亏损。所以，只有当边际成本等于边际收益时，总利润才是最大的。

② ［美］道格拉斯·C.诺思.制度、制度变迁与经济绩效[M].杭行，译.上海：格致出版社、上海三联书店、上海人民出版社，2014：3.

③ 张维迎.好的纳什均衡和坏的纳什均衡[EB/OL]（2018-01-05）[2021-05-05].http://www.360doc.com/content/17/0228/16/36203906_632726197.shtml.

表人民公共利益，能最大限度地获得民众信任。不难分析，解决政府与纳税人之间的非合作博弈，运用法治这样具有强制力的制度选择实为上策。如果将诚实信用原则作为道德规范约束政府财税行为，则不具有强制性和稳定性的约束力，难以达到约束和规范政府的财税行为。而诚实信用原则的适用，是以特定纳税人与特定税务机关之间具体法律关系的存在为前提①，征纳双方通过税收契约确定了具体的征纳法律关系，奠定了诚实信用原则的适用基础。因此，税收利益最大化应当将诚实信用原则在税收法律制度设计中给予体现和彰显，并对政府财税行为的非诚信行为进行约束和遏制。首先，作为公共产品效用最大化的制度设计，以诚信原则作为财税法的基本原则，借助法律这一正式制度的稳定性，能在较大程度上减少征纳行为的不确定性。其次，税收诚信法治化集中地反映了民众意志，能在本质上保护纳税人的信赖利益。正如孟德斯鸠所言：支配地球上所有人民的法律是人类的伦理所在；每个国家的政治法和民事法应该是在特殊情况下而适当地运用这一类的伦理。②最后，政府诚信征税法治化以公共利益保护为前提，以社会本位和人本理念为基础，表达和阐释了财税法实质公平、平等自由和理性秩序的实质正义和价值理念。③所以，政府诚信征税法治化是公共产品效用最大化的实现保证。

第三节　税收诚信之公平与效率一般均衡的创新解读

在非均衡发展战略背景下，中国历经 40 余年的改革发展，不同地区居民、不同行业员工的收入分配差距也在不同程度地拉大，人民日益增长的美好生活需要和不平衡不充分的发展之间的矛盾成为社会的主要矛盾，这种状况既不利于扩大消费，也不利于社会稳定。④促进社会公平和正义是社会主义制度的本质要求，是构建社会主义和谐社会的重要内容。⑤目前，基尼系数长期居高不下，国民收入分配格局失衡，应当逐步解决居民收入差距问

---

① 上，第 281 页.

② ［法］孟德斯鸠.论法的精神 [M].南昌：江西教育出版社，2014：7.

③ 李昌麒主编.经济法理念研究 [M].北京：法律出版社，2009：6-7.

④ 谢旭人.发挥税收职能作用 促进社会和谐建设 [J].中国税务，2005（6）：4.

⑤ 丛中笑.和谐征纳的法理求索及现实观照 [J].法学评论，2006（6）：39.

题，充分发挥税收的收入调配功能，化解社会矛盾，实现社会公平和正义。但是，因循"效率优先、兼顾公平"原则的序位价值生产的诸多现行法律、法规、条例、政策等制度规范的显性和张扬，以及"特殊利益集团"的推波助澜，使宏观经济调控和税法逆向解构贫富悬殊的难度增大。① 在追求速度与效率的价值取向中，税收制度应当怎样安排和设计，才能实现公平与效率的均衡？如何彰显税法的社会公平、实质正义和私权保护的法律价值，以满足政府诚信征税的内涵要求？这些问题均应该在学术上予以回应和深入探讨。

一、税收诚信公平与效率一般均衡悖论的解读

公平是税收法治的出发点和最终归宿，涉税行为天然应当蕴含并体现公平这一法律第一要旨。税收公平能实现政府与纳税人以及纳税人之间的利益平衡，体现政府征税的实质正义。税收效率能提高资源配置效率，增进社会总福利，与政府诚信征税理念和内涵诉求具有高度契合性。因此，厘清税收公平与效率之间的关系，实现税收公平与税收均衡，是实现政府诚信征税的基础和前提。

（一）税收公平与效率的认知辨析

亚当·斯密的税收四原则中，把公平原则列为首位，并将该原则作为"优良课税"的评判标准之一。② 税收公平，首先是作为社会公平问题而受到重视的。平等不仅涉及政治参与权利平等、收入分配制度的平等，还包括法律待遇的平等、机会的平等以及人类基本需要的平等。③ 税收是政府凭借政治权力向纳税人的无偿征收，虽然是基于民众让渡获得了征税的正当性基础，但征税毕竟会导致纳税人财产利益的直接减损，纳税人对征税和用税自然就分外关注，政府的涉税行为是否真正体现公平、合理，也成为纳税人评价政府和信赖政府的重要因素，更是政府征税的诚信表现。另外，税收具有

---

① 张怡.衡平税法研究 [M].北京：中国人民大学出版社，2012：1.

② MITH. A. An inquiry into the wealth of nations[M]. New York: Putnam's Sons: 1776: 310.

③ ［美］博登海默.法理学——法哲学及其方法（中译本）[M].北京：华夏出版社，1987：280.

调节收入分配和经济宏观调控的双重职能，政府诚信征税和用税，是政府该职能较好履行的保证，因为税收诚信中的公平包括了社会公平和经济公平。从税收的宏观调控职能分析，税收的经济公平属性包含了两个层次的内容：第一是要求政府征税行为保持中性，国家提供的公共产品，其对价通过征税予以实现，征税规模就应当使社会所付出的代价以税款为限，尽可能不给纳税人或社会带来其他的额外损失或负担。此外，国家征税应避免对市场经济的正常运行进行干扰，特别是不能使税收超越市场机制而成为资源配置的决定因素。第二是坚持课税实质公平原则，所有纳税人同等对待，考虑资源禀赋差异、个人能力等因素，做到税收的实质公平。税收公平不仅是经济学问题，更是成了社会行为准则问题或政治问题。税收负担在效用边界上的"最大满足点"就是成本——收益分析中的分配权重的确定，也是最适课税税率的评判依据。[①] 与此同时，经济公平也是税收效率原则的内在要求。我国较长时期处在体制改革和经济转型发展，实现税收公平中的经济公平面临着诸多不公平因素和各方利益冲突，尤其在以"效率优先"的观念影响下，如何使税制更具公平，税收环境如何更加公平合理，是我国政府诚信征税法治化面临的重大挑战。

税收效率要求政府征税给纳税人带来的额外负担要降低到最低限度，使征纳双方花费的费用尽可能小，从而增加税收的实际收入数量（即实际入国库数）。政府诚信征税也有同样的要求，因为税收效率指政府征税应当有利于社会资源的有效配置和市场经济的有效运行，在本质上也包含税收行政效率和经济效率。正如亚当·斯密所言："一切赋税的征收，须设法使人民所付出的，尽可能等于国家所收入的。"[②] 由是观之，税收行政效率的核心思想就是政府应努力降低征税成本，民众财富尽量不在征税过程中被吸走和流失，税收行政效率的高低可以通过征税成本与入库收入的对比进行衡量，这反映了政府的税收征管能力、征管水平和税收人员的敬业程度。税收行政效率的高低直接影响税收征管两方面的成本，一是税收收入的实现会产生税务机关及其征管人员的人力、物力以及其他管理成本，二是纳税义务人在纳税过程中的申报、支付等发生的纳税成本。

---

① WEISBORD B. Income redistribution effects and benefit—cost analysis[M]. Washington: Brooking Institution, 1986.

② 亚当·斯密. 国富论 [M]. 郭大力，王亚南，译. 商务印书馆，1997：385.

税收经济效率应当使税收活动尽量减少对经济运行的干扰，从而提高经济效率。其宗旨是征税必须有利于促进经济效率的提高，也就是有效地发挥税收的经济调节功能。税收经济效率的提高能有效保护纳税人权利，提高社会公共利益，有利于政府征税的诚信彰显。因为税收的经济效率是从整个经济系统的范围来考察国家征税是否有利于资源的合理配置和经济机制的有效运行，它是通过税收的经济成本和经济收益之间的比值来衡量的。很显然，提高税收经济效率就是以较少的经济成本换取较多的经济收益。征税应有利于促进经济效率的提高，或者对经济效率的不利影响最小。遵循行政效率是征税最基本、最直接的要求，而追求经济效率则是税收的高层次要求，它同时也反映了人们对税收调控作用认识的提高。税收效率的提升是政府诚信征税的本质要求，尤其是税收征管效率的提升，对政府诚信征税提出了更高的要求。因为无论是税收征管效率，还是税收经济效率，二者的兼顾与提高都显示出对政府征税权的控制与监督，也反映了纳税人的权利保护。因此，税收效率是关乎政府诚信法制建设的关键因素。

（二）税收公平与效率一般均衡悖论

　　反观现实国情，我国 20 世纪 80 年代初的基尼系数不到 0.3，指令性的分配制度在计划经济体制下人为地达到了相对公平。不可否认的是，我们在实现社会资源公平分配的同时，物资短缺和极度匮乏很长时间成为制约人们生活水平提升的顽疾，以牺牲效率为代价的公平不能带来社会生产率的提高和财富的较快增长，民众依然诟病当时大一统的分配制度。随着我国改革开放的不断深入和发展，转型发展时期市场机制在资源配置中的作用日益增强，"效率优先，兼顾公平"的价值导向使生产力水平得到长足提升，社会财富日渐丰富，居民生活水平显著提高。但是，经济增长与社会公平之间存在负相关关系（negative correlation），经济发展水平越高，效率与公平之间的逆向走势越会加剧社会财富的分配和占有不均，公平与效率的对立再一次得到印证——中国基尼系数已经连续数年超过国际警戒线①，这为政府诚信

---

①　作为衡量贫富差距的基尼系数，国际警戒线为 0.4，但我国基尼系数近年来一直位居国际警戒线之上。据统计，2016 年到 2020 年，中国居民收入的基尼系数 0.474、0.473、0.469、0.462、0.465，虽然略有下降，但依然不低。资料来源：https://xueshu.baidu.com/usercenter/paper/show?paperid=d61eef5a95830800b5fb4b37af5d1e7a&site=xueshu.

征税的法制构建产生了现实需求。

公平与效率之间是此消彼长的矛盾关系，效率优先必然把公平置于次优地位，公平优先则会自然损失效率的效用。经济发展倡导的效率优先加大了贫富差距，加大了追求实质公平的税收征管难度，势必对税收征管行政效率造成减损。反之，如果强调税收效率的第一位次，事事处处以节约税收成本为首要追求，则无法细分纳税主体的具体禀赋差异，更无暇考量涉税行为和财政支出的程序保障，因为这些征税行为毫无疑问会增加征税成本、降低税收效率，从而影响税收公平；自然又会降低税收遵从度和政府公信力，使税收征管陷入"按下葫芦起了瓢"的尴尬境地。效率与公平无法自然趋于平衡，具有贫富差距调节功能的税法通过对资源配置、收入分配以及机会和过程的平等的矫正和匡扶，最终实现结果的公平。因此，税收公平与效率不仅与税收征管的诸多因素有关，还与经济运行中的效率与公平密切相连。税收的效率与公平是一对难解的矛盾关系，其两面性导致二者存在很深的排他性。似乎强调效率以牺牲公平为代价，如果强调公平，则会以牺牲效率为代价，二者位次孰为优先陷入了"剪不断理还乱"的泥沼之中。税收公平与效率，面临着"鱼"和"熊掌"不能兼得的进退维谷之中。税收制度在实践中的困境催生法律制度的变革，这种变革可以被嵌入在正常的政治过程和政策制定之中。① 由此看来，政府诚信征税的税收制度设计是解决效率与公平矛盾的有效途径，并且可以提高税收遵从度，这最终取决于税收制度的科学设计以及征纳双方的权利与义务的分配，如今逐渐形成的贫富悬殊和渐行渐远的公平正好反证了税法功能名曰"兼顾公平"实则"去公平化"的必然结果。②

二、税收诚信公平与效率一般均衡的经济学检视

税法能够通过权利义务配置参与社会财富的分配，从财富的存量上缩小贫富差距，抑制社会危机，最大限度地实现和促进社会公平和社会正义。③ 如同经济发展中的公平与效率悖论，税收的公平与效率也存在矛盾，就其深

---

① ［美］梅里利·S.格林德尔，约翰·W.托马斯.公共选择与政策变迁——发展中国家改革的政治经济学[M].黄新华，陈天慈，译.北京：商务印书馆，2016：18.

② 张怡.衡平税法研究[M].北京：中国人民大学出版社，2012：2.

③ 陈少英.论财产法收入分配调节功能之强化[J].法学，2011（3）50.

层次原因，这种公平与效率对立的着眼点是社会整体，而非微观个体，这就要求解决该矛盾的立足点应当考量社会的整体利益。在具体的税收制度中，将根本对立的公平与效率兼顾和融合显得异常困难，因为税收公平原则强调量能负担，而效率原则强调税收成本最小且入库税收收入尽可能最大，这就对公平原则造成了破坏。反之，政府征税行为失去了公平这一基本前提，纳税人的攀比和嫉妒心理就可能降低税收遵从，政府征税也不会为纳税人接受，造成政府的"政策"与纳税人的"对策"博弈，造成损人不利己的社会资源耗费，直接减损社会总福利，更无从提高税收效率，这也是政府诚信征税所应摈弃的。

　　既然公平与效率不能顾此失彼，二者不可偏废，那么就应当为其找到一个恰当的结合点，以之两方兼顾，不失偏颇。在经济学上，一般用"均衡"作为两个变量的"最佳结合点"。如果公平与效率能达到均衡点，就表明这种均衡既能满足社会公平的要求，又能保证经济效率的最大值。[1] 进一步分析，在社会资源稀缺性的假设前提下，税收作为资源分配的手段和方式，既要做到对资源的耗费最少，又应该保证资源分配公平。很显然，注重效率是社会福利最大化的前提条件，就政府征税而言，征税行政效率意味着征税成本最小，社会资源利用率最高。征税经济效率的提升，能助推经济的快速健康发展，增加社会财富。同时，注重公平既能减少社会成员之间的利益纷争，又能避免社会资源的"无谓损失（dead weight loss）"，继而提升社会总福利。税收作为一种社会财富的重要再分配工具，如果未能精准地把握好税收中性原则，还可能扭曲资源配置效率，阻碍经济健康和谐发展。效率是公平的保障，公平是效率的必要条件，尽管公平必须以效率为前提，但失去了公平的税收也不会提高效率。[2] 站在社会整体角度分析，税收效率低下和税收公平缺失，必然增加纳税人的税收支出，即增加社会总成本，还会导致政府用于提供公共物品和公共服务的资金减少，即减少社会总收益。由此可证，按照税收效率与税收公平的均衡标准，当达到社会税收总成本等于社会税收总收益时，即税收公平与税收效率达到了帕累托最优。再进一步，提高税收效率就是变相地降低征管成本，当政府征税做到诚信无欺，民众的信赖利益得到充分而切实的保护之虞，纳税人对政府征税用税自然不会做出任何

① 何大昌. 公平与效率均衡及路径分析 [D]. 南京：南京师范大学，200：32.
② 马发骥，王顺安. 市场经济条件下的税收公平与效率原则 [J]. 税务研究，2005（8）：95.

怀疑，税收遵从度会明显提升，征纳双方的博弈减少甚至消亡，社会资源的无谓损耗自然也会降低。正如美国经济学家瓦里安在《微观经济学：现代观点》里所阐释的：公平与效率均衡就是二者的一般均衡。他甚至直接把公平定义为"无嫉妒"。因此，实现政府征税诚信法治化，不仅有助于实现解决税收公平与效率的悖论，还能充分保护纳税人权利和期待利益。

如前文分析，一方面，税收效率是公平的前提。没有效率的公平只是浅层次的税收公平，税收效率低下会增加征税成本和税收超额负担，减损社会总福利（social welfare）。如果不注重税收效率，即使形式上做到了公平，也会从整体上增加纳税人的负担。另一方面，公平亦是效率的前提，否则会被民众视为不得人心，因为失去了税收的公平会在极大程度上降低税收遵从度，正如哈维·S.罗森所言："纳税人在缴纳那一月的怒气也许会持续一年"①，因此，纳税人必然会通过税收博弈的对策行为减轻自己的税收负担，降低税收效率。可见，税收效率与公平的选择应当将二者进行良好兼顾，相互兼容和相互促进。我国正处于经济发展的经济起飞阶段②，经济高速增长必然带来贫富差距，财富分配不均的社会矛盾日益凸显。税收公平是社会公平正义的基本要求，税收效率则关涉征税环节的税收征管成本节约和税收支出的最大产出。亚当·斯密亦言："一切赋税的征收，须设法使人民所付出的，尽可能等于国家所收入的"，他还提道："税收管理成本、对正常劳动的阻碍、罚金的负担和令人讨厌的检查，对人民来说都是沉重的负担。"③易言之，税收效率应当做到税收管理效率最高，具体表现为纳税人总量牺牲最小和税收超额负担（excess burden）最低，对经济的扭曲效应最低，应当关注税收潜在的产出损失和经济增长的下降。④当然，坚持税收效率优先，并不否认社会公平的重要性，以牺牲公平为代价换取效率的提高，这种选择也不可取。税收公平性的缺失或不足，会失去匡扶社会贫富差距的功能和作用，社会稳定与和谐会直接受到影响，甚至会引发社会矛盾的进一步激化和动荡，因为民众的"税痛感"依然是税收不遵从的心理因素。反之，如果税

---

① ［美］哈维·S.罗森.财政学[M].赵志耘，译.北京：中国人民大学出版社，2003：460.
② 经济起飞是指经济发展由传统经济进入现代化经济的高速增长阶段，由美国W.W.罗斯托1960年在《经济成长的阶段》一书中提出。罗斯托认为：发展中国家在经济起飞中遇到的困难是人口增长率过快、贫富差距日益增大和国内政治动荡而引起人才、资金外流。
③ SMITH A.An inquiry into the wealth of nation [M].New York: Putnam's Sons: 311.
④ BASTABLE C F.Public Finance[M]. London: Macmillan, 1892.

收缺乏效率，不仅会增加民众税赋负担，造成社会资源的"无谓损失（dead weight loss）"，还会造成公共产品的收益与成本不对等，使政府公信力下降，民怨不绝于耳，进而出现征税困难的恶性循环。此外，实现高效率的一个重要条件是建立合理的激励机制，并蕴含于政府诚信征税的法治之中。

三、税收诚信公平与效率一般均衡的法治化保障

只要有制度存在，就会有制度成本发生，但这种制度成本的发生并未必发生交易。契约经济学认为，经济运行中最重要的约束变量不仅是生产成本，还包括交易成本，交易成本被看作是"看不见的手"的成本，交易成本的产生部分地归因于当事者的无知和信息的缺乏。[①] 税收作为纳税人消费政府提供的公共物品支付的对价，实际上就是政府与纳税人之间的交易，交易费用也就理所当然存在，包含政府征管环节的征管费用和纳税人纳税过程的税收成本。这些成本和费用不仅包括征税机关和纳税人的各种显性会计成本（accounting cost），还包含隐性的机会成本（opportunity cost）[②]，它们共同构成税收制度的交易费用。与一般制度交易成本不同的是，由于在征税环节和用税环节征纳双方互为信息优势方和信息劣势方，信息不完全和个人理性会影响资源的有效配置。依据梅耶森—赛特斯威特无效率定理：基于买卖双方信息不对称约束，为了诱使买者和卖者说实话，就会出现效率损失。否则的话，买者会低报价值，卖者会高报价格。这样的问题在公共产品提供和政府税收政策中都是存在的。[③] 换言之，如果不存在一个满足参与约束、激励相容约束和预算平衡约束机制，几乎所有的交易都存在交易效率损失。一个节省交易成本的制度安排、制度结构、制度框架、制度环境和制度走向决定了它的经济绩效。同理可证，评价税收制度的好坏，不仅要评价税目、税

① 卢现祥，朱巧玲.新制度经济学（第二版）[M].北京：北京大学出版社，2012：81-85.
② 会计成本是显性成本（explicit cost），它可以用货币计量，是可以在会计的账目上反映出来的。包括生产、销售过程中发生的原料、动力、工资、租金、广告、利息以行政部门的各项管理费用等支出，这些支出实际客观，可以计量。机会成本属于隐性成本（implicit cost），指公司损失使用自身资源（不包括现金）机会的成本。通常包括两部分：一是使用他人资源的机会成本，即付给资源拥有者的货币代价被称作显性成本；二是因为使用自有资源而放弃其他可能性中得到的最大回报的那个代价。
③ 张维迎.博弈论与信息经济学[M].上海：格致出版社、上海三联书店、上海人民出版社，2010：171.

率、税基等基本税收要素是否合理，还要充分考量税收制度的交易成本是否合理。

交易费用的节省是政府诚信征税法治化的目标之一，税收征纳及其制度实施都会产生交易成本，并且直接影响税收效率，而影响税收征纳交易费用的因素主要如下：税制本身的优劣、纳税人的经济状况、税收遵从度等。但最主要和最直接的因素应当是税收制度和征管水平的科学、严密与高效，否则会增加征税机关和纳税人的税收费用，最终影响税收的征管效率。① 税收制度作为民众与政府税收契约的共同意思表示，已成为约束征纳双方的一种规范，正如科斯在 1991 年接受诺贝尔经济学奖的演讲中提道：谈判要进行，契约要签订，监督要实行，解决纠纷的安排要设立，等等这些费用都构成了制度的交易费用。税收行为发生和实施过程中，各种正式或非正式制度的运行费用均构成了税收制度的交易费用。

信息不对称会导致逆向选择和道德风险，交易市场就会出现"劣币驱逐良币"的非正常现象，从而使帕累托最优的交易不能实现，在极端情况下，市场交易甚至根本不存在。② 依据美国著名经济学家迈克尔·斯宾塞（A.MichaelSpence）信号传递模型理论（Signaling Model Theory）：③ 如果拥有私人信息的一方利用各种渠道或方法将其私人信号传递给没有信息的一方，或者后者有办法诱使前者主动披露其私人信息④，交易的帕累托改进（Pareto

① 龚志坚，熊平园，舒成.我国税收征管制度变迁的路径选择——基于税收征纳交易费用的分析 [J].税务与经济，2008（5）73-74.

② 张维迎.博弈论与信息经济学 [M].上海：格致出版社、上海三联书店、上海人民出版社 2010：339.

③ 信号传递模型（Signaling Model），经济学家迈克尔·斯宾塞（A.Michael Spence）正是由于第一个提出信号传递模型、对于信息经济学研究做出了开创性的贡献而荣获 2001 年的诺贝尔经济学奖。信号传递模型在本质上是一个动态不完全信息对策。这个对策包括两个参与人，一个叫 sender，一个叫 receiver，sender 拥有一些 receiver 所没有的，如与参与人的效用或者支付相关的信息。对策分为两个阶段：第一个阶段，sender 向 receiver 发出一个信息（message），或者叫一个信号（signal）；第二个阶段，receiver 接收到信号后做出一个行动，对策结束。这时，两个参与人的效用就得到决定。他们的效用既是私人信息，又是 message，同时也是 receiver 所选择的行动的函数。但是，第一阶段 receiver 只能看到 sender 发出的信号，而看不到 sender 所拥有的私人信息。

④ 丁煌，杨代福.政策执行过程中降低信息不对称的策略探讨 [J].中国行政管理，2010（12）：105.

efficiency）就可以实现。同理，税收征纳双方作为税收契约的利益对立方，彼此不仅存在初始的信息不对称，还因为经济人的理性选择（rational choice），故意向对方隐藏履约需要的部分关键信息。纵观税收征管过程，我们可以将税收契约划分为契约谈判、签订和契约履行两个阶段。在第一阶段，在纳税人与政府签订税收契约前，作为信息优势方的纳税人需要支付公共产品对价，基于"搭便车"心理以及公共产品的"非竞争性"和"非排他性"，他们会主动向政府隐瞒对公共产品的需求偏好和需求数量，致使政府不能对信息进行有效甄别（screening），进而出现公共产品需求信息失真。按照信息经济学信号传递（signaling）理论，政府应该率先行动，积极主动诱使纳税人传递其公共产品需求信息，从而使纳税人愿意支付对等的价格。在第二阶段，在公共产品的生产和供给阶段，政府对公共产品的成本、数量和分布了如指掌，作为代理方的政府属于本阶段的信息优势方，极易产生"道德风险"。依据"信息甄别模型"理论，没有私人信息的一方应当先行动，以建立一套"激励机制"鼓励代理人讲诚信、说实话，也就是激励政府对公共产品的生产等信息进行准确、及时且详尽的披露，克服信息不对称带来的效率损失，从而实现公共产品的有效供给。因此，税收公平与效率并非是一成不变的矛盾体，通过对税收过程中对征纳双方进行信息优势方和劣势方的界定，并进行相应的税收制度设计和安排，激励和引导征纳双方进行涉税信息交换，以降低由于信息不对称引发的交易成本，以之提升政府征税的诚信度。同时，以恰当的制度设计诱使征税机关进行征税和用税的信息披露，是现实政府诚信征税法治化的有效途径。

四、税收诚信公平与效率一般均衡的社会总福利增加

（一）税收法治化嵌入诚信原则以提升税收效率与公平

法学家麦克尼尔认为契约具有社会性和关系性，即契约是当事人及其协议内容的内在性社会关系的体现。[①] 契约固有的自由平等、权利义务对等、等价有偿等契约精神和原则应当内化于政府诚信征税的法制建设之中，构建当代新型的契约政府。因此，现代社会的契约政府反映的是民众与政府

---

① 徐凌. 契约式责任政府与麦克尼尔的新社会契约论 [J]. 广州大学学报（社会科学版），2014，13（10）：12.

的新型关系，它要求以特定的方式在民众与政府之间平等地分配权利和义务，并最大限度地反映民众的集体意志和利益诉求，这也是责任政府的理论来源和精神实质。每一种契约都必然地在部分意义上是一个关系契约，税收契约也不例外，它带有以下显著的关系契约特征：第一，税收契约关系中存在"契约性"团结或共同意识，这种契约性关系能够通过一系列正式或者非正式规则来规范交易过程中当事人的行为，从而节约交易费用。同时，缔约方利用正式或非正式规则还可以确保它们之间关系的稳定性。因此，税收契约当事人都愿意建立一种规制结构来对契约关系进行适应性调整。第二，税收契约当事人可以共同参与契约的制定，也可能接受既定的税收契约，这意味着税收契约的平等自由必须是充分和完全的。第三，税收契约中如果出现了阻碍契约自由的权力、等级和命令，契约的履行一般通过正式或者非正式的规则来处理未来的事件和变化。第四，税收契约中的"法定税收契约"注重政府与纳税人之间的关系，这种征纳关系主要借助"法律约定"，一般体现为固定性税收制度。而"交易税收契约"主要关注纳税人与政府、征税机关等其利益相关者之间的关系，这种经济交往伙伴关系的维护依赖于"市场合约"而非"法律约定"①，交易税收契约关注经济交往伙伴关系的过程性和连续性，以至于很多条款可能悬而未决，故意留待以后根据商业形势作适当的变化。这也是政府诚信征税原则嵌入的必要性。诺贝尔经济学奖得主诺斯认为，制度是交易主体之间基于委托代理关系，为实现专业化分工而形成的利益交换机制，是以达到交易双方财富最大化而做出的契约安排。② 契约要求缔约双方应当诚信，政府征税行为给予纳税人的委托，理应以诚信作为税收法治的基本原则。威廉姆森认为契约的核心概念如下：契约是交易的微观规制基础，即契约是制度的一部分，是一种微观性的制度。③ 不难看出，税收制度是税收契约的表现形式，诚信这一契约内生性要求无疑应当设计于政府征税的法律制度之中。埃里克·弗鲁伯顿和鲁道夫·芮切特在《经济利益与经济制度》一书中认为，制度直接影响到人们经济生活中的一系列权利和义务，有些权利和义务是由于自然权利产生的，如生存权、人格权等，它们

---

① 蔡昌.论税收筹划的博弈均衡[J].湖南商学院学报，2016（6）70.

② 易宪容.金融市场的合约分析[M].经济科学出版社，1998：14-15.

③ Williamson O E. The Economic Institution of Capitalism[M]. New York: SFree Press, 1985: 35.

的拥有不附带任何条件，也不依靠任何契约。另一些制度则是通过契约自动产生的，其中的行为准则是双方都认可并具有行为拘束力，但他们都乐于遵从。大多数文献认为，正式制度起源于人为的设计。① 政府征税制度应当以纳税人权利保护和政府权力限制为中心，以诚信为其基本制度理念，能在很大程度上缓和征纳双方的对立，提高政府公信力和税收遵从度。不言而喻，制度作为约束行为规范和权利义务分配的明示条款需要很好地设计，并需要适时地对它们进行养护。从制度的演进来看，一部分正式制度是非正式制度由官方正式记录并用法令形式予以公布，但这些规则颁布的目的是使惩罚能得到更明确的规定，以增强制度的规范功能。实际上，不管是自愿还是强制的，制度都是契约参与者的内在意志合作的体现，是契约的外在表现。税收契约是人类在税收活动中创造出来的一系列规则或制度，其主要特征之一在于其具有强制性或约束性，并主要通过法律规制、组织安排和政策而得到表现。由此可以看出，税收契约与税收制度具有内涵的共通性和同质性，甚至可以认为税收制度就是税收契约的另一种形式和体现，税收契约以诚实信用为基本内涵和根本价值诉求。很显然，政府征税的制度安排不能离开诚信原则，否则就失去了政府征税法治化的基础。换言之，诚实信用原则是税收契约的应然价值追求，应当在政府征税制度上有所映射，方能体现政府征税诚信。

（二）以诚信为税收法治化理念有助于实现税收公平与效率的一般均衡

制度与资本、劳动力和技术一样，被认为是一种生产要素，对社会利益的提升颇有影响。从法律意义上讲，制度就是各主体之间的权利义务界分手段，政府诚信征税的制度设计亦然。著名经济学家舒尔茨曾计算了各种"有形"生产要素对经济增长的贡献，结果发现各种有形要素的贡献比重并不大②，而且在扣除所有的有形要素的贡献之后还有很多"剩余价值"，这

---

① ［德］埃里克·弗鲁伯顿，鲁道夫·芮切特.新制度经济学——一个交易费用分析范式［M］.姜建强，罗长远，译.上海：格致出版社，上海三联书店，上海人民出版社，2006：241.

② 灿明，胡洪曙，施惠玲.农民国民待遇制度伦理分析——兼论"三农"问题的解决对策［J］.中南财经政法大学学报，2003（5）：30.

些"余值"依据传统方法无法给予解释，后来诺斯等经济学家证明这些"余值"不是技术进步产生的，而是源于制度因素。① 不难推证，如果税收制度设计存在缺陷，甚至有悖于民意，必然会抑制甚至破坏其他生产要素的最佳组合，必然会阻碍生产要素的自由流动和市场化配置，从而降低生产要素的贡献率，形成经济增长的负面约束，最终侵蚀"消费者剩余（consumer's surplus）"②，降低社会总福利。反观税收契约制度，基于契约思想的制度安排带有与生俱来的诚信、公平和平等，这不仅是政府征税的基本要求和根本前提，也是提高纳税人税收遵从度的重要保证。在税收关系中，纳税就是公共产品这一商品的消费者，而政府就是公共产品的卖方。依据福利经济学理论，合理的宏观税负是增进消费者剩余的重要制度基础，也是政府诚信税制设计的重要内容之一，还是彰显税收实质公平和实质正义的根本要求。现代西方财政理论认为，合理的宏观税负应当是按照量入为出的收支平衡原则、公平原则和效率原则测算出的合理税收规模。提高社会福利是一个十分重要且非常复杂的问题，但是良好的税收制度不仅能助力经济的快速发展，直接提高社会总福利，还能利用自身的调节收入分配功能，因此良好的税收制度设计无疑是提高社会总福利的有效途径。著名经济学家詹姆斯·米尔利斯认为，一个完美的税收体系应当是"激励性相容"的制度体系，并且蕴含一种激励机制，这种激励不仅仅局限于对纳税人踊跃纳税的激励，还应当对征税机关形成一种诚实守信、恪守税法的激励。换言之，在正确了解和评估全体社会成员对公共产品的真实需求和偏好的前提下，税收制度设计就可以按照社会福利最大化的原则进行设计，这样既满足了政府诚信税收的基本要求，又能提升税收遵从度，使税收制度以"良法"示人。

如上文所述，征税的效率与公平并非完全相互对立，而是相互促进和相互统一的辩证关系。从经济学角度研究税收契约，利益相关者的利益均衡乃税收均衡的核心。因纳税人与政府财产利益此消彼长的矛盾关系，其非合

① 路思远.制度抑制与效率损失：农民贫困的制度经济学分析 [J].北方经济,2009(5): 3.
② 消费者剩余又称为消费者的净收益，是一个经济学概念，是指消费者消费一定数量的某种商品愿意支付的最高价格与这些商品的实际市场价格之间的差额。消费者利益应是政府规制政策的目标。市场经济是一种政府、厂商、消费者共同参与市场运行的经济体系。由于存在市场失灵，政府的管制和干预是必要的。福利经济学认为，政府代表社会公共利益，其基本职能是实现社会福利最大化。根据消费者剩余理论，政府规制是为了增加消费者剩余，提升社会总福利。

作博弈行为选择贯穿整个税收过程，甚至还有逃税、避税甚至抗税以及权力"寻租"所造成社会资源的耗费，这些交易成本均未用于社会生产环节，因此资源的占用和消费并未带来社会财富的增长，是对社会总福利的减损。如果以诚实信用原则作为政府征税制度设计的基本原则，不仅会减少民众与政府的信息收集成本、征税用税环节的监督成本，还能在较大程度上克服信息不对称引发的"逆向选择"和"道德风险"，减轻纳税人与政府的对立情绪，较好地预防偷、逃税行为的发生，提高税收遵从度、节约税收制度交易费用，最终实现税收诚信原则法治化。

第四章 税收诚信原则法治化的逻辑进路

第一节 税收诚信的道德性拘束

支撑法律的精神、理念、原则与价值才是法治化的筋骨与精髓，法治化首先是法律观念和法律意识的现代化。没有一定的理念和价值作为立法的基础和司法的前提，法治化职能就只是一个美好的愿望而已。[1] 从本质上讲，法律制度只是一种外在的文字表达，仅为法治化的"皮囊"而已，法治化中所蕴含的精神、原则和理念才是"筋骨"和"精髓"。税收法律制度作为社会财富的分配之法以及"国家治理的基础和重要支柱"，其独有的宏观经济的调控功能，与经济法的"治国之法""分配之法"和"促进发展之法"[2] 的价值不谋而合，税收法治化应当体现经济法的社会本位、以人为本的理念，并以促进人的发展和社会和谐为最终目标。因此，税法的完善在我国法治建设中起着至关重要的作用，其基本的立法理念和法治原则尤为重要。公共财产权利本质上是建立在私人财产权之上的，政府的主要职责就是公平、有效地保护好私人财产权、行使好公共财产权，从而服务于全体纳税人。[3] 税收问题不仅是政府增加财政收入的问题，实质上是国家与纳税人之间的互信关系。

---

① 夏锦文，蔡道通.论中国法治化的观念基础 [J].中国法学，1997（5）：43.

② 同上.

③ 刘剑文.论国家治理的财税法基石 [J].中国高校社会科学，2014（5）：148.

一、税收诚信原则法治化实现逻辑

西塞罗在《共和国》中对于国家有一个定义：国家乃人民之事业，而人民是许多人基于法的一致和利益的共同而结合起来的集合体。① 马克斯·韦伯在《经济与社会》中论及：国家是一种制度性的权力运作机构，政府是国家的仆人、权力的执行者，是社会财富分配的被委托人。既然国家是人民的集合体，国家权力当然属于人民，人民的事情当由人民自己做主和决定，并由社会成员共同对公共事物作出决策。换言之，国家运行和民众决策的基本逻辑进路如下：代表人民利益的政治家应当由民众自己选择，而不是强权的赋予或者世袭，再由这些人民利益的代表者组建成决策机关，接受民众委托代表选民管理公共事务。② 因此，民主国家都倾向于采用代议制民主，因为这样能够使人民掌控自己选出的政治家的政治命运，否则民众就会采用"用脚投票"的方式将其罢免，这样就能确保国家权力始终掌握在人民手中，政治家们所作出的国家决策和政治主张能够体现人民的意愿和利益，确保真正民主主权的实现。从国家的形成原理可知，人民原本拥有自由、平等、独立的自由权利，但是单个的力量无力确保自身的人身安全，因此为了能安全、有序地享有自己的生命权、财产权、自由权和发展权，国民通过集体行动与国家签订协议结合为社会，并约定每一个人放弃自己的部分财产权、防卫权以及惩罚侵犯行为的权利，由一个公共机关即政府统一行使民众让渡的这部分权利，约定每一个国民自愿恪守约定事项，并服从社会多数人的决定。政府的运转及其工作人员的耗用，均由国民从自己的财产中拿出一部分予以提供，那么，政府的权限应当被固定在人民的授权范围之内，并遵从和实现人民的意愿，为民众谋福利。由此看来，政府并不是凌驾于民众之上的机构，更无驾驭和统治人民的特权。恰恰相反，政府是全体国民实现安全、平等和幸福的公共机构，它存在的主要目的就是保护每一个国民，不仅要维护自愿服从政府的人民的利益，还要保护对政府有反对意见甚至不满政府决定的人。总之，政府及其官员就是人民利益的代言人和践行者，与人民之间是委托代理关系。公民通过具有政治属性的税收契约向政府纳税，为政府及其

---

① ［古罗马］西塞罗.论共和国论法律[M].王焕生，译.北京：中国政法大学出版社，1997：39.

② ［英］洛克.政府论（下）[M].瞿菊农，叶启芳，译.北京：商务印书馆，1982：11.

官员提供办公环境、薪水等经常性支出，并委托政府提供公共产品和公共服务。故此，纳税不应该构成公民的强制性义务，而是为购买政府的公共产品和公共服务支付的对价。由此推演，政府征税规模、税率等的确定，是全体公民享有的决策权，都应当由公民的代表决定。对纳税人的诚信、善意等道德性约束，更应当适用于政府的征税行为。

天赋人权的思想印证了"自然权利"的来源，自然权利应该有"自然正义（nature justice）"保驾护航。依据罗尔斯的观点，正义不仅仅是一个道德标准，正义还是社会制度的首要德性。正义的对象是社会的基本结构——即用来分配公民的基本权利和义务、划分由社会合作产生的利益和负担的主要制度。[①] 在一个倡导和崇尚正义的社会里，政府与民众共同遵守诚信是毋庸置疑的，由正义所保障的诚实守信绝不应当受制于政治权利的交易或社会利益的权衡。即使是基于公共利益，也必须保证公民的基本权利不受侵害。正如孟德斯鸠所言："公共利益绝不是用政治性的法律或法规去剥夺个人的财产，或是削减哪怕是它最微小的一部分。"[②] 自然正义是原始社会契约的逻辑，是法治的最高原则。自然正义要求法律制度完全平等地分配各种基本权利和义务，同时虽然容有差别，但还是尽量平等地分配合作所产生的利益和负担，并坚持平等自由原则优先，强调机会平等原则和差别原则的结合。[③] 税法具有在公民与国家之间分配财产权功能的一项契约，必然要体现人民主权和自然正义，并通过公平契约达到一种公平的结果。如果税收法律制度存在非正义，就必须加以改造或废除，这也是税收制度变迁的缘由和制度效用追求。政府征税权的诚信约束应当以"自然正义"为根本出发点，不应当以"公共利益之名"剥夺纳税人的权利，忠于纳税人委托，囿于人民授权，应该是政府诚信征税法治化实现的核心理念。因此，"主权在民"是政府诚信征税法治化的"在先约束"，代表民众意愿和根本利益是政府诚信征税法治化的宗旨。

---

① ［美］约翰·罗尔斯.正义论［M］.何怀宏，何包钢，廖申白，译.北京：中国社会科学出版社，2009：4.

② ［法］孟德斯鸠.论法的精神（下）［M］.张雁深，译.北京：商务印书馆，1963：190.

③ ［美］约翰·罗尔斯.正义论［M］.何怀宏，何包钢，廖申白，译.北京：中国社会科学出版社，2009：5.

二、税收诚信原则的"德性道德调节"前提

约束和调节人们的行为方式大致有两种，一是法律强制性调节，二是道德的舆论性调节。隔绝法律规范与其他社会规范尤其是伦理、道德规范之间的关系，等于切断了法与其正当性理由之间的联系。① 法的正当性在于法的权威生成于某种说理或论证机制，使公民对法的正当性产生确信和认同，从而树立法的权威性和敬畏感。② 任何社会和国家的征税活动无疑都需要管理和规范，否则就会乱作一团。大致而言，税收管理无非是对管理者行为、征税行为与被管理者行为以及纳税行为的管理，其中对征税行为与纳税行为管理的主要途径无非道德与法。只有通过道德与法，才能使征税者和纳税者知道彼此应该如何行动，进而减少冲突与摩擦，实现税收治理的终极目的。在具体的征纳税行为中，国家征税行为有国家暴力强制与行政强制以及教育与舆论强制的支撑，道德约束似乎显得有点多余。但是，国家征税是否讲道德，对整个税收治理体系的质量和效率起着决定性的作用，也决定着政府公信力和税收遵从度。

一定意义上讲，国家应该如何征税的规矩就是道德的表达和体现。毋庸置疑，一定的道德是法的价值基础，是法的价值导向系统。或者说，凡是法律制度，都有某种道德作为价值内涵和价值基础。不同的是，凡是优良的法，一般都有一个优良的道德作为价值基础；凡是恶劣的法，一般都有一个恶劣的道德作为价值基础。这样，"以法治税"的前提事实上就是"以德治税"。因此，国家征税要讲道德，在逻辑上既是必然的，也是"以法治税"的价值前提和立法基础。

处理好价值体系和道德支撑的关系问题，是构建国家治理体系和推进治理能力现代化的首要问题。现代化的国家治理必须把握好道德基石，将德治与法治相结合，使其在国家治理中相互补充，二者不可偏废。道德具有规范行为和调节社会关系之功能，法律不仅具有类似的社会职能效用，也具有固根本、稳预期和利长远的行为规范和社会治理的作用。同理，国家征税之所以要讲道德，就是因为道德决定着国家税收治理的价值导向，道德处于税收

---

① KRIELE M. Recht und praktische Vernunft[M]. Göttingen: Vandenhoeck und Ruprecht, 1979.

② 陈征楠.法正当性问题的道德面向 [M].中国政法大学出版社，2014：25.

征管更为基本更为基础的层面，制约影响着一个国家和社会税收征管的根本方向。比如，在义务论道德观指导下的税收征管，就必然更多地强调征税人的权利，忽视征税人的义务，重视纳税人的义务，忽视纳税人的权利。相反，在"诚信论"的道德观指导下的税收征管，就既重视征税人的义务；也重视征税人的权利；既重视纳税人的权利，也重视纳税人的义务。毋庸讳言，由于道德价值观的不同，就可能产生两种截然不同的税收治理观，进而形成不同的税制体系。又比如，在最大多数人的功利主义道德观指导下的税制，就可能理直气壮地以大多数人的名义为主，忽视或者剥夺少数纳税人的权利；在大公无私的道德观指导下的税制，就可能更多强调纳税人的义务，忽视纳税人的权利，一味地鼓励纳税人的无私奉献。但是，这两个原则的使用是有前提条件的。国家征税之所以要以道德为核心，其主要原因如下：道德既是征税人管理行为应该如何规范，也是纳税人应该如何纳税的规范，是税收治理活动必需的根据。直言之，这既是社会创建税收治理体系的需要，也是满足和增进全社会和国民福祉总量的需要。

从税收治理的现实看，国家征税之所以要讲道德，是因为现实中国家征税不讲道德的现象较为普遍，或者不讲真道德的现象较多，进而制约了税收征管活动的正常运行，没有最大化地实现税收征管的终极目的。坦率地说，在现实的税收征管实践中，国家征税没有遵循真正的道德精神，背离了道德的终极目的，没有实现互利的共同目的，对纳税人缺乏起码的敬畏。由于征税的公正性缺乏，以及缺乏基本的宪政制约和生态关怀，目前还存在很多不讲诚信、征税程序不完备、征税过程烦琐、成本高等问题。因此，需要迫切呼唤国家征税要讲道德，要逐渐接近人类税收治理的大道。

国家征税要讲道德，这只是一个一般性的结论和判断。事实上，"讲什么样的道德"比"讲道德"更为根本和具体。这是因为道德有优劣高下之别。毋庸置疑，国家征税要讲的道德应该是优良的道德，不是恶劣的道德。优良的道德就是互利的道德，就是"己他两利"的道德。这样的道德约束与诚信原则法治化的内在要求殊途同归，其终极目的是为了增进全社会和每一个国民的福祉总量。因此，判定一个征税体系优劣的终极标准，也就只能是看它是否有助于增进全社会和每一个国民的福祉总量，如果一个税制能够很好地增进全社会和每一个国民的福祉总量，那这个税制就是优良的税制，也就是讲道德的税制，其征税就是讲道德的；反之，如果一个税制不能很好地增进全社会和每一个国民的福祉总量，那这个税制就不是优良的税制，就是不讲道德的税制，其征税也就是不讲道德的，是缺乏道义基础和根据的。

在实际中，这个终极道德原则还会因为所处境遇的不同，呈现出不同的道德原则。具体说，当征纳税人之间的关系没有发生根本性冲突、可以两全的情况下，这一终极道德原则应该是不伤害一人地增进所有人的利益，即帕累托最优标准，也就是孟子所讲的"行一不义，杀一不辜，而得天下，皆不为也"与荀子"行一不义，杀一无罪，而得天下，仁者不为也"的道德原则。相反，如果征纳税人的关系发生了根本性冲突，不可以两全，这一终极道德原则就表现为无私利他的原则与最大多数人的最大利益原则。从统计意义上说，征纳税人的关系发生冲突的时候总是少于不发生冲突的情况，因此帕累托最优标准应作为国家征税基本的道德终极标准，这是保证一个社会税收秩序和谐稳定的根本和关键。其次，应该根据所处环境的状况，即征纳税人关系是否发生根本性冲突以及纳税人个体与纳税人全体利益是否发生根本性冲突，选择"无私利他"原则或者"最大多数人的最大利益"的原则。无疑，终极道德原则是国家征税必须首先要讲的终极道德，如果舍弃这个终极道德原则，只是遵行一些相对非根本的道德原则，就可能发生背离道德终极原则的现象，削弱而不是增进全社会和每一个国民的福祉总量。这样就等于背德，即使国家征税丧失道义的基础，进而背离税收的终极目的。

道德的践行离不开法律的约束。道德是内涵于心中的行为准绳，法律是道德的外化与表达。法律的实施与遵循离不开道德的支持，道德的践行需要法制的保障。因此，税收诚信原则法治化以诚实信用这一优良道德为基础，不仅满足了增进社会福祉、保护纳税人权利和限制政府征税权的诚信要求，也实现了优良税制的良法目标。诚信原则由道德准则上升为法律的强制性规范，有助于保护大多数人的根本利益，实现政府征税的良法善治之终极法治追求。

三、税收诚信原则法治化是对国家税权的私欲控制

自人类进入文明时代以来，政府就是社会博弈的重要参与人。任何社会要有效运行，都需要赋予政府一些自由裁量权[①]，以便能有效解决复杂多

---

① 张维迎.博弈论与信息经济学 [M].上海：格致出版社，上海三联书店，上海人民出版社，2010：98.

变的社会问题。但是，如果政府的自由裁量权无相应的限制和约束，政府及其官员肆意妄为，不仅会侵害民众的人身财产自由和权利，还会在很大程度上降低政府公信力，使民众与政府之间产生不可避免的对立情绪。国家及其政府通过国民的授权与让渡，获得了税收征管权和用税权，掌管着巨额的社会财产，金钱的诱惑使私欲面临着极大的挑战。私利被认为是所有人类活动的一种原始驱动力，如果人类行为失去了伦理或道德的约束和匡扶以及制约，那么权利人将会不惜一切手段攫取个人最大化利益，从而侵吞他人合法权益。为了抑制人类膨胀的私欲行为，维护社会各方的利益均衡和公平正义，应将人们普遍认同的道德规范融入相应的法律制度之中，编织强制约束私欲的牢笼。正如布坎南所言：我们应当在尽可能的范围之内，制定出各种制度和法律的约束，这些制度和约束将以这样一种方式来安排对私利的追求，以便使这种追求与作为一个整体的集团的目标之间达成一致而不是相反。①

依据税收契约的基本原理，人民纳税不是出于政治强权的被迫无奈，而是基于自身安全和利益最大化实现的需要，也就是满足自身的公共需要。纳税人出于自己利益的考虑以及"搭便车"的行为动机，总是希望政府征税能尽量减少对自己财产权的剥夺。因此，制定较为合理的税负标准并充分顾及纳税人的实际纳税能力，是理想税制的核心和根本，否则人民将拒绝纳税。纵观历史，千百次武装起义大都与政府的沉重赋税有关，动摇甚至颠覆国家政权，"苛政猛于虎"就是最好的写照。从这个意义上讲，人民虽然通过政治契约让渡了部分政治权利给政府，但始终没把税收这一财产权全部让给政府，而是通过监督权、公共选择权等权利的行使保留了其中部分的税收权利。也就是说，政府对税收的征管权和用税权以及人民自己保留的税收监督权、控制权相加，才从实质上构成了国家完整意义上的税收权利，并构成国家政治权力和财产权利的核心部分。历史的发展历程充分证明，不堪重负的苛捐杂税致使民众无力支撑正常生活，甚至到了民不聊生之时，民众会通过武力暴动这样的过激方式推翻政府的所有政治制度，包括民众恨之入骨的税收制度，同时逼迫新政府建立符合民众意志的税收制度，英国的光荣革命就是最好的例证。新的税收制度设计，主要应当处理好对征税权的约束和对

① ［美］詹姆斯·M.布坎南，戈登·图洛克.同意的计算——立宪民主的逻辑基础 [M].上海：上海人民出版社，2014：26.

国民财产权力保护的边界问题，通常以宪法的形式加以固定，并监督政府遵守。正如斯科特·戈登所说："宪政是通过政治权力的多元化分配从而控制国家的强制力量的政治制度。"①

税收维系着国家运行并调控宏观经济运行，也是政府开支的源泉，当然成为政府履行公共职能的前提条件，政府的征税权在逻辑上与民众的个人权利之间存在此消彼长的关系。因此，"征税的权力事关毁灭性的权力"言之恰当。② 如果政府获得税权之后不以公共利益为根本目的，其权利失去了约束和监督，那么人民的财产利益将被肆意剥夺和侵占。税收权力作为一种国家主权的强制性权力，如果没有稳定的法律制度对国家征税权加以控制，税收权利就容易异化为侵害人民财产和政治权利的工具。如果不以最高位阶的宪法对人民权力提供保障，遏制权力的交易和寻租，就难以形成对国家权力的制衡。进一步分析，由于纳税人纳税与其他授权，政府拥有了使用由税收形成的公共财产的管理权利，有义务接受纳税人的监督，有义务尽其可能以反映大多数人偏好的方式进行管理，以实现纳税人利益最大化回报。③ 针对赋税权的让权与制约问题，学术界和实务界均进行了长期的探索和研究，最终形成了宪政税收思想。在实践上，英国的光荣革命、美国独立战争以及法国大革命都是以限制政府征税权为中心的改革运动，历经数年的民众与政府之间的斗争和博弈，使税收限权思想成为税收民主和法治的核心理念，在权利此消彼长的对立矛盾中以制度均衡体现权利义务均衡。

权力的边界是法制。权力是把双刃剑，只有把权力看成是责任和义务，才会有如履薄冰的压力，才会有正确用权的使命感和责任感。人民之事无小事，只有处处从人民的根本利益出发，对人民群众心存敬畏，方能从容行权、坦然做事。充分保护纳税人的权利，仅仅依赖政府及其征税机关的道德自律是难以实现的，其权力边界应通过外在机制的约束来划定和界分。为了更好地对政府征税权的适度性和有限性进行规制，需要在制度设计方面予以充分体现，主要制度设计的基本原则如下：第一，对立法者的权利限制原则，他们应当受到法律和道德的双重约束。第二，权力制衡原则。进行立法

① ［美］斯科特·戈登．控制国家：西方宪政的历史［M］．应奇等，译．南京：江苏人民出版社，2001：17.

② ［澳］杰弗瑞·布伦南，［美］詹姆斯·M.布坎南．宪政经济学［M］．冯克利，译．北京：中国社会科学出版社，2004：1-5.

③ 张美中．税收契约理论研究［M］．北京：中国财政经济出版社，2007：206.

权和执法权的分离，保证司法的独立性，且不受政府干预和影响。当一种权利受到另外一种权利的制约和限制时，这种权利才不会被滥用。第三，权力的"知止"原则。这是中国法治的精髓，更好地诠释了行使权力的尺度，"知止、善为、尽责"，解决好用权的观念、规范与制衡问题，才能真正做到心存敬畏、手握戒尺、行有所止。

第二节　税收诚信原则的宪法考察

政府征税对纳税人财产权造成了实质上的侵蚀和损害，纳税人付出的税收支出的目的是获得公共产品和公共服务，这可以看作是全体纳税人与政府之间的买卖和交易。既然是交易和买卖，那么必然存在与市场交易相似的利己的交易动机和交易行为。政府拥有民众让渡的征税权这一具有政治属性的权利，该权利具有强制性和不对等性，征税机关滥用征税权会直接侵害纳税人财产利益。如果不受宪法和法律之约束，政府征税的诚信缺失无力以"自律性"的道德加以矫正，应当借助具有"他律性"法律进行强制性匡扶。宪法作为最高位阶的国家根本大法，是民众利益的集中体现，它既能规范和制约国家与政府的权力，又能保护民众的根本利益。从宪法上确认并保护纳税人的财产私有权，是政府诚信征税的宪法基础，赋予纳税人的税收监督权是政府诚信征税的宪法保障，将诚信征税原则嵌入宪法之中，是政府诚信征税的根本保证，也是政府公信力的最高立法表达。

一、税收诚信原则的宪法基础

1215 年写在羊皮纸上的英国大宪章，正式确立了英国平民享有的政治权利与自由。此宪章规定，未经纳税人同意，政府不得擅自征税，纳税的标准必须有纳税人的代表决定和同意，昭示了代议制民主的现代法治精神。大宪章第一次以法律形式限制了国王及皇室官员的行为，其核心内容在于对政府征税权的限制和用税权的监督，也就是对纳税人的财产权保护。英国大宪章在历史上首次限制了封建君主的权力，并成为英国君主立宪的法律基石。我们熟知，宪法作为国家的根本大法，是公民意志的最高表现，也是国家规定根本制度和根本任务之法，它不仅确认和保障了全体公民的基本权利，还集中体现了各种政治力量对比关系，是广大人民意志的集中反映。因此，一般法律的制定都必须根据宪法的宗旨和精神，其他一切法律、法规都不得违背宪法的规定。学术界主张的宪政民主，就是以宪法为内核的民主政治，是对集体行动（公共事务）决策规则的选择。从本质上讲，宪政内容不外乎存在相互关联的两个方面，一是公共权力受到宪法以及法律的严格限制，二是公民权利得到法律的严格保障。①

宪法被誉为"法律的法律"，是税收法律制度之渊。宪法作为大多数人意志的反映，应当以不损害大多数人的利益为导向，以充分保护人民权利为中心，但我国宪法明确规定公民有依法纳税的义务，而政府的税收限制权并未在宪法中体现。这种税收宪政精神的缺失，不仅无法满足政府征税权限制理论上的正当性需求，也没有为纳税人权利保护提供强有力的宪法保障。依据政治契约原理，宪法也是公民与政府签订的契约，政府征税权的权力授予应该源于宪法，并受到宪法的约束，且应当从宪法的高度对政府征税权进行限制，从而限制政府征税权的肆意扩张。如前文所述，在公共产品供给中，政府是公共产品的垄断提供者，也是唯一的最大的卖方，民众（选民）因税收支付了公共产品对价而成为最大的买方。政府及其官僚基于追求预算最大化，他们有动机和便利扩大征税权②，极易以牺牲民众财产权利实现自我私利。既然如此，纳税人的私有财产保护也应当具有宪法的地位，并且赋予最高的法律效力。我国宪法规定国家公共财产和私有财产权神圣不可侵犯，国家依照法律规定保护公民的私有财产权和继承权。③ 国家是由无数个公民组成的，公民的财富也是国家财富的有机组成部分。国家和公民是血脉相连的一个整体，国家的财富和公民的私有财富也是血脉相连的。既然国家的财产是神圣不可侵犯的，那么作为国家财产的一部分的公民私有财产同样是神圣不可侵犯的。财产权是公民政治权利的重要组成部分，宪法具有保护纳税人利益不受侵犯之功能，并应当在各种税收立法中得到充分的体现，这关系到政府税收权力来源的合法性和正当性。这是税收的第一理论问题，也是税收宪法基础最基本的问题，还是政府征税的合理性和合法的权源。

---

① 贺卫方.税收奠定宪政基础[EB/OL].（2017-08-11）[2020-08-11]. http://heweifang, 2009.blog.163.com/blog/static/111846109，201242911580567/.

② 胥力伟.中国税收立法问题研究[D].北京：首都经济贸易大学，2012：27.

③ 《中华人民共和国宪法》第十三条规定：公民的合法的私有财产不受侵犯。国家依照法律规定保护公民的私有财产权和继承权。国家为了公共利益的需要，可以依照法律规定对公民的私有财产实行征收或者征用并给予补偿。

民众组建国家之初就是基于对生命财产等自然权利的保护，以缔结契约的方式让渡部分自然权利给一个大多数人"一致同意"的公共机构，并由它保障每个人国民的财产和安全。"这样，而且也只有这样，才会或才能创立世界上任何合法的政府"①，这就是国家产生的原因和存在的本质。因此，国家税收并非封建专制社会臣民上交的"皇粮国税"，其税收权力也并非上天赋予，而是基于大多数公民的合意的自我权利的部分让渡。易言之，公民纳税的目的是为自己的各项自然权利得到更好更强大的保护，纳税是出于自身需要。既然纳税人是在为自己纳税，那么纳税人有权在宪法规定程序和精神的法律之内承担缴纳税收的义务，拒绝缴纳宪法和法律规定之外的一切苛捐杂税，有权基于宪法原理关注和参与税收的全过程，而政府则必须依据诚实信用原则按照纳税人的要求提供公共产品和公共服务。② 这是政府诚信征税的宪法基础之一。

现代民主与法治社会中，私有财产权保护是立法者意志的"在先约束"，这种"在先约束"是对多数人意志所施加的一种预先的价值与条文的束缚。③ 换言之，在民众与国家的契约关系中，人民的意志就是多数人的意志，他们的意志就是立法者的意思表示，宪法首先应体现为对立法者的制衡，必定有一种先于国家主权意志而存在的约束。宪法意义上的财产权，是一种先于国家征税权的财产权。④ 承认公民财产私有是确立税收宪法的逻辑起点，因为税收意味着国家对公民私有财产的第一次剥夺和侵害，只有承认私有财产权在国家税收之先的观念和精神，才能建立制约"第一次剥夺"的"良法"。换言之，只有在法律层面上确认私有财产是神圣的在先保护，以税收获得的国家财政才可能是正当的和合法的。由此可证，公民的私有财产权，应当是一种先于国家税收权力的财产权。财产权在宪法中的明确表达彰显了国民税收财产权的法律地位的确认，也蕴含了我国宪法应当明确人民代表大会税收立法的专有权以及政府征税权的合法性与正当性，解决税收立法中长期存在的税收立法的"越位"和"越权"现象。

政府的税收诚信体现在宪法上就应该对政府进行这样的限制：国家和政

---

① ［英］洛克.政府论（下篇）[M].叶启芳，瞿菊农，译.北京：商务印书馆，1964：61.

② 刘容，刘为民.宪政视角下的税制改革研究[M].北京：法律出版社，2008：28.

③ ［美］史蒂芬·霍姆斯.先定约束与民主的悖论[M].北京：三联书店，1997：223.

④ 王怡.立宪政体中的税赋问题[J].法学研究，2004（5）：14-16.

府基于纳税人授权代为征集和使用税收，应当依据宪法和法律事先设定的范围、规模以及分配比例严格进行税收的征管与使用，民众才能对政府具有公信力。反之，如果政府的税收行为不受宪法这个反映民意的最高法律的约束，民众也就不愿意遵从政府想要的政治秩序和其他规定，政府亦同样得不到法律的保护。

二、税收诚信的宪法约束

（一）宪法中政府征税的民众合意

从私有财产到国有财产的转换只有两种方式，一是基于暴力和议会的直接占有，二是受到法律普遍约束的国家税赋。[①] 选择暴力占有的政府不得民意，政府与民众之间存在根本的对立和仇视，以暴力为基础建立的政府注定是难以长久维系的。法国启蒙思想家孟德斯鸠《论法的精神》中的表述如下："一条永恒的经验是，任何掌权者都倾向于滥用权力，他会一直如此行事，直到受到限制。"宪法应当是集中反映人民共同意志之法，假如宪法没有反映民众意志，而是体现统治阶级的个别或者小团体的意志，那么民众权利的保护就会排除在宪法的保护之外，纳税人的权利就极易被赤裸裸地剥夺。在宪法概念的民主制度背景下，判断一个国家的税制是否是"良性税制"的重要标准，主要看它是否能够做到不侵害以至维护纳税人的财产权，只有宪法民主的制度才能产生这样的良性税制。[②] 如果没有宪法民主，纳税人就无权也无任何机会与政府谈判，处于完全被动的地位，在立法与司法这两个环节无法与政府沟通 [③]，税收权力很难受到监督和制约，他们与政府之间的博弈就将发生在征税的过程之中。由于纳税人维护自身财产权益的主观价值取向恒久不变，他们总是尽其所能地少纳税或者不纳税，甚至不惜以贿赂税收机关或者隐瞒涉税事项和应纳税额等方式减少纳税，无视法律的存

① ［美］布伦南，布坎南.宪法经济学［M］.冯克利，秋风等，译.北京：中国社会科学出版社，2004：9.

② 李炜光.中国的财产权与税收的宪政精神［EB/OL］.（2017-09-17）[2020-05-07].http://blog.sina.com.cn/s/blog_6678b63a0101344w.html.

③ 李炜光.共容利益与赋税——《权力与繁荣》释读［EB/OL］.（2017-09-15）[2021-06-07]http://www.360doc.com/content/08/0715/13/56615_1432359.shtml.

在。综上所述，在缺少宪法制度的税收法律制度设计中，纳税人的税收遵从度低是无法抑制和避免的。政府在财政收入来源比较稳定的情况下，并不会应尽"税收努力"，甚至会对偷税漏税行为视而不见。

从宪法意义上承认民众的私有财产权，并对其进行绝对保护，是税收宪法保护的逻辑起点和先决条件，因为宪法具有这样的宪政精神：除非权利者本人同意，任何个人和组织都没有侵害民众私有财产权的特权。英国大宪章就规定了纳税者同意的在先约束原则，并且以议会作为代表，构成对政府征税权和用税权的约束和监督，这构成了征税权宪法约束的第一重逻辑和基础。从宪政或宪政主义的根本思想分析，宪法首先构成了对立法者意志的"在先约束"。正如洛克所指出的："政府没有充足的经费将无法支撑。谁得到国家的保护，谁就应当为其得的保护支付其财产的一定份额，但他们仍然必须获得来自大多数人民或其选出的代表们的支持。"关于政府征税权和私人财产权的位序问题，洛克在《政府论》中有这样的论述："最高权力，未经本人同意，不能取走任何人的财产的任何部分""如果任何人凭着自己的权势，主张有权向人民征课赋税而无须取得人民的那种同意，他就侵犯了有关财产权的基本规定，破坏了政府的目的。"这就是宪法承认私有权的政府征税权控制的先决条件，也是构成民众对政府信任的基础，更是政府诚信征税的必要条件。

对于纳税人而言，财产权属于自己的天赋权利，并有用完整且绝对的所有权，但仅凭单个人的力量无法确保自己生活得更好、更安全，就需要与政府达成"合意"订立契约，将原本属于自己的天赋权利全部或部分让渡出来形成公共权利，以组成更好保护个人权利的国家①，使纳税人以之获得国家的保护。从这个意义上讲，纳税人的纳税行为最终为了自己对安全、基础设施和社会秩序的需求。宪法确认了对纳税人财产保护权和政府征税权的限制，就能从根本上体现出宪法体现人民意志的根本大法的作用。

（二）财政宪法的征税权约束

人民主权是社会契约的结果，国家是契约的产物，那么国家的权力只能来源于人民的授权和认同。卢梭说过："政府只不过是主权者的执行人"②，税

---

① 胡叔宝.契约政府的契约规则 [M].北京：中国社会科学出版社，2004：1.

② ［法］卢梭.社会契约论 [M].何兆武，译.北京：商务印书馆 1980：76.

收契约的三个主体——公民、政治家、官僚针对公共事项作出重大决策，他们都会参与到公共决策之中。不可否认的是，他们都兼具"政治人"和"经济人"的属性，都以追求自身利益最大化为目标。公民力求从政府那里购买更多的自己无法从市场上购买到的公共产品，而政府和官僚为了追求权力最大化，也力求使公共选择的结果符合自身利益，这就会导致看似"民主"的结果反而背离公共产品的规模与结构，偏离社会的真实需要，致使政府预算规模不断膨胀、社会资源配置效率低下甚至出现无效率现象，这在实质上都会形成对私有财产的侵犯。布坎南认为：代议制民主对私有财产权的保护并不起决定性作用，而是"为财政（税收）立宪"。他认为，宪法应当是制约和规范政府行为和权力的一套规则，或是一套保护民众权力的社会制度。在宪法层面上构建具有宪政性质的财政和税收制度，是约束政府征税行为、确保政府诚信征税的"元规则"，以之遏制政府财政权力的膨胀与失控，提高公共财政运行效率。政府征税的决定权对政府诚信征税的约束涉及以下问题：我们再次提出核心问题，更一般地说，我们期望理性的纳税人——公民在确定自己将遵守的宪法时，会选择什么样的征税制度？诚信原则如果仅仅作为一个道德规范，无力对政府的权力进行约束和控制，那么政府仍有变成"利维坦怪兽"之可能。在法治建设方面，应当为政府征税权约束设置"宪法之索"，因为离开宪法的统领，财政便会走向暴政。

　　虽然民众是约束政府的强大力量，但选民数量庞大，集体参与成本过高且不易形成绝对统一的意见，单个选民对公共事项的影响又微乎其微，基于这种矛盾和尴尬，人们有效地创设了代议制，以期实现民主最大化，这也是民众防止公共权力走向专制和暴政的科学设计。不容忽视的是，政府凭借强有力的政治权力，掌握着所有暴力手段的组织和国家机器，它在捍卫自由和人民财产权的同时，也在侵蚀、破坏着自由和财产权，其最"中用"的工具就是征税。如此一来，保障公民的自由和财产权问题，首先应当考虑如何限制国征税权的问题，以何种规则对政府进行限权，是该问题的重中之重。宪法是政治活动中的最高行为准则，应当在宪法中对政府征税权限制予以明确的法律表达，因为法治化的前置约束才是限权的基本保证。布坎南也曾指出："相信多数主义能够产生公平的分配格局是一种天真的想法。如果没有一定的规则对多数主义的运行做出各种具体的限制，几乎所有的好处都会化为乌有。"不可否认，不受任何约束的代议制民主，很可能沦为多数人的专制、少数人的民主，从而背离人们当初设计这个制度时的期望结果。正如贡斯当所言："一个既不受约束，也无人能控制的议会，是一切权力中最为盲目的运作的权力，其后果是无法预见的。"政府权力过于集中易被滥用，人们希望用另外一种权力制衡这种过大的权力，以防止政府超越限度范围而肆意侵害民众权利，且这种限度必须植入宪法之中，才能构成强大的约束。

在代议制民主制度下，"纳税人同意"被看作是政府取得征税权的合法性和正当性的唯一来源，政府税收权应当置身于公民财产权之后，通过法律予以确认，无法律依据则无税。与此同时，全国人民代表大会作为国家最高权力机关，宪法应当赋予它对政府具体的征税行为和预算事项进行审查、批准以及修订的权力，并使之成为具有法律意义的强制性命令，由此实现政府税收预算和财政支出的"外部性控制"。因此，在税收宪法制约方面，应当对国家税权实行人大与政府分立、制衡的原则，避免有绝对的单向的税收权力存在，这就构成了宪政税收制度安排的第二重逻辑。政府征税的诚信约束在宪法中应当体现为赋予全国人民代表大会的同意、确认和变更的权利，并以诚信原则作为上述权利行使的总括性原则，同时强化问责机制，形成政府征税权的制衡。

第三节　税收诚信法治化目标

一、税收诚信法治化的制度变迁诱因

（一）征纳双方的非合作博弈的效率损失

在税收法律关系中，国家税收收入必须依赖公民的财产牺牲。无论是私有财产权还是国家财政权，其共同指向都是公民的个人财产利益，公民与国家所拥有的财产利益存在此消彼长的对立关系。纳税人与政府因为各自利益的减损和得失进行着零和博弈（zero-sum game）①的非合作博弈。基于个人利益最大化的行为选择，博弈双方都想尽一切办法以实现"损人利己"，零

---

① 零和博弈是一个经济学概念，又称零和游戏，与非零和博弈相对，是博弈论的一个概念，属非合作博弈。指参与博弈的各方，在严格竞争下，一方的收益必然意味着另一方的损失，博弈各方的收益和损失相加总和永远为"零"，双方不存在合作的可能。

和博弈的结果是双方利益的支付（payoff）转移，即一方的所得正是另一方的所失，但是整个社会的总体利益并不会因此而增加一分。除此之外，税收征纳博弈行为还会产生社会资源的无效耗费，进而产生"负和博弈"，该博弈已经不是此消彼长的"零和博弈"了，而是博弈各方损益相加总和小于零，损人不利己，造成两败俱伤的结果。纳税人和政府作为参与税收博弈的两方，都是一定意义上的自利的理性人，二者属于典型的零和博弈。因为一方的收益必然意味着另一方的损失，博弈双方的收益和损失相加总和永远为"零"。[①] 在通常情况下，双方不存在合作的可能，参与者不可能达成对双方同样具有约束力的协议。因为在这种博弈关系中，无论对方如何选择，自己选择不合作对自己来说都是最有利的结果。[②] 税收博弈既涉及纳税人的个人理性行为选择，又可能导致个人理性和集体理性的矛盾与冲突[③]，将直接减损税收法律制度的效率，影响社会的实质公平与正义。如果已知征纳双方为税收博弈的参与者（player），以及双方的策略行为（strategy behavior），和收益集合（payoff），就要求能在理论上找到一个衡平方法，使征纳双方都感觉是"最合理"且最优的具体策略。依据决定论中的"最值"准则，即博弈的每一方都假设对方的所有攻略的根本目的是使自己最大程度的失利，并据此最优化自己的对策，[④] 由此避免双方的对抗，达到非合作博弈中的效率损失最小。不容忽视的是，税收博弈的微观主体也许在一定程度上让自己受损程度最小，但全体纳税人在宏观上构成了一个整体性博弈方，其对方就是征税机关。这二者又无疑会产生非合作博弈，个人理性与集体理性的冲突必然发生，效率损失也必然存在。征纳双方的诚实信用是破解该冲突与对立的最优选择，如何能将诚实信用原则内涵于税收征管制度之中，是解决税收征纳双方的非合作博弈窘境的有效途径。

---

① 童之伟. 信访体制在中国宪法框架中的合理定位 [J]. 现代法学，2011（1）：8.

② 张维迎. 博弈与社会 [M]. 北京：北京大学出版社，2013：7.

③ 吴少龙，陈增帅. 信息不对称条件下的个体互动与制度设计 [J]. 陕西省行政学院. 陕西省经济管理干部学院学报，2005（4）：75.

④ 陈元刚，李雪，李万斌. 基本养老保险实现全国统筹的理论支撑与实践操作 [J]. 重庆社会科学，2012（7）：23.

（二）税收征纳非合作博弈效率提升的制度逻辑

纳税人无一例外都是理性经济人，且精于成本与收益计算，其税收遵从行为以预期效用最大化为目标。[①] 依据经济学的边际效用递减规律（the law of diminishing marginal utility），纳税人的纳税收益即效用亦存在边际收益递减趋势，其获得的公共产品的边际效用也是严格递减。纳税人又是风险厌恶者，一般不存在道德是非判断，自身利益最大化或损失最小化才是其根本价值取向。其效用函数以个人可支配收入作为唯一参数[②]，在纳税人可支配收入的预算约束下，由于纳税人与政府的"交易"是交换公共产品和公共服务，且公共产品具有非竞争性和非排他性的特点，并且纳税人也具有"搭便车"心理，因此传统经济学路径通过政府直接干预的方式会导致公共产品供给失灵。换言之，由于公共产品的特殊性，政府作为公共产品的提供主体，即使出现供给失灵，也不能用市场机制予以解决，政府仍然是公共产品的唯一供给主体，纳税人与政府之间的博弈更不会自动地由非合作博弈转为合作博弈，个人理性与集体理性的冲突与对立依然存在，这就为诚信原则嵌入税收征管法中提供了必要性。

一般情况下，个人对经济决策的评价依赖于参考点的选择，即个人经济决策仅仅在乎相对于参考点的损益水平，而不在乎损益的绝对水平。个人的预期效用不是由效用函数决定的，而是由价值函数和决策权重共同决定的。正如纳税人只会对减少社会福利有所抱怨，而不是指责政府对公共产品的过剩供给。易言之，如果一种制度安排不能满足个人理性，就不可能贯彻下去。一种制度安排要发生效力，应当是在给定的条件下使博弈双方都认为是最优的策略和最大的收益，且双方都无改变策略的意愿和动机，必须是一种纳什均衡。所以，解决个人理性与集体理性之间冲突的办法，不是否认个人理性，而是设计一种机制（或进行相应的制度安排），在满足个人理性的前提下达到集体理性。个人理性与集体理性的冲突是制度起源（或制度安排）的重要原因。

非合作博弈参与者追求效用最大化是其行为选择策略的关键所在，因此博弈双方对博弈对策行为中的收益问题倍加关注也是情理所致。纳税人与

[①] 同上.

[②] YITZHAKI S. Income tax evasion: a theoretical analysis[J]. Journal of Public Economics, 1974, 3(3):323-338.

征管机关之间属于非合作博弈，非合作博弈偏重于个体行为特征中的对策行为，而合作博弈着重研究集体行为特点。如何使各方在给定的约束条件下追求各自利益最大化，最后达到博弈均衡，就是税收制度设计的关键。反观税收法律关系，在确定税收征收额度和规模前，首先应当准确知晓纳税人公共产品需求偏好和数量，它可以避免政府在零和博弈中因为处于信息劣势地位为保证财政支出选择尽可能扩大征税规模。税收法律制度设计的落脚点应该是激励民众真实地表达公共物品需求信息。在用税环节，政府因知晓公共产品的成本与价格，属于信息优势方，那么制度设计就应该以激励政府进行公共物品信息公开为根本目标，其中包括公共物品的成本、财政资金的用途以及政府机构的经常性支出等信息。应以最大诚信的内部显性知识共享激励双方进行信息共享，降低信息不对称的效率损失，使税收博弈双方在内部"零和游戏"中获利的行为得到遏制。通过这种有效的制度安排，在内部零和博弈中不存在绝对的信息优势方，从而促使双方依据税收契约而进行合作，可以使他们博弈各方个人所得的绝对数额更多，满足非合作博弈行为选择与个人收益和效用最大化。

二、税收诚信原则法治化的制度发展走向

（一）税收诚信法治化制度效率与合作博弈

　　法律制度作为衡量社会行为的准则和评判标准，一方面应当内涵公平和正义之诉求，另一方面应当对人们的行为进行控制并对社会进行治理，此乃"法治"的基本内含。政府诚信征税以公平、守信和正义为核心追求，其法治化就应当在制度安排方面体现纳税人的法治价值，从而提高民众的税收遵从度和政府公信力。由于政府与纳税人的利益对立性，二者的博弈关系使政府诚信征税法治化的制度构建有别于一般的法制建设，应当使该制度达到"纳什均衡（Nash equilibrium）"。纳什均衡意味着博弈双方都认为就当前现状而言该制度已经是最优的制度安排了，都愿意遵从相关规定，并以此约束自我行为，二者会选择合作（cooperation）作为对策行为。反之，如果一个制度不是纳什均衡，至少有一部分人认为该制度不是最优，就会产生改变的动机和愿望，故而不会遵从，也有可能所有的人都选择不遵从，从而失去法律制度应有的约束力。纳什均衡原本没有价值判断的具体标准，制度的好坏

与优劣，以及制度实施的后果，均以规制者与被规制者是否愿意合作来进行评价。衡量制度好还是不好，更一般的标准就是合作。因为人类的所有进步以及每个人利益的改善都来自相互的合作。[①]

有共同利益的个人组成的集团通常总是试图增进那些共同利益，且利益主体在追求这种利益时是相互包容的，利益主体之间是"正和博弈（positive sum game）"[②]。换言之，正和博弈能使博弈双方的利益都有所增加，或者至少有一方的利益增加，而另一方的利益不受损害，因而整个社会的利益有所增加。正和博弈本身就是使各种独立要素达成某种均衡的制度机制[③]，基于自身利益保护的税收中的博弈征纳双方斗智斗勇互不妥协，会造成两败俱伤的"负和博弈"（negative sum game），形成"无效均衡"。正和博弈的一个必备条件就是博弈各方"在遵守游戏规则的情况下争取达到意志的结果为前提"[④]，并且通过制度设计为各自找到一个利益平衡点，增进妥协双方的利益以及整个社会的利益。由此看来，正和博弈并非博弈双方的一次行为选择就能达到，必须经过博弈各方的讨价还价，不断进行对策行为选择，最后才能达成共识、进行合作。反观税收法治构建，应当以征纳双方的博弈行为作为考量因素。

（二）正和博弈视角下的诚信税制解析

正和博弈能增进社会总收益，而且博弈双方是通过合作对规则进行遵从，合作博弈强调的是集体理性（collective rationality），而非个人理性。此外，正和博弈也以效率（efficiency）、公正（fairness）、公平（equality）为内涵价值追求。诚实信用原则要求人们从事社会活动时讲究诚实守信，在追求自身利益的同时不损害他人和集体的利益。合作博弈机制能使博弈双方都相互包容、合作，力图增进共同利益，且合作博弈能产生合作剩余，其效率的提升也就不言而喻了。合作博弈的精髓就是博弈双方均愿意合作，甚至选

---

① 张维迎.好的纳什均衡和坏的纳什均衡[EB/OL].（2018-01-05）[2020-08-17].http://www.360doc.com/content/17/0228/16/36203906_632726197.shtml.

② ［美］曼瑟尔·奥尔森.集体行动的逻辑[M].陈郁，郭宇峰，李崇新，译.上海：格致出版社，上海三联书店，上海人民出版社，2014：1-3.

③ 谢维雁.从宪法到宪政[M].济南：山东人民出版社，2004：238.

④ 中国社会科学院哲学研究所.哈贝马斯在华讲演集[M].北京：人民出版社，2002：85.

择一种妥协，以之实现条件约束下的利益最大或损失最小。无论合作还是妥协，博弈各方经过一系列的利益权衡和讨价还价，均能达成共识，彼此进行合作。因此，合作博弈机制能够使博弈双方或多方利益增加，或者至少一方利益增加而不减损其他各方利益，正和博弈真正实现了"鱼和熊掌"兼得的双赢结果。

如果想要实现合作的正和博弈，博弈各方需要制定并遵循事先制定的有约束力的一致约定作为合作的基础。这个约定会明确博弈各方达成合作时如何分配合作得到的收益。由是观之，合作博弈强调的是集体主义理性，博弈各方相互配合，并以公平、公正、互惠互利的原则分配利益。当博弈双方协调一致去寻找有利于共同盈利的战略，双方就会出现协同性均衡的双赢局面。① 相对于非合作博弈，合作博弈强调博弈各方之间的信息互通，从根本上解决了信息不对称的致命约束，而且它们之间还存在有约束力的可执行契约。

在税收征纳关系中，建立具有合作属性的正和博弈机制，是解决税收遵从度低和对政府不信任这一顽疾的良方。因为，正和博弈机制能使征纳双方由根本对立走向精诚合作，同时还克服了征纳信息不对称的被动和尴尬，降低了政府征税的交易成本。更为重要的是，建立正和博弈的税收征管机制，能增进征纳双方的利益，或者至少在不损害政府或纳税人一方利益的前提下，增加另一方的利益。因此，税收合作博弈的均衡制度设计，应当更注重征纳双方的共同价值取向和对政府诚信征税的要求，达成彼此意思表示一致的强制执行的契约，并以契约的诚信精神为出发点基本要求，彼此坦诚合作，互利共赢，从非合作博弈的非协调性均衡实现合作博弈的"有效均衡"。

第四节　税收诚信原则的法治化谦抑

税收是国家获得财政收入的主要来源，一般能达到80%以上，美国的税收收入占比甚至高达90%以上，在财政收入中占据绝对的主导地位。与此同时，税收也是国家进行社会财富和利益再分配的主要手段。政府课税权力具有天然的双重性。一方面，政府可以通过课税权的行使，为国家顺利履

---

① 方忠，张华荣.三层互动：中央政府与地方政府的正和博弈 [J].成都行政学院学报，2006，13（1）：22.

行社会治理职能提供物质基础和保障，协调国民收入分配，促进社会和谐与发展；另一方面，课税权的肆意扩张会无休止地加重纳税人的负担，侵蚀纳税人的权利和自由，给国民带来灾难性的后果。因此，应当运用"谦抑"的理念对政府征税权予以约束和抑制，正如财税法学者王惠所言："谦抑理念应用于税法领域，是指基于税法自身的特质而天然具备的，经由立法、行政与司法体现出来的税收国家及其对税权的收敛和对私权的敬畏。"① 对国家征税权的收敛和对私权的敬畏，也正是诚信税收的核心价值所在，二者具有高度的内涵一致性。税法的谦抑性主要体现在以下几方面：一是对税收"中性"和"非中性"的兼顾，既要保证税收不给纳税人增加额外负担，保障经济主体的经济自由和市场机制对资源配置的决定性作用，又要使当地运用税收调节社会财富分配，尽力做到税负公平。二是运用"最适课税理论"，划定政府征税禁区，充分保护纳税人的生存权、财产权和发展权，严格限制政府征税权，以防止权力滥用。三是以诚信原则构建和完善税收法治，节约税收制度的交易费用，降低税收征纳成本，提高税收遵从度和政府公信力。

一、税收中性与非中性兼顾的诚信征税

筹集财政资金是政府征税的最初目和主要职能。随着民主思想的萌芽和发展，税收中性思想开始进入人们的视野，该理论最早来源于英国古典经济学派的税收理论。古典经济学奠基者亚当·斯密主张"经济自由"，他认为国家应当把税收职能限制在满足国家公共经费需要的范围内。② 经济学家大卫·李嘉图的税收中性理论则认为赋税对于社会再生产存在着不利影响，他反对税收对市场机制造成干预。19 世纪末，新古典经济学派代表马歇尔以"均衡价格理论"为研究视角，认为政府征税会在不同程度上影响资源的有效配置，会对纳税人产生税收超额负担和社会无谓损失，提出了税收应当使"额外负担最小化"的主张，即凡是影响价格均衡的税收都是"非中性"的，只有符合中性原则的税收才能保持均衡价格。③

依据经济学理论，在一般的市场机制下，供给与需求能自动倾向均衡，

---

① 王惠.试论税法谦抑性[J].税务研究，2011（2）：81.

② ［英］亚当·斯密.国民财富的性质和原因的研究（下卷）[M].郭大力，王亚南，译.北京：商务印书馆，1974：386.

③ 许建国，蒋晓惠.西方税收思想[M].北京：中国财政经济出版社，1996：69.

并出现均衡数量和均衡价格。税收中性理论认为，如果政府征税行为直接导致商品价格偏离均衡价格，就会出现"税收非中性"。税收中性强调税收对经济不发生额外的影响，不能超越市场机制影响资源配置，国民只是承受税收负担。税收中性原则首先确定了纳税人的正常税收负担，即以满足政府财政支出的需要为限作为"最优税制"的标准，政府征税应当提高征税效率，降低税收成本，竭力减少纳税人的额外负担。这与政府诚信征税的要求具有相当高的契合性，因为政府在征税过程中严格遵循"量出为入"的税收规模确定原则，并不会对经济主体的市场经济活动造成负面的干扰，这就充分体现了政府征税诚实守信、不侵害纳税人利益的目标要求。其次，税收中性原则思想提出了简化税制、慎重选择主体税种和税基、降低税率、降低税收成本的建议，对于税制繁杂、税负沉重、漏洞过多以及税收公平不足等问题的改善起到了积极的促进作用。① 该原则与政府诚信征税理念具有内涵一致性，因为诚信征税要求政府恪守税法规定、努力降低税负、力求税收公平。从总体上看，税收中性原则一方面强调政府征税不应过度征收，应以民众享用的公共产品和公共服务为限，充分保护纳税人的财产权，做到诚信征税。另一方面，政府征税应当提高税收征管效率，避免效率损失，一个理想的税收制度应是超额负担最小的制度安排。同时，该原则强调提高政府征税的经济效率、促进经济的高效和平稳发展，政府征税应当遵循市场经济规律和市场机制的内在要求，尽量保持市场配置资源的决定性作用，减少对经济个体行为的不正常干扰。

毋庸置疑，税收中性原则较好地保护了市场机制，遵循了经济运行规律。但是，市场经济运行过程中出现的垄断、外部性等市场失灵（market failure）问题为政府干预提供了可能性和必要性。从制度替代的角度看，政府对市场进行干预的实质是一种制度替代。② 此外，税收具有调控国家宏观经济的职能，通常与产业政策、货币政策以及财政政策配合，以矫正市场失灵。但是，税收作为政府管理国家经济的一种手段，很难避免对市场机制效率构成损害，这又有可能造成政府干预不当的"政府失灵（government failure）"，这种市场与政府的双失灵，对税收制度的设计与构建提出了更为严苛的要求。

---

① 孙婧麟.论税收中性的理论与实践[D].上海：复旦大学，2006：18.

② 同上.

不容忽视的是，政府为了履行公共经济管理职能，经常会征收"矫正性"税收对市场失灵进行校正，在不同的经济时期，政府会运用税收手段通过调节税收的"相机抉择"来"熨平"经济波动的周期，发挥税收自动稳定器的作用。① 从税收功能分析，所得税和财产税等直接税以调节收入分配之功能兼顾了社会公平，流通领域的增值税能有效避免重复征税问题，对企业的组织结构和流通环节的变化不产生干扰作用，即对资源配置保持中性特征。② 以商品生产流通和劳动服务的流转额为课税对象的间接税，如消费税、关税等间接税既不能体现税负公平原则，也不反映税收中性原则。但是，如果间接税的税制设计适当，政府就通过税收杠杆作用，既调控宏观经济，又促进税收经济效率的提高，增进全社会的总福利。由此可以看出，坚持税收中性原则对税收公平、税收诚信起着至关重要的作用。但税收中的"非中性"现象同样与提高资源配置效率、税收公平存在统一性和一致性。因此，政府诚信征税的税制设计应当兼顾"税收中性原则"与"非中性原则"，二者不可偏废，这也是一种应然的选择。

从市场经济与法律制度的内在关系而言，市场经济就是法治经济。法治与市场经济唇齿相依、相互促进。法治既可以成为市场经济宏观调控的重要手段，又可以从法律上确立市场主体地位，还可以形成市场经济公平竞争规则。法治有助于遏制恶性竞争，形成良性竞争局面，从而保证市场在资源配置中起决定性作用。③ 没有合适的法律和制度，市场就不会产生体现任何价值最大化意义上的效率。④ 税收中性的实现程度与税制要素的安排直接相关，不同税制设计的制度作用和效果是不同的。比如，所得税、财产税等税种就明显具有调节收入分配和宏观调控的导向性作用，其税收中性效果并不显著。而内含于整个生产和流通环节的增值税则具备典型的税收中性特征，该税种在很大程度上为纳税主体创造了一个公平竞争的环境，大大减少了税收对经济主体行为的扭曲，确保了市场机制对配置资源的决定性作用。从总体上看，体现政府税收效率与公平的税收制度应当是税收"中性"与"非中

---

① 樊茂勇，董旭操.税收在宏观经济调控中的作用新论 [J].税收与企业，2000（5）：5.

② 刘映春.税收中性原则与我国的税制改革 [J].法学杂志，2001（5）：33.

③ 张长龙.社会主义市场经济本质上是法治经济 [EB/OL].（2018-05-03）[2021-06-07]. http://www.cssn.cn/gd/gd_rwhn/gd_ktsb/qmyfzgjkjsshzyfzgj/201805/t20180523_4286401. shtml.

④ ［美］布坎南.自由市场和国家 [M].北京：北京经济学院出版社，1986：88.

性"的结合，因为不同税种的课税对象对社会公平和经济效率发挥着不同的作用，以资源配置为最优选择可能会以牺牲公平为代价，发挥以公平和效率均衡的次优效应，应当是科学税制的应有之义。在政府征税的制度设计中，合理兼顾税收中性和非中性，以提高政府征税的税收公平，以及征管效率和经济效率为评判标准，才能从本质上体现政府诚信征税的内在要求。

综上所述，由于增值税、消费税等间接税具有突出的保证财政收入的内在功能，且纳税主体与实际税负主体相分离，政府在征税前应当充分遵循诚实信用原则，实事求是地运用以前年度的各项经济指标和宏观经济走势进行预判和分析，科学设计间接税的课税对象、税率、税目等税收要素，并向纳税人披露，尽可能地使效率损失最小，确保税收中性。此外，由于间接税的财政收入保障功能，政府在用税环节应当以诚信为准则，建立政府用税的考核机制，降低税收制度的运行成本和交易成本。

二、最适课税理论的税收诚信法制形塑

《文子·七仁》中曾告诫统治者："先王之法……不涸泽而渔，不焚林而猎。"管子也说："予而后取，藏富于民；取之有度，用之有止。"涸泽而渔，焚林而猎，都是伤及税本、危害税本的短视和愚蠢的税收行为。[1] 对于政府而言，税本是形成国家财政收入的来源，税收征收应当以政府的合理支出为限，尤其是以民众对公共产品的需求作为最为重要的度量标准，尽可能涵养税源，促进经济发展，避免挫伤纳税人的积极性。税收是国家财政收入的主要手段，财政收入的足额收取是确保政府正常运行的根本保证。税收收入稳定包括两层意义：一是财政收入的足额问题；二是财政收入的稳定问题。税收一方面要为政府的日常运行所发生的经常性支出筹集足额的资金，另一方面要为政府履行公共职能提供财力需要，即为社会提供公共产品和公共服务。国家税收行为应当秉承和坚持税收正义，课税权的行使应当以保护纳税人财产权、生存权和发展权为根本，使之被限定在一个合适的范围之内，并以提供符合民众需求的公共产品将税收用之于民，彰显政府征税和用税的对等性、返还性和诚实信用。

最适课税理论是最优税制设计使用最为广泛的理论，它强调税收资源配置的效率性以及税收调节收入分配的公平性。最适课税理论认为，政府在利

---

① 梁发芾.税制改革要有"课税禁区"思维 [N].中国经营报，2017-01-16（E03）.

用税收工具能够筹集到既定的税收规模前提下，税制优化设计应当实现两个目标：一是税制设计符合效率原则，尽可能产生最小的超额负担，二是要兼顾税收公平原则①，秉持税收实质正义。由此可见，最适课税理论适用于税收制度之中，不仅能有效地刺激经济，提高资源配置效率和生产效率，谋求和提升民众共同利益，而且能对社会财富分配不均进行调整，实现税收的实质公平目标。税收与经济密不可分，优良税制能提高生产效率，其中科学合适的税率是最适课税理论的核心要素。作为供应学派的代表人物之一——美国著名经济学教授阿瑟·拉弗（Arthur B Laffer）为了说服美国当局实施减税政策，形象地描绘了税收与税率的关系，曾经在餐巾纸上即兴设计了一条曲线，即著名的拉弗曲线（Laffer Curve）。② 拉弗曲线表明：高税率并不一定会带来高额的税收收入，一个国家的整体税率与税收收入以及经济增长三者之间并不总是存在正相关的函数变化关系。换言之，国家税收收入在一定范围之内会随着税率的增高而增加，但是当税率高过一定临界点之后，税收收入总额不仅不增反而还降。其主要原因是过高的税率会伤及税本，加重经济主体的经济活动成本，当税率进入禁区后，资本增值成了无源之水、无本之木，此时的税率与税收收入呈反比关系。由此看来，低税率、宽税基才是优良税制设计的根本出路。拉弗曲线注重征税效率，主张消除扭曲性税收，"课税禁区"内的税率是不宜采用的税率，也是政府征税不可逾越的"戒律"。事实上，在一定时期内，高效率可能会给政府带来足够多的财政收入，但不可避免地会给纳税人的生存权利带来严重威胁，政府征税背离了诚信原则的基本要求，民众选择税收不遵从也在情理之中。拉弗曲线为我们界定了最适税率区间，"课税禁区"要求税制设计应当确立两个重要的法律原则。

　　首先，课税不能伤及"税本"，应当以保障民众的生存权为基础。保护

---

① 田凤阁.最适课税理论与我国税制改革研究 [D].开封：河南大学，2005：7.

② 美国在 20 世纪 70 年代经济陷入了"滞胀"困境、在一次宴会上，拉弗教授为了说服当时福特总统的白宫助理切尼，使其明白只有通过减税才能让美国摆脱"滞胀"的困境，即兴在餐桌上画了一条抛物线，以此描绘高税率的弊端。后来，"拉弗曲线"理论得到了美国前总统罗纳德·里根的支持。在 1980 年的总统竞选中，里根将拉弗所提出的"拉弗曲线"理论作为"里根经济复兴计划"的重要理论之一，并以此提出一套以减少税收，减少政府开支为主要内容的经济纲领。里根执政后，其减税的幅度在美国的历史上实为罕见，经济增长也出现当时少有的景气，可以说"拉弗曲线"理论立下了汗马功劳。

纳税人赖以形成税收收入的经济基础，保障纳税人私有财产的增值来源，这也是政府诚信征税的逻辑起点。亚当·斯密曾主张："应当向不妨害资本的原始积累的那些源泉课征赋税才对""如果税收来自资本，那么人民原本决定用在生产性消费上的基金将会因此受到损失"。德国财政学家斯坦因也强调"赋税不可侵犯所得形成资本的能力"。因为政府税收收入是基于"税本"而形成的各种收益，保证纳税人财产权不受侵害，而且能够使纳税人有尊严地发展，是税收保护人格权和发展权的具体体现。与此同时，政府征税也不能绞杀人民投入经营和生产的经济动机。[①] 不言而喻，"税本"与税源之间存在因果关系，课税只能针对税源而不是税本，政府课税针对"税本"，无异于饮鸩止渴、杀鸡取卵，不仅会导致税本萎缩，还会致使税源枯竭、税收缺乏。霍布斯认为：由于政府提供的利益并非十分公平地落在每一公民身上，即一些人受益多，一些人受益少，因而他们纳税应是有区别的。对于如何衡量纳税人受益与其承担税收的比例，霍布斯提出以下两个标准：一是纳税人拥有的财产数量；二是纳税人消费的数额。这充分体现了税收的横向与纵向公平。

其次，国家课税权力应当与公民基本权利保护保持动态平衡。国家征税权应当以侵入公民的基本权利和核心权利为界而受到限制，且不能越雷池一步。正如熊彼特所言：国家取之于民者，势必不能过度，否则将降低人民生产的诱因及工作的意愿，国家多征一分税，社会生产力便减少一分。[②] 税收禁区为政府征税划定了课税的边界与范围，充分彰显了国家税权的有限性。反之，一旦课税的禁区遭到蹂躏，即表示纳税人的人性尊严受到践踏，而此已非单纯的租税国家界限的问题所能涵盖。[③] 循此逻辑，税收禁区之外的区域具有"可税性"[④]。征税客体不仅要具备经济上的可税性，还应当考察其是否符合公平正义的法律精神。[⑤] 毋庸置疑，"可税性"的区域应当为最适课税区间，二者在法律价值上具有高度一致性和趋同性，因为最适课税也是以资源配置的效率性和收入分配的公平性为准则。理想的最优课税是指在信息

---

① 黄士洲.课税禁区与纳税人权利保障[J].月旦财经法杂志，2010（23）：77.

② SCHMIDT K H . Schumpeter and the Crisis of the Tax State[J]. Springer US, 2006（23）：337-351.

③ 蓝元骏.熊彼特租税国思想与现代宪政国家[M].台北：台湾大学，2005：94-95.

④ 王世涛.财政宪法学研究[M].北京：法律出版社，2012：130.

⑤ 张守文.财税法疏议[M].北京：北京大学出版社，2005：139.

不对称的情况下，政府征税应当为纳税人的经济自由提供保障，既满足效率要求，又能符合公平原则；既不侵蚀税本，对纳税人私有财产权绝对保护，又能提高公众福祉。这就弥补了政府征税因强制性而导致的平等自由的缺失，符合社会普遍倡导的公平、人权保护和正义的诚信原则。

依据社会契约思想，国家凭借税收契约获得了征税权，民众通过对征税权的限制为核心对国家税权加以控制和约束，具体表现为国家课税的范围以及课税比例等事项均由法律予以确认。同样地，国家税权不得侵入哪些领域亦属于法律规定的事项，"课税禁区"可以概括为法律所禁止的国家课税权力或课税行为所不能侵入的领域。[①] 国家征税权的行使不可避免地会对人民的自由和财产权利造成干预和侵入，为了确保纳税人的生存权、自由权、发展权以及财产权得到最为充分的保护，彰显公平、平等和自由的法律价值，税收制度设计应当遵循社会契约的平等、自由和诚信等内在要求和价值取向，避开税收禁区，运用最适课税原理，实现税法的实质公平和正义。

三、交易费用节约的税收诚信法治约束

一个契约是否是完全契约取决于当事人的类型。当不知情方了解对方类型的分布，或知情方不能令人信服地披露他的类型时，契约将肯定是不完善的。[②] 依据不完全契约理论（incomplete contract theory），人们的有限理性、信息不对称及履约过程中的情事变更，使签约时明晰缔约双方所有的权利与义务成本过高，拟定完备契约存在事实上的不可能，因此不完全契约是必然发生且不可避免的。不完全契约会导致交易费用的增加，主要体现在以下三方面的成本：一是预见成本。缔约当事人的有限理性决定了缔约方不可能预见到所有的或然状态。二是缔约成本。由于语言文字的局限性，缔约当事人以毫无歧义的语言写入契约亦很难实现。三是救济环节的救济成本。即使缔约各方在履约过程中有诸多可视的证据和信息，但在司法救济时的证据证明可能会增加很多成本。[③] 而且履约期限越长，明确对方该做什么越不可能。[④]

---

① 王婷婷. 课税禁区法律问题研究 [D]. 重庆：西南政法大学，2014：44.

② ［美］科斯，哈特，斯蒂格利茨. 契约经济学 [M]. 北京：经济科学出版社，2003：103.

③ TIROL J. Incomplete Contracts:Where do We Stand [J]. Economica, 1994（4）：741-781.

④ COASE R H. The Nature of the Firm[J]. Economica, 1937, 4（16）：386-405.

此外，由于成文法的局限性，法律不可能对存在于社会生活中的一切事项、行为方式和种类以及行为后果都予以明确规定，成文法的不周延性、模糊性、滞后性等增加了交易费用。

公权力的监管不力之中无不有着政府税收利益最大化的阴影，纳税人与征税机关之间的利益对立很难调和，并一直存在着利益平衡之较量，税收契约的矛盾与冲突时时充满不确定性，交易费用在谈判、履约等环节基于不完全契约的本质影响都会不断发生。诚实信用原则作为公正估量当事人利益，以谋求利益调和的基本原则①，若将其从道德领域上升为税法基本原则，法律的强制性作用能够将道德原则上升为法律义务，无疑可以对征纳双方起到强制约束的作用，增强二者互信和利益保护与衡平。

此外，不完全契约会带来模糊性、抽象性和不确定性。诚实信用原则体现了立法者的意志，能赋予法官自由裁量权，意味着承认司法活动的创造性和主观能动性②，并对契约中未尽事宜进行补充和修正，避免当事人因为利用这些漏洞而牺牲他方利益来攫取自己的利益，实现社会利益的公平分配和税法实体义，缓和紧张的税收征纳关系，从根本上降低税收契约的交易费用。

---

① 史尚宽.债法总论[M].北京：中国政法大学出版社，2000：331.
② 徐国栋.民法基本原则解释：成文法局限性之克服[M].北京：中国政法大学出版社，2001：80.

第五章 税收诚信原则法治化的制度创新

第一节 税收诚信原则法治化的道德调节

科斯认为，"如果离开对交易赖以发生的制度背景来讨论交换过程，这没有多大意义，因为制度背景影响生产和交易成本。……这就仿佛研究没有躯体的血液循环一样。"[1] 富勒则认为道德有两种存在形式：一种是愿望的道德（morality of aspiration），该种道德只对社会成员的行为提出一种希望，需要社会成员付出一定的努力才能达到其要求；另一种是义务的道德（morality of duty），该种道德表现为一种有序的社会所不可或缺的一些基本原则[2]，并具有强制履行的特点。诚信不仅是处己的立身之道，也能为社会营造一种相互信任、和谐稳定的氛围，还是维持社会诚信存在这一道德义务的基础。[3] 诚实信用作为一种古老的道德标准，是社会成员进行自我修养和人格追求的行为准则，是对任何人互惠合作的一种普遍性要求，体现着伦理上的普遍意义[4]，也是交易双方的基本道德约束和道德规范，具有行为自律的作用。如果将诚实信用原则以法律原则的形式存在于法律条文之中，将道德规范和法律规范融为一体，则该原则就兼具法律调节和道德调节的功

---

① COASE R H . The Institutional Structure of Production[J]. Nobel Prize in Economics documents, 1991, 82(4):713-719.

② 阎尔宝.行政法诚实信用原则研究 [M].人民出版社，2008：4.

③ ［古罗马］西塞罗.论老年论友谊论责任 [M].徐奕春，译.北京：商务印书馆，1998：96.

④ 同上②.

能。① 如果将诚实信用原则这一道德义务嵌入法律规范之中，就能充分体现法律是符合人民意志的"良法"，成为国家立法是否符合平等、公平、正义这一价值评价的一个标尺。

一、税收诚信法治化的原则规定

一切世俗的法律秩序都必须接受理性所设置的规则的评价，充当法律秩序基石便是其价值评判与取向。一个具有实质性的法律规范制度的目的就是保证和加强对道德规则的遵守，而这些道德规则乃是一个社会的健全所必不可少的。② 诚实信用内含于税收法律制度之中，其原则性决定了诚信征税法治化的方向和指针，对于税收立法具有普世价值。诚实信用原则的平等、自由、意思自治以及实质正义的精神内核，将该原则强制介入税收法治之中，弥补了我国税法过分强调"税收强制性与义务性"的缺陷，改善了征纳双方长期对立的局面，提高了税收遵从度和政府公信力。具言之，政府征税诚信原则的强制介入，彰显了对纳税人的权利保护和对政府征税权的限制。诚实信用原则适用于税收征管法，其具体价值原则应当体现在如下几个方面。

（一）以纳税人为中心原则

身为主权者的国民、纳税者应对财政（税的征收和使用）进行民主性统治。③ 现代租税国家强调以维护纳税人、国民的福利为核心，财政民主应当建立在人民主权基础之上。以纳税人供奉的国家应当以之为中心，敬畏纳税人、尊敬纳税人，以纳税人为本，以纳税人的意志从事税收行为。该原则实际上是现代"主权在民"社会治理思想在税收治理领域的具体体现。如果没有人本原则的导引，就不可能有征纳根本关系的和谐，也就不可能从根本上奠定一个社会税收治理的基础。国家征税既要有利于国家实现基本的职能，又要不伤害纳税人的利益。如果否认以人为本原则，就可能从根本上摧毁征纳关系的基础。国家在政府、纳税人、社会公共利益出现根本对立和冲

---

① 梁慧星 . 诚实信用原则与漏洞补充 [J]. 法学研究 [M].1994（2）22.

② ［美］博登海默 . 法理学——法哲学及其方法 [M]. 邓正来，姬敬武，译 . 北京：华夏出版社，1987：368.

③ ［日］北野弘久 . 税法学原论（第 4 版）[M]. 陈刚等，译 . 北京：中国检察出版社，2001：53.

突的时候，应当遵循"最大多数人的最大利益"原则，将民众利益置于核心地位，并以多数人的共同利益为关注点和着力点。其次，充分保护征纳税人的基本生存权，纳税人生存和发展所需要的基本财产应当免于征税，充分保护纳税人的生存权、发展权和人格权。此外，税收征管法应当以诚信原则为基础，树立"以人为本"的征税观和用税观，使以诚信为本的税收法治凸显"税为民聚、税为民用"的实质正义税收理念，规范和约束政府征税权力，从根本上提高纳税人对政府征税的认同度，构建和谐的征纳关系，建立民主法治、平等文明的税收文化，扭转长期以来的"主仆颠倒、权威征管"的行政管理型思维定式，建立为纳税人服务的理念，以极大诚信化解纳税人的对立和抗拒。

（二）自由民主原则

从社会契约的角度而言，国家权力来源于公众通过契约的让渡与委托，即国家权力来源于人民。[①] 那么政府征税权的获得应该且必须通过民主机制，并且是绝大多数人的意思表示。只有通过这个渠道获得的税收权力，才是合法有效的税收权力。税收权力是指仅为管理者所拥有且被社会承认的迫使被管理者——征纳税人服从的强制力量。英国大宪章开启了现代代议制民主的先河，现代民主的实践直接是议会对国王征税权的限制，具有现代意义的代议制民主发端于税收民主，并且是近现代民主的直接推动力。政府征税直接"侵犯"和"剥夺"了公民的私有财产，公民的私有财产是天赋的自然权利，神圣不可侵犯，用最严格的民主手段保护私有财产权是民主自由的根本。另一方面，税收作为获得国家财政收入和调节收入分配的重要手段，是国家和政府存续发展以及治理不可或缺的组成部分，私有财产权的绝对保护与国家基于政治契约的"强制侵犯"的冲突，决定了政府存续和权力边界均衡的重要性。税收财产的本源是民众的私人财产，政府也是民众意愿一致的结果，这决定了税收民主是最为基础和重要的民主。政府征税权的获得以及税收财产的适用，都需要通过民众的自由意思表示和充分认同，这种民意的表达和体现，需要有一个民主机制给予实现，追求收入最大化的政府及其官员拥有强大的征税权力，政府征税权极易过度侵犯公民的私有财产权，如果不加以制约和控制，就会异化为一种毁灭性的权力。因此，税收自由民主原则主要

---

① 高军.纳税人基本权利研究 [M]. 北京：中国社会科学出版社，2011：185.

体现在对"税收同意"的表达机制上以及政府征税权的控制上。不言自明,税收自由民主原则利于政府诚信的树立,并且能从根本上提高纳税遵从度。在用税环节以自由民主原则赋予纳税人预算监督权,能提高政府公共产品的供给效率,并且最终实现税收征管的"善治"状态。

(三)法律确定原则

诚实信用如果仅仅作为一种道德规范对政府征税进行"自律",在公权力的强势面前和利益的诱惑面前,无诚信原则法治化的强制介入,很难制服政府这只"利维坦怪兽"。倡行"税德"的目的无疑在于保障和维护基本的税收秩序,保护和增进每个纳税人的利益。征税是对公民财产权的一种剥夺,从情理上说首先应当事先征得纳税人的同意,或者说只要没有经过选民哪怕是间接同意的征收,其合法性来源就不充分。① 比如,体现西方税收宪政民主的"无代表不纳税(no taxation without representation)",其意之一就在于税收法定。税收治理必须通过"税德"的法治化刚性化来实现,税收关乎社稷、关乎民生、关乎法治。在程序上,一切税收权利应当源于人大制定的法律,源出真实的民意。因为诚实信用原则只有法治化,才能拥有对重大社会效用涉税行为管理的可能性。如果没有法治,就不可能实现税收治理的终极效用和目的。事实上,税收法定主义首先是一种道德原则,其次才是一种法治原则。税收法定主义之所以作为税收治理的指导思想,道理就在于此。只有通过法治,才能对税收这种具有重大社会效用的行为进行有力有效的管理。

二、税收诚信原则法治化的"税德"制度刚性羁束

孟德斯鸠曾指出:"一切有权力的人都容易滥用权力,要防止滥用权力,就必须以权力制约权力。"② 换言之,就是以民众的权力制约政府的公权力。诚实信用原则法治化是国家的诚信,纳税人借助中立的司法可以对抗任何强权,诚信原则法治化以强制性手段控制政府征税权,为纳税人的权利保护构筑了坚实的屏障,这样可以增强国民对政府的信任,也是构建和谐征纳关系的灵魂和基石。法律是人民意志的集中体现,内含人民的根本利益和共同愿望,也是国家对人民的庄重承诺。税收法治就是政府行使征税权信守和履行

---

① 李炜光,张弘:"构建合理的税收逻辑[J].社会科学论坛,2012(1)94.
② [法]孟德斯鸠.论法的精神(上)[M].张雁深,译.北京:商务印书馆,1982:133.

自己的承诺，减少甚至杜绝政府征税行为中的暗箱操作和"人情税""过头税"现象，摒弃政府及其征税机关的主观、随意、片面等失信行为，建立阳光政府、有限政府；保障民众对政府财税行为的监督权，确保政府征税行为的有序进行，构建公开、公平、公正的政府诚信征税运行机制。

法律是伦理的一部分，需要以一定的伦理眼光评价法律的好坏。孔子云："人而无信，不知其可。"做人尚须以诚信立身，何况治国？诚信是维系社会秩序和和谐的基本纽带，法律作为一种行为规范，只有与全民信封的道德要求相一致，才能获得权威和遵从，理当体现和推进诚实信用这一道德评价标准。诚实信用是税收立法的根本出发点，征税诚信法治化的最大优点是使诚信这一普适性的道德规范固化于法律规范之中，增强税收法律制度实施的可预期性。从纳税人角度分析，纳税人按照税法之规定行使权利和履行义务，不仅是对政府诚信的敬畏和遵从，也是对诚信税收法治的"良法"认可。此外，诚信作为税收法治的一项基本原则，不仅适用于政府征税环节，还贯穿于税收纠纷的解决和纳税人权利受损之后的救济。征纳双方一旦发生纠纷和矛盾而不能以私力救济的方式解决时，诉诸法律程序乃为理性之举。但是，如果法律程序不能得到严格的遵守，执法和司法机关不能依法办案而出现不公正、不合法的结果，人们对法律的预期就会落空，对法律和国家的诚信就会产生怀疑、动摇甚至否定。[1]

诚信是衡量国家立法是否符合实质正义和实质公平的一个标尺，诚信守约、履行诺言又是诚实信用的集中体现。民主立法是公民集体意志的法律表达过程，也是国家及其政府愿意遵守法律的庄严承诺。诚信应当构成政府征税的刚性约束，诚信税制要求政府征税机关及其工作人员言而有信，以规范、高效的税收服务履行诚信义务，坚决抵制和克服弄虚作假、寅吃卯粮的税收行为，信守社会承诺，规范政府征税行为。国家赋予征税机关以强制税收的权力，既是税法实施的需要，也是对征税机关的信任。征税机关的根本使命就是维护税法的生命，并通过严格执法证明法律的效力和可信性。征税机关及其工作人员应当忠于法律，恪守法律，才能达到政府征税机关的至诚至信，不能因人因事而废法和失信，减损大众对法律的信任，甚至造成法律信任危机，致使政府公信力急剧下降，从而引发政权危机。

只有将诚信原则嵌入税收法律之中，才能以法律的强制性和"他律性"

---

[1]　谢鹏程. 法治是国家的诚信 [N]. 法制日报，2015-02-11（010）.

使税收诚信得到遵从，才有利于推行税收法治的进程。法治就是国家的诚信。法治应包含两重含义。已成立的法律获得普遍的服从，而大家所服从的法律又应该本身是制定得良好的法律。① 因此，要实现税收法律制度的良法善治，应当将诚实信用原则固化于法律之中，这样方能提升法律制度以及政府的公信力，提升民众的税收遵从度。

第二节　税收诚信原则法治化的法定表达

税收法律制度的形成源于税收契约，反映的是全体国民的集体意志，国家所获得的征税权并非天赋自然权利，而是纳税人基于公共需要因支付对价而让渡的权利。因此，政府征税权并非真正意义上的公权力，只是代为行使纳税人的权利。既然如此，发端于私法领域的诚实信用原则当然适用于税收法律制度。此外，诚实信用原则具有信赖利益保护、弥补不完全契约的疏漏和缺陷以及利益衡平等作用，该原则更扩展至谋求全体国民之间的利益平衡，以实现分配的正义。诸多学者极力主张诚实信用原则适用于公法领域，更将之推崇为一切法律关系的道德规律，以之为一切法律关系的共通条款。② 将诚实信用原则固化于法律之中，不仅确保了该原则的合法性，还增强了它的稳定性，这也是税收法定的本质要求。

一、税收诚信原则的宪法确立

税收契约意味着征纳双方权利和义务的生成和约定，而诚信原则就要求征纳双方做到善意、诚实、守信和利益均衡，这不仅是诚信税收法治对实质正义的价值追求，也是政府税收诚信的具体要求。政府征税应当遵循诚实信用原则，建立一道值得征纳双方信赖的正义屏障，使税收诚信成为国家诚信的坚实堡垒。政府诚信征税应当秉承法治方向，固执税收正义，以保护纳税人权利和维护社会利益为中心。

宪法作为国家的根本大法，是民众意志的集中反映，也是以保护人民的权利和政府权力制约为主要原则，并且具有稳定性和统率性，是国家法制的

---

① [古希腊] 亚里士多德.政治学 [M].吴寿彭，译.北京：商务印书馆，1956：199.

② 李刚.税法与私法关系总论——兼论中国现代税法学基本理论 [M].北京：法律出版社，2014：264.

基础和核心。政府诚信征税亦是以保护纳税人私有财产和限制政府征税权为中心，这与宪法的性质有着高度的统一性，为政府征税的诚信原则在宪法中的确认提供了天然的契合。宪法是税收法律之源泉，税收法治中的诚信原则，反映了人民的共同意志，纳税人希望财产利益不受侵犯，追求自由、正义、平等的价值观，这些价值和法益应当在宪法中有原则性的规定，并在宪法之下的税收法律中得到充分和准确的体现。但是，宪法是最高位阶的母法，在法律体系中居于核心和统率地位，具有高度概括性。由于宪法所调整的社会关系广泛，它对其所规定的内容往往采用概括的方式，并不会也没必要作出具体而详尽的规定。因此，诚实信用作为原则性和总括性的规定具有实现的可能性，并能成为税收相关法律的立法宗旨。

宪法是民众与国家的契约，缔约双方都应当遵循人类所共有的最基本的道德原则和伦理观念。理性主义的宪法价值具有保障人民的权利和自由的实质内核，以及民主与平等观念和契约文化的有机统一。诚信原则是一种普适性的行为准则，应当赋予诚信原则支配性的法律地位。宪法是普通法律的制定依据，任何普通法律和法规都不得与宪法相抵触，更遑论与其原则和精神相违背。与此同时，宪法是治理国家的总章程，也是一切国家机关和全体公民应当遵循的最高行为准则。如果税收诚信原则在宪法中加以确认，将其上升为人民的最高意志，并成为税收法治制定中应当遵循的一个近乎永久性的原则，就能在很大程度上推进政府诚信征税。

二、税收诚信原则之"良法"诚信表达

"良法"是当今科学执政、民主执政、依法执政的基本保证，也是实现党、国家、社会各项事务治理制度化、规范化、程序化的基础。亚里士多德认为，良法应当符合以下标准：第一，良法必须体现人民意志，保护人民的自然权利，而不是维护某一阶级（或个人）的利益；第二，良法应该体现人们所珍爱的道德价值，如果法律与此相背离就无法讨论善治[①]；第三，良法符合客观规律、合规律性。法律必须契合调整对象的实际，并加以科学表达。良法不仅可以"护航"，而且可以"导航"，可引领和指导人们的行为和价值取向。

社会契约论认为，国家的产生就是为了保障国民的权利。从税法角度来

---

① 李桂林.论良法的标准[J].法学评论，2000（2）13.

看，人们联合成为国家和置身于政府之下的重大和主要目的，是保护他们的财产。① 税法的作用和重要目标就是保证国民的财产权，运用诚实信用原则对政府征税权进行约束，体现了人民权利保护本位，契合了纳税人的集体意志和税收契约的精神实质。此外，政府通过税收法律制度分配了征纳双方的权利和义务，并对纳税人作出了构成信赖利益保护的正式意思表示，也体现了纳税人对政府的诚信期望和要求。如果诚实信用原则仅仅停留于道德规范，则只是为征税机关的道德自觉提供了可能，要想真正实现政府诚信征税约束和行为表现，还应当将其上升为法律规范。法律的功能本身就是将一些道德的内容法律化，使其具有强制力。② 再者，在现实生活中，财税法不仅具有收入分配的调节功能，还具有经济宏观调控之功效，经济形势的瞬息万变和周期波动，无疑会出现税收法定主义所倡导的法的合法性与稳定性，二者的冲突时有发生。但因诚实信用原则具有不可替代的衡平作用，要求征纳双方共同遵守诚信义务，并以社会利益和提高人民福祉为目标，平衡税收契约双方和社会利益。税法上的所谓信赖，主要是指纳税人对税务当局的信赖，而非税务当局对纳税人的信赖。③ 诚实信用原则的本质就是作为自然法的化身对实在法起监督作用。④ 该原则要求政府征税机关根据税收法律制度的要求履行义务，如果征税机关由于自身疏漏或者错误做出有损纳税人权益的行为，理应受到处分和责罚，充分体现税法的监督和保护纳税人的信赖利益这一立法目标。诚实信用原则的法律调节和道德调节具有共同的目的性，将诚实信用原则上升为法律调节，不仅是自然法的传承和维护，而且能对税收实体法起到更好的补充和修正，提升其公平正义的法律价值。因此，诚实信用原则有助于税法的日趋完善和利益衡平，应成为征纳双方乐于遵从的"良法"。

三、税收诚信的纳税人同意权保留

肇始于英国的税收法定主义以"无代表则无税"的理念深得纳税人和民众的支持与推崇，国王征税应当获得人民的同意，且必须服从法律之规定，这体现了对国王课税权的限制。1689 年英国国会制定的《权利法案》规定：

① ［英］洛克.政府论（下篇）[M].叶启芳，瞿菊农，译.北京：商务印书馆，1964：77.

② 陈玉梅，贺银花.契约法诚实信用原则研究 [M].北京：中国社会科学出版社，2012.6.

③ 刘剑文，熊伟.税法基础理论 [M].北京：北京大学出版社，2004：169.

④ 史尚宽.债法总论 [M].北京：荣泰印书馆，1978：320.

"凡未经国会准许，借口国王特权，为国王而征收，或供国王使用而征收金钱，超出国会准许之时限或方式者，皆为非法。"① 这才正式确立了近代意义上的税收法定主义。税收法定主义一方面承认了政府的征税权，但也言之凿凿地表明了纳税人的课税立法权，政府征税应当征得民众同意，并且严格限制政府对征税权的滥用。作为规制和约束政府征税行为的税收法定主义，在内容方面具体包含两层基本意思：一方面，纳税人通过法律明示同意政府征税的意思表示，并且形成了法律层面的强制性义务；另一方面，征税机关的征税权、用税权的行使应当遵循纳税人的真实意愿，通过税收法律形成政府征税机关的强制性义务。税收法定原则源自民主原则与法安定性的要求，是民主与法治等现代宪法原则在税法上的体现，对保障人权、维护国家利益和社会公共利益至关重要。② 此外，税收不仅关乎国家与民众之间的财产分配，还关涉经济宏观调控的民众共同利益提升。可以说，政府税收行为与国民利益休戚相关，税收法治的稳定性与可预期性应当为税收法定之宗旨。税收法定既要表现为宪法意义上的原则性规定，又要体现为税收内容上的法定。关于内容上的税收法定，学术界争论较多，莫衷一是。有学者认为税收法定的"法"是国家最高权力机关制定的法；也有人认为税收法定之"法"应当包括国家权力机关议会制定的法律和授权制定的法规；还有观点认为税收法定之"法"不仅包含前两方面的内容，还应当包括符合宪法的地方性税收法规。③ 财税法专家张守文教授认为：税收法定在内容上应当包含实体和程序两方面的法定，即课税要素法定原则、课税要素明确原则和程序合法原则。④ 税收法定主义之"法"是国家和人民之间所缔结契约的条款之一，是地位平等的双方自愿协商的结果，政府征税行为应当表现出对人民的权利和自由的尊重。⑤ 实际上，税收法定主义在"法"的表现应当是"形""神"兼具的"护权"之法、"限权"之法，是能保护纳税人权利之法、限制政府征税权之法。因此，税收法定中的纳税人"同意权保留"应当为税收立法之核心，因为这样的立法思想可以淡化传统税收立法理论中的税收强制性和无偿性征，更易为纳税人接受。更重要的是，纳税人的"同意权保留"彰显了

---

① 刘光华.税收与宪政精神 [J].农村经济与科技，2007（12）：19.

② 同上.

③ 安晶秋.论税收法定主义——以税收立法分析为视角 [D].长春：吉林大学，2007：15.

④ 张守文.论税收法定主义 [J].法学研究，1997（1）59.

⑤ 刘剑文.财税法专题研究（第二版）[M].北京：北京大学出版社，2007：152.

政府征税的诚实信用，强调了政府征税必须"依法"且仅"依法"而为。"有税必须有法""未经立法不得征税"应当是政府征税诚实信用原则的准则。本质上讲，税收法定是以人民的"同意"为核心，以人民财产权保障为宗旨的法治主义，演绎出的"依法治权""依法限权"的税收权利义务分配约束。税收法定主义以对征税权力的限制为内核，担负着维护人民的财产权利和人身权利的重任。税收契约通过宪法和法律转化为强制性义务，如果国民违背法律所规定的纳税义务，可以依据诚实信用原则被要求承担违约责任；同样地，如果政府在征税和用税环节损害了纳税人的信赖利益，也应当基于相关法律规定予以处罚和追责。

首先，税收在形式上表现为将纳税人享有的财产权部分"无偿"地转让给国家和政府。以人民同意为政府征税前提，实属天经地义，否则就构成了对人民财产权利的非法剥夺。其次，政府凭借公权力获得税收财产，且垄断性地成为公共产品和公共服务的最大卖方，如果仅依其自立之法规来约束和规范其征税行为，无疑会导致其征税权利（力）的恣意扩大。保护民众的财产权，应当以约束政府的征税权为重要途径。对政府行为的控制，至少在最初的时候，主要通过对税收的控制（control of revenue）来实现。① 既然如此，税法在根本上反映的是纳税人的意志，税收立法的纳税人同意权保留是纳税人财产权保护的必要手段。进言之，税收法律制度的立法过程中应当建立民众表达意思的途径和机制，并且征得纳税人的同意，这也是税收诚信征税法治化的具体体现和法制表达。

四、税收诚信法治化的授权立法控制

"立法权是由特定的国家机关行使的，在国家权力体系中占据特殊地位的，用来制定、认可和变动法的综合性权力体系。"② 立法权是国家主权的象征，有狭义和广义之分，前者是国家最高权力机关按照既定程序制定、认可、解释、修改、补充和废止法律的权力；后者的立法权还应包括在最高权力机关授权下的部门规章、地方性法规和自治条例和单行条例等。

税收立法作为国家立法的重要组成部分，一般由国家立法机关完成或授

---

① ［英］弗里德里希·冯·哈耶克.法律、立法与自由[M].邓正来，译.北京：中国大百科全书出版社，2000：426.

② 周旺生.立法学[M].北京：法律出版社，2005：121.

权完成立法工作。税收法定主义作为指导和规范税收立法的基本准则，其核心内容是纳税人、征税对象、税率等课税要素以及税收征管制度的法定，《中华人民共和国立法法》也明确规定了税种、税率以及税收征管基本制度应当由最高权力机关以法律形式加以确定[①]，不能予以授权立法。税收授权立法是指拥有立法权的权力机关，依照宪法或宪法性文件的规定，将特定税收事项的立法权授予同级行政机关或下级权力机关行使的法律制度。[②] 税收法律是国家将国民财产强制归移于国家的合法性依据，关涉纳税人的基本权利保护和政府征税权滥用的防范，彰显政府税收诚信的本质要求，税收立法授权也应当在法律规定之内行使，而非恣意为之。

我国税收授权立法现象大量存在，以特别授权形式的正式税收授权立法就出现过两次[③]，其他地方性税收法规和税收优惠政策不计其数。在较长一段时期，我国税收授权立会是一种常态，其主要原因在于以下几个方面：第一，经济发展水平不均衡，居民收入差距较大，而且这种差距并非一成不变，会随着经济发展水平的变化而变化，税收法律制度需要依据实际情况加以均衡和调整。第二，各地区地方政府的"财权"与"事权"匹配差异较大，而地方政府的财权与税收制度、基础设施建设地区经济总量甚至企业盈利能力等诸多因素关联，这些因素都是变动不居的。第三，国家治理目标和政府

---

① 2015年3月通过的《中华人民共和国立法法》第八条第六款规定：第八条下列事项只能制定法律：（六）税种的设立，税率的确定和税收征收管理等税收基本制度。言下之意，税种与税率的确定权应当由最高权力机关全国人民代表大会及其常务委员会行使。

② 杨志强，李娜.税收授权立法问题探析[J].法学杂志，2013（11）：15.

③ 我国正式的税收授权立法的过程如下：第一次是1984年9月《关于授权国务院改革工商税制发布有关税收条例草案试行的决定》[M].并于1984年9月18日第六届全国人民代表大会常务委员会第七次会议通过。根据国务院的建议，决定授权国务院在实施国有企业利改税和改革工商税制的过程中，拟定有关税收条例，以草案形式发布试行，再根据试行的经验加以修订，提请全国人民代表大会常务委员会审议。国务院发布试行的以上税收条例草案，不适用于中外合资经营企业和外资企业。该项授权已于2009年6月由十一届全国人大常委会废止。第二次是1985年5月，第六届全国人大第三次会议作出了《关于授权国务院在经济体制改革和对外开放方面可以制定暂行的规定或者条例的决定》[M].授权国务院对于有关经济体制改革和对外开放方面的问题，必要时可以根据宪法，在同有关法律和全国人民代表大会及其常务委员会的有关决定的基本原则不相抵触的前提下，制定暂行的规定或者条例，颁布实施，并报全国人民代表大会常务委员会备案。经过实践检验，条件成熟时由全国人民代表大会或者全国人民代表大会常务委员会制定法律。

职能等也成为税收法律制度调整的重要原因。以上因素的变化引起了税收法律制度变化的强烈需求，全国人大及其常务委员会授权国务院和财税主管部门行政法规和部门规章，及时地弥补了财税法的立法缺陷，满足了经济和社会发展的法制需求。因此，税收授权立法是国家立法的重要组成部分，应当由国家立法机关完成或授权完成立法工作。依据《中华人民共和国立法法》的相关规定，税收授权立法应当具有主体的明确性、立法范围、事项等的确定性①，并且遵循授权立法所规定的立法原则。诚实信用原则是反映政府信用的基本原则，在税收授权立法中，最高权力机关全国人民代表大会也应当确立授权的基本原则，即税收的部门规章和地方性法规也应当体现政府征税的诚信原则。

在我国税收授权立法中，税权划分和合理分权是其核心内容。由于税收的调节收入分配、调控宏观经济等多项功能，税收立法的集中规定不多，而主要表现为税收立法权的分权问题。实践中，税收授权立法权包括横向分配和纵向分配两个方面。横向分配是指税权在相同级次、不同国家机关之间的分割和配置；纵向分配是指税权在不同级次的同类国家机关之间的分割和配置。无论是税收授权立法权的横向分配还是纵向分配，均应当恪守税收法定原则，加强税收法治的稳定性，充分保护纳税人的信赖利益。我国税收领域里的总括性法律就只有《中华人民共和国税收征收管理法》这一部法律，它是具有最高位阶和法律效力的税收法律，被誉为税收法律体系中的母法，由它对政府征税的共同性问题进行规范，并以之指导和协调各单行税法和法

---

① 《中华人民共和国立法法》第九条：本法第八条规定的事项尚未制定法律的，全国人民代表大会及其常务委员会有权作出决定，授权国务院可以根据实际需要，对其中的部分事项先制定行政法规，但是有关犯罪和刑罚、对公民政治权利的剥夺和限制人身自由的强制措施和处罚、司法制度等事项除外。第十条：授权决定应当明确授权的目的、事项、范围、期限以及被授权机关实施授权决定应当遵循的原则等。授权的期限不得超过五年，但是授权决定另有规定的除外。被授权机关应当在授权期限届满的六个月以前，向授权机关报告授权决定实施的情况，并提出是否需要制定有关法律的意见；需要继续授权的，可以提出相关意见，由全国人民代表大会及其常务委员会决定。第十一条：授权立法事项，经过实践检验，制定法律的条件成熟时，由全国人民代表大会及其常务委员会及时制定法律。法律制定后，相应立法事项的授权终止。第十二条：被授权机关应当严格按照授权决定行使被授予的权力。被授权机关不得将被授予的权力转授给其他机关。第十三条：全国人民代表大会及其常务委员会可以根据改革发展的需要，决定就行政管理等领域的特定事项授权在一定期限内在部分地方暂时调整或者暂时停止适用法律的部分规定。

规，在缺少税收基本原则统领和约束的情况下，极易使各单项税收法律法规以及部门规章之间出现矛盾，使诸多重大税收立法原则和宪法精神无法以法律形式加以规定，这将严重影响税收法定主义的落实，并且较大程度上减损税收法治效率，降低纳税人对税收法治和征税机关的公信力。

此外，税法的解释权是税收授权立法权的一个内容，本应当由国家立法机关行使该权力。但事实上，全国人大及其常务委员会、国务院、财政部、国家税务总局等机构和部门均有税法解释权，缺乏明确的规定和统一规范。在司法实践中，突出地表现在税务机关对税法的解释权过大，造成基层的自由裁量权过大，为政府的非诚信征税行为留下了滋生的温床，加剧了征纳双方的对立与矛盾，降低了税收遵从。

财政部、税务总局以及地方政府在获得授权立法之后，往往注重程序上的严谨，力求不出现程序违规这样的低级错误，整个立法程序看似较严密，但也忽视了一些关键性的问题：这些部门规章或地方财税法规及财税政策的出台多代表部门或者地方的治理目标或政治方向，甚至沦为领导集团的意志，并未实行严格而翔实的调研、考察，没有广泛地征求纳税人的意见。税收法规与经济学、会计学、管理学等诸多学科紧密相关，但税法起草的人员构成中，鲜有聘请具有专业知识的专家学者以及会计师、律师等，这会影响税收法规的严密性和科学性，降低税收法规的公信力。

对统治者的控制一直是通过对征税权的约束来实现的。[①] 税收授权立法首先要体现和彰显政府诚信的精神实质，即应当以保护纳税人权利和限制政府征税权为核心，切实贯彻税收诚信这一基本原则，并将诚信原则嵌入税收征管法之中，要求授权立法以之为宗旨，确保税收法定的形式正当性和实质正当性，克服税收授权立法中的缺陷和不足，增强税收法治的权威性、效率性和公信力。

五、税收诚信税权保护的制度映射

（一）税收立法、执法和司法的诚信规制

日本的北野弘久将税收法定主义发展划分为三个阶段：第一阶段为传统

① ［澳］布伦南，［美］布坎南.宪政经济学[M].冯克利，译.北京：中国社会科学出版社，2004：10.

的税收法定主义，即税收要件法定原则和税务合法性原则，税收各要素应当以法律形式加以规定，以之实现对纳税人权益保护而对征税权施加的一种苛刻约束；第二阶段是涵盖立法、行政、司法等税收全过程的税收法定；第三阶段则是基于纳税人基本权利的财政民主主义的更为广泛的意义上的税收法定主义。① 由是观之，税收法定的价值不仅仅局限于税收立法，还应当涉及税收执法与私法，税收法定中的诚实信用原则更应当成为税收立法、执法与司法的基本原则和行为准则，协调和解决税收征纳关系中的一系列矛盾与冲突，最大限度地提升税收使用效率，增加社会福祉。

税收契约论认为，基于民众权利让渡，政府成为人民财产的使用者和管理者。如何确保政府按照纳税人利益最大化原则行事，怎样规范和约束政府的财税行为，这是税收征管中绕不开的现实具体问题。法治是税收契约论在政治治理层面的必然选择和必然逻辑。② 税收法治具有多数人表达意志的机制，公众及其代表在税收立法过程中实际有效的参与性是保障税收法律符合公众意愿的重要前提。税收法定具有规范性、稳定性和可预期性，因为税收法定原则是立法者决定全部税收问题的税法基本原则，如果没有相应法律作前提，政府就不能征税，公民也没有纳税的义务，税收主体必须依据法律的规定征税。税收法定主义是征税合法性的前提，合法性既与公众的认可相联系，也与某种价值和规范相联系。③ 税收法定原则体现着法治社会的精神与实质，也是民众意志的充分反映，且能够保证人民的合法权利不受政府及其派生的权力所侵犯。此外，税收法定原则还有利于为征纳双方设定稳定的行为模式，建立良好的税收法律秩序。税收法定原则为国家征税提供法律上的依据，这就从法治的层面上有效避免了政府征税的随意性，其税收规模应当按照所提供的公共物品对价与民众达成一致意见，并体现在税法之中，在用税环节中；政府也应当按照纳税人的偏好生产和提供公共物品，并接受纳税人的监督和评价。在税收法定中贯彻诚实信用原则，更强调了税收立法、执法和司法的科学性、民主性和可操作性，这种法定给整个社会以一定的安全感。在契约法领域，诚实信用原则体现着最实质的内容即公平正义，其他一

① ［日］北野弘久.税法学原理（第四版）[M].陈刚，译.北京：中国检察出版社，2001：73-80.

② 张美中.税收契约理论研究[M].北京：中国财政经济出版社，2007：207.

③ 苏力，贺卫方.20世纪的中国：学术与社会（法学卷）[M].济南：山东人民出版社，2001：65.

切原则或是衍生于该原则，或是附属于该原则，都只不过是实现公正内容的手段和形式而已。① 税收法定的确定性和稳定性加以诚实信用原则，不仅在形式上和实质上保证了社会公平和正义的最大化，也最大限度地限制了政府的恣意行权，有效地保护了纳税人的合法权益，使税收法律制度成为纳税人权利规范政府财税行为的形神兼具的"良法"。

（二）税收实体法和程序法的诚信原则路径依赖

国家的存续和日常活动都离不开税收的支撑和保证，与纳税人的利益、权利义务休戚相关。但是，人民出于安全、教育等公共物品需要与政府达成的契约关系，往往是一种仅仅在意志中现存的自然理性②，是个人意识发展的产物。随着自然理性向人类理性发展和进步，契约精神逐渐在法律关系中体现出来，它所内涵的"诚实信用、平等、自由和权利"等诸多价值形态都通过法律调整之后表现出来，使其具有更强的约束力。政府征税会直接减损民众的可支配财产，对纳税人的基本权利造成侵蚀，因此政府的征税权与民众的自然权利之间呈现出显性的对立与冲突。当纳税人的产权、人格等得不到由税收供奉的政府的有效保护时，其就会觉得自己受到社会的不公平对待而产生心理不平衡，进而通过选择税收不遵从来恢复心理平衡。③ 因此，纳税人权利保护是提高税收遵从度的根本途径，也是税收法定的宗旨所在。纳税人的权利应当得到充分的保护，由法律确认、保障与尊重，体现纳税人权利保护的税收法定。当纳税人的合法权益受到侵犯时，纳税人应获得相应的救助与补偿权利，并由相应的责任人或责任单位履行赔偿义务。

对于纳税人的何种权利应该由税收法律制度予以确认和保护，其权利范围应当有一个科学、合理的界定。基于研究视角不同，对纳税人的权利有多种分类方式：有学者将其分为"纳税人整体权利"与"纳税人个体权利"、宏观权利与微观权利、宪法上的权利和税法上的权利；也有学者将纳税人的权利划分为"自然权利"和"税收法律关系中的权利"、广义和狭义的纳税人权利；还有学者将纳税人权利界分为基本权利和派生权利、基本权利或者

① 杨振山.罗马法，中国法与民法法典化[M].北京：中国政法大学出版社，2001：358.
② ［德］黑格尔.法哲学原理[M].范扬，张企泰，译.北京：商务印书馆，1961：80.
③ BECKER G S. Crime and punishment:an economic approach[J].Journal of Political Economy, 1968, 76（2）：169-217.

非基本权利。① 对纳税人权利的划分标准不一而足，并且派生出多达几十种权利。无论基于怎样的划分标准以及延伸和拓展，纳税人的基本权利保护应当实现税收法定，这一点毋庸置疑。但是，基于法律条款的表达所限，不可能全部列举出纳税人的所有权利种类。纳税者基本权的成立一经认可，纳税者就可主张对租税的征收和使用依法行使统制的权利。这不仅保护了纳税人的权利，也使纳税人对征税机关基于非诚信造成的权利侵犯有提起税收诉讼并寻求权利救济的权利。

　　税收法律制度既包含实体法，也包括程序法。按照纳税人基本权利不受税收侵蚀和损害的观点，可以将纳税人的权利划分为实体法权利和程序法的权利，如生存权、人格权、财产权、平等权、税负确定权、损害救济权等等，程序法上还应当保护纳税人的诚实推定权、知情权、监督权、争议抗辩权等。所以，纳税人权利保护应该遵循纳税人的实体权和程序权的脉络，并将这两大类权利以概括性表达的方式固定在法律条款之中，以实体公正和程序公正的相互促进实现税收的实质公平与正义。

第三节　税收诚信原则法治化的正义实现

　　诚实信用原则作为私法领域的一项基本原则，兼具道德性规范和法律性规范的双重特点，虽然不是一项具体的制度，但作为一项抽象的原则，对于一切民事主体的民事行动均发挥着重要的制约作用。根据诚实信用原则，民事主体在实施民事行为时，应当讲信用、守诺言，不应将一己私利的获得建立在损害国家、他人和社会利益的基础上。但因我国财税法的天然公法属性，诚信原则很长时期被禁锢在民法等私法领域之内。如前文所述，我国财税法与国家公权力相伴相生，纳税人与国家之间的水火难容的紧张征纳关系，不仅因为税收权力无平等的契约思想基础，还因为无诚信原则作为约束。毋庸讳言，追求良法善治的现代财税法应当通过有效的制度安排，防止并纠正税收公权的膨胀和滥用，以法律的确定性确保税收行为的确定性，充分而确实地体现"主权在民"社会治理思想，规范国家与纳税人之间的财产关系和政府间的财政关系，使税收征纳关系井然与和谐状态，从根本上奠定一个社会税收治理的法治基础。

---

① 高军.纳税人基本权利研究 [M].北京：中国社会科学出版社，2011：38-42.

一、税收诚信原则法治化的利益衡平法制构造

利益衡平是诚实信用原则的重要内涵之一。政府征税不仅涉及纳税人和国家的二元利益结构，还关涉个人、国家和社会公共利益之间的衡平。[①] 进一步分析，要实现税收正义，不能仅仅着眼于政府与纳税人之间的利益平衡，还应当加入社会公共利益这一维度。施奈德（Schneider）将诚信原则作为当事人双方利益之公平较量，艾格尔（Egger）则以诚信原则为公正估量双方当事人之利益，以谋求利益之和谐。著名学者史尚宽先生认为，以上二人把利益平衡的范围限制在双方当事人略显不足，应当把社会公众利益考虑在内。[②] 托马斯·霍布斯的赋税交换说、约翰·洛克的让渡财产权利思想和卢梭的"委托—代理"理论，以及自由经济理论鼻祖亚当·斯密的税收契约思想，都在一定程度上体现了纳税人与国家之间是一种权利与义务的对等"交换"关系。政府仅为纳税人的代理者和执行机构，如果没有民众的明确授权，政府并不拥有公民财产的所有权和处分权。[③] 公民部分让渡自己的私有财产和个人所得，以契约的方式转移给政府，政府则使用纳税人的税收向国民提供公共产品和服务。在这个基本意义上，纳税应当是公民与政府二者意思表示一致而签订的契约，这种相互平等的契约行为和交换关系为诚实信用原则的适用提供了无可辩驳的理由。

从本质上讲，民众同意政府征税，其主要目的是满足社会的公共需要，实现社会公共利益，而不单是纳税人利益的保护。从政府征税权力来源与归属分析，社会对公共产品和公共服务的总需求源于每个公民的需求，税收收入同样也是单个纳税人的税收收入加总，由此形成了国家层面的公共财产权。因此，公共利益与国家权利均从纳税人个人权利衍生而来，公共利益、国家利益和个人利益之间相克相生，共同组成对立统一体。当然，公共利益与国家利益并不能超然于个人利益之上，政府征税之前就应当承认纳税人私权的在先约束，如果离开了私人财产权保护，政府将无税可征，又何来公共财产与公共利益？税收的公共性决定税收制度设计应当以个人权利保护为前

① 杨盛军，曹刚.论税收正义——公共利益，个人权利与国家权力的关系辨析 [J].西南大学学报（社会科学版），2011（2）：66.

② 史尚宽.债法总论 [M].北京：中国政法大学出版社，2000：331.

③ 秦德安，王波.从税收契约角度论纳税人遵从 [J].西部财会，2010（4）：25-28.

提，以公共利益提升为目的。^① 税收法律制度设计的初衷是为了得到被规制主体的遵从，只有获得民众普遍认同的法制，方能实现良法善治。故此，我国税收征管法的制度安排，应当以民众普遍认同且乐于遵从的诚实信用为基础，顾及个人需要的差异以及社会发展水平参差不齐，着力解决好个人、国家和社会之间的矛盾与冲突，三者利益不可偏废，力求征纳双方以及社会公共利益的衡平乃为税收制度设计之根本，并将该原则蕴含于具体的税收法律规范之中。

二、税收诚信原则法治化的信息披露制度构建

政府并非一个权力主体，而是一个义务主体。作为政治契约的民众利益的代表者，其存在的主要目的就是更好地保护民众的生命权、生存权和财产权，政府征税也是为了向民众提供公共产品和公共服务，以满足公共需要。政府与纳税人之间以让渡财产权和获得公共产品与服务互为契约关系，国家征税强制性地扣除了纳税人的经济利益，关涉纳税人的财产减损。既然政府仅仅是民众的公共事务的代理人，以征税和用税的信息披露来彰显其诚信，实乃天经地义。法国的《人权和公民权宣言》就有如是条文，该宣言的第十四条规定："所有公民都有权亲身或由其代表来确定赋税的必要性，自由地加以认可，注意其用途，决定税额、税率、客体、征收方式和时期。"不难看出，法国通过公民参与来保护纳税人权利，监督和制约政府征税权，政府同时应当披露相应的税收信息，以便让纳税人知晓政府征税和用税的实际情况。从理论上分析，政府机关与纳税人存在各自不同的目标函数，纳税人力求税收遵从成本最小的个人效用最大化，政府机关追求税收征管成本最小以及税收收益最大化。^② 各级地方政府作为一个理性经济人，他们为了本区域利益或者本部门利益竭力增加税收支出，加之缺乏诚实信用的约束和禁锢以及财政支出的绩效考核制度，税收规模的平等协商、税率、税种的意见征求以及税收支出方向、数额和支出效果等均处于纳税人的视野和监督之外。国家征税权以国家公权力作为后盾，虽然纳税人也是利益博弈主体，但是，纳税人在税收博弈关系中的弱势地位不言而喻，且政府这一信息优势主体极

---

① 秦德安，王波.从税收契约角度论纳税人遵从 [J].西部财会，2010（4）：25-28.

② 贾敬全.基于演化博弈的和谐税收征纳关系构建研究 [J].经济问题 2011（4）：119-122.

易形成信息垄断①。此外，财政是国家权力的物质起点，是国家与纳税人之间最为关键的利益和政治纽带，直接关系到国家权力的运行和纳税人权益保障。② 依据信息经济学有关理论，只有在信息对称的条件下，激励问题才能有效解决。税法是国家提供公共服务所需要资金在全体国民之间进行公平分配的法律体系。③ 因此，在税收制度设计方面，应当诚实信用为原则，以克服征纳双方的不对称为路径依赖，建立完善的以信息披露制度、财政支出跟踪系统以及支出效率的评价体系，利用信息反馈机制，以严格规范的事前、事中和事后的监督制度取得纳税人的信任，这样才能从根本上提高纳税人税收遵从度，实现税法的实质公平。

政府对于征税规模的确定，应当以其为公民提供的公共产品和服务支出总量为界限，并以诚信作为确立纳税人与政府之间的真实而确定的平等关系，充分保护纳税人的赞同纳税权、用税知情权、监督权和税收筹划权。与此同时，应以"税收契约"双方的权利与义务对等作为一个整体框架进行税收法律制度设计，这也是政府诚信征税法治化的必由之路。

第四节　税收诚信原则法治化的量能标准

量能课税原则的实质理性可以通过各种形式要件防范税收权力的滥用。盖因法与经济学的学科藩篱形成的天然阻却和疏离，量能课税中"量"和"能"的界定和标准缺失，使量能课税仅以"原则"在税法中借鉴，其"负担能力"这一核心思想并无实质具体内涵。应探寻量能课税原则中"量"和"能"的标准构建因素和路径，使量能课税原则有效映射和融入税法的具体制度和规范，使该原则变得立体而丰满，真正成为税收法定和税收公平的助推器。

税率法定并非天然实现税收公平，从而坚定地成为制衡政府"权力任性"的利器，税率法定的公平、自由和限权的精神追求，仅仅找到了国家税收法治建设的突破口，税率法定的空洞和抽象依然无可辩驳地成为实现税收公平的一道鸿沟。"通过法律决定税率的高低不但直接决定着纳税人税负的

---

① 岳彩申.民间借贷的激励性法律规制 [J].中国社会科学，2013（10）：121-139.

② 熊伟.法治.财税与国家治理 [M].北京：法律出版社，2015：266.

③ 翟继光.税法学原理：税法理论的反思与重构 [M].上海：立信会计出版社，2011：28.

轻重，还是衡量纳税人所承担税负公平与否的主要标志。"[1] 税率法定应当是客观确定而非主观臆断，实质正义下的税率法定如何实现和确保其正当性和合理性？税率法定要求以法律构成要件确定纳税人的负税能力，以降低纳税人"纳税痛苦指数"和提高税法的遵从度，"量能课税"原则[2] 能在很大程度上弥合税率法定的标准缺失和技术性要求，并且可以通过"量能课税"这一桥梁连通税收法定与税收公平。换言之，量能课税原则以纳税人的负担能力分配税收，确保国家对每一国民的课税合乎无偏无私的比例公平原则，其实质公平正义体现了税法的基本价值诉求。

但是，在多数学者看来，量能课税仅是一种法律原则，甚至只是一种财税理想。日本学者北野弘久肯定了量能课税的税法基本原则地位，但同时也指出："量能课税只是立法原则，不是解释和适用税法的指导性原则。"[3] 原因很简单，简单粗糙的量能课税原则并未对纳税人的税负能力做出合理界定，其衡量标准的人为忽略[4]，使学者们否定了其法律基本原则地位，认为量能课税只对税收立法、执法具有观念上的指导意义，没有法律上的约束力。[5] 也有学者认为其仅仅是财政学上的基准，并不是具有规范效力的法律原则。[6] 这些否定性评价首先缘于量能课税原则发端于经济学领域，学科之间的界域使量能课税仅以"原则"在税法中借鉴，其"负担能力"这一核心思想并无实质具体内涵。其次，由于立法技术的限制，量能课税中"量"和

---

① WINDSOR A, CURD J. Managing a Company's Effective Tax Rate[J]. International Tax Review, 2008,19（5）46-48.

② 从学术渊源上讲，量能课税最早只是一种财税理想，后来学者将其上升为税法原则，其基本要求是税收应根据纳税人的负担能力来课征，负担能力高者多课税，负担能力低者少课税，无负担能力者不课税，形象地说就是"等者等之，不等者不等之"。参见：刘剑文.西方税法基本原则及其对我国的借鉴作用[J].法学评论，1996（3）：52.

③ 刘剑文，熊伟.财政税收法[M].北京：法律出版社，2007：162.

④ 依据中国知网的检索结果，截至目前，以量能课税为题的论文共计43篇，大多集中于量能课税原则的地位、作用、局限性、适用范围以及以之评价具体税收制度等方面进行探讨。虽然几乎所有的财税法著述都会提及量能课税原则，但也是寥寥数笔，未曾有深入研究，更鲜有提及量能课税原则的标准构建。参见：廖红艳，张艳朝.我国量能课税原则研究述评[J].湖州师范学院学报，2011（4）：74-77.

⑤ 刘剑文，熊伟.财政税收法[M].北京：法律出版社，2007：164.

⑥ 该观点源自德国学者Kruse，转引自陈清秀.税法总论（第2版）[M].台北：台湾翰芦图书出版有限公司，2001：23-26.

"能"的界定和标准缺失，使量能课税原则在税法体系中显得突兀孤立、无所依附。鉴于此，我们应当以法律经济学为切入点，以量能课税原则的内涵诉求为逻辑起点，剖析量能课税原则中的"适用痛点"和"量"与"能"标准构建的现实困境，为全面实现税率法定的制度设计找寻切实依据，为量能课税原则有效映射和融入税法的具体税收制度探寻实现路径，从而使该原则变得立体而丰满，真正成为税收法定和税收公平的助推器。

一、量能课税原则的内涵诉求与理论演进

征税权自诞生以来，就带有扩张性、侵犯性和任意性等内在基因，容易挤逼和侵蚀纳税人权利。若从现代税法体现的人权意识出发，税法不单纯是一部"征税之法"，也不仅仅是税务机关行使征税权的根据，应当是保障纳税者基本权利的、旨在对抗征税权滥用的"权利之法"。量能课税原则应当通过两个维度约束和规范征税行为：对国家纳税规模以及纳税人的纳税能力的科学测定。

（一）限权与维权——量能课税原则的内涵诉求

在征税权失去约束被滥用之际，征税权对私人财产权的肆意掠夺与侵害，使国家与纳税人之间形成了"刀俎"与"鱼肉"的关系，其水火难容的征纳关系形成了纳税人与国家之间"斗智斗勇"的长期博弈，税法的"恶法"之名无疑降低了纳税人的遵从度，偷税漏税就成了政府当局被迫承受的机会成本（opportunity cost）。而在现代法治国家，国民在国家政治经济活动中的地位决定了国民享有税权，即对税收享有税收决策权、享用权、监督权和知情权等一系列权利。被西方税法学界奉为圭臬的税收法定主义源于对人民财产权利的保护，税法亦应成为维护纳税人权利的"维权法"和政府征税权利的"限权法"。然而，税收在其本质上无法逃避对人民自由权财产权之干预与介入的命运，先天上亦较其他法域更应受宪法价值观特别是基本理念的拘束。[1] 税收法定原则内涵纳税人、课税对象和税率三个基本要素的法定，成为阻却税收违法的一道防线，但是税收法定原则只是一种表面规范，没有法律上的实质约束，仅为税收立法确定了方向。税率法定是税收法定的核心组成部分，也是税收法定的关键因素。其中，税率是税收制度的中心环

---

[1] 葛克昌.税法基本问题.财政宪法篇[M].北京：北京大学出版社，2004：29.

节，税率法定能从源头上遏制税务机关行政执法上的随意性和自由裁量权的滥用。税率的确定需要制定法律的明确规定，不仅是对政府征税权的重要限制，还是对纳税人的有效保护。^① 很显然，量能课税原则架起了税收法定和税率法定的桥梁。

量能课税原则之实质，乃指国家征税规模与纳税能力之衡量。分配正义和分配公平的实质体现则蕴含于量能课税之中，量能课税原则为国家税权的有限行使进行了原则性的制度预设，但因代议机构的"有限理性"和获取信息的高昂成本，致使代议机构对税权限制显得力不从心和鞭长莫及，甚至由于政治精英的目光短视和利益俘获，可能沦为"多数人的暴政"^②，从而走向税收公平的反面。量能课税原则是税收公平原则的法律体现，是宪法平等原则在税法上的具体化。该原则的精髓在于赋税的课征不仅在形式上实现依法课征赋税、满足财政需要为已足，尤其在实质上要求赋税负担必须在一国公民之间公平分配，使所有的纳税人按其实质负担赋税能力，负担其应负的赋税。其本质就是要求国家征税应当按照税负能力而非肆意分配，是分配正义和税收公平在税法上的集中体现。

（二）量能课税原则的理论演进

量能课税原则的理论演进应当追溯至 17 世纪，英国财政学大师威廉·配第（William Petty）首次提出了"税收公平原则"，成为量能课税原则的思想雏形^③，但公平的认定标准一直是争论的核心。亚当·斯密的"优良课税四原则"奠定了税赋公平的解释基础和逻辑内涵，其中论述的"提供国赋、维持政府"以及赋税之设与举办产业和民生之间的关系，为后续的"受益说""能力说"等理论研究提供了可资遵循的路径。^④ 随着契约思想不断深

---

① 李伯涛.税收法定主义的立法表达 [J].学术交流，2015（10）：116-120.

② 陈立诚.分配正义视野下的量能课税——一种税收理想的破茧新生 [J].厦门大学法律评论，2015（1）：97-114.

③ 针对当时英国税收制度的缺点提出税收对各类主体和对象都要无所偏袒，普遍征收，且不能过重，而不是听凭某些政党或派系的一时掌权来决定。具体参见：[英]威廉·配第.赋税论 [M].陈冬野，译.北京：商务印书馆，1978：72.

④ [英]亚当·斯密在《国富论》中提出了"税收平等，税收确定，税收便利和税收经济原则"，其中对税收公平的表述为："各国臣民应当为政府的支持而纳税，税款尽可能与其支付能力成比例"，很显然，这一准则是以支付能力为起点，主要方向为受益原则。

入，启蒙运动政治哲学家霍布斯、格劳秀斯、洛克等以交易理论和相对价格理论为基础，形成了"受益说"思想内涵："每个人的财产都是其劳动的成果，是一种应得权利，它与作为服务报酬的税收相容。"[1] "受益者付费原则"蕴涵着民众赋税是对国家保护支付的"对价"，依此观点，赋税多少应依据所受保护之程度衡量，赋税客体为受保护之个人和财产，这一理论从宏观上提出了国家征税数量的度量标准。但是，法学具有重文本表达和释义轻数量计算的思维模式，税法条款不侧重国家预算的支出规模核定和纳税人能力的测定也在情理之中，倡导实质公平的税收法律如何在本质上实现宏观和微观层面的公平正义？纳税人的禀赋（endowment）差异极易导致贫富不均，其纳税能力自然不可均等视之。[2] 税赋的收入再分配功能成了缩小贫富差距的调节工具，为了缓和阶级矛盾，德国政策学派代表人物阿道夫·瓦格纳（Adolf Wagner）和美国经济学家马斯格雷夫（Richard A.Musgrave）进一步推进了量能课税原则的实质化进程，从制度层面提出了税负的"横向公平（horizontal equity）"和"纵向公平（vertical equity）"理论，[3] 该公平原则经过法学的演绎，作为专业术语运用于税赋的法律评论文章之中[4]，并逐渐发展成为量能课税原则"能力说"的核心思想。

由是观之，量能课税原则的"受益说"和"能力说"从路径上解决了税收公平量度的实质性问题，具有一定的普适性和说服力。然而，"负税能力"和"受益标准"存在客观标准和主观判断的交织与重叠，笼统的理念并不能与庞杂的国家支出以及民众课税能力的千差万别相契相容，这个基础性标准同样无力准确衡量赋税能力和征税额度，仅仅依赖法学文意上的公平正义之描述，其正当性理由仍显单薄。现实的复杂性和对税收公平的永恒追求成为致力寻找量能课税普世性衡量标准的强大诱因，经济学与法学之深度融合乃为实现税收的"良法善治"重要路径依赖。

---

① LOCKE J.Two treatises on government[M]. Cambridge University Press, 1960: 327.

② HASEN D. Liberalism and Ability Taxation[J]. Texas Law Review, 2007, 85（5）: 1057-1113.

③ 该理论认为：经济条件相同，纳税能力相等的人应负担相同的税收。纵向公平则是根据支付能力或获得的收入对经济条件不同和纳税能力有别的人予以不同的对待。参见许多奇.论税法量能平等负担原则[M].中国法学[M].2013（5）.

④ MUSGRAVE R A.In Defense of an Income Concept[J]. Harvard Law Review, 1967, 81（1）: 44.

二、量能课税原则的适用痛点及制度重塑

量能课税原则不仅应从本质上体现公平正义的税法伦理，还应当是税法漏洞补充的指针和行政裁量的界限①，以增强税法的确定性、可理解性和可预期性。该原则逻辑解释可以遵循两条思路：税收的缴纳应当与其获得的收益相匹配，并且缴纳的税收应当反映纳税人支付能力。"受益说"和"能力说"则与之对应。

"受益说"和"能力说"作为广泛认可的优良课税税基计算的衡量尺度②，前者认为税收是接受政府公共服务的对价，应根据纳税人从政府提供的公共服务（公共产品）中享受利益的多少而相应纳税；后者"能力说"思想则源于穆勒的"均等牺牲"理念③，该理念主张税负分配应当与纳税人的实际负税能力保持一致。作为衡量税收公平的具体化指标，因纳税能力的易于测定之特征，曾引起财税学界的高度关注和潜心研究。④学者们普遍认为，纳税能力的测定应以纳税人拥有的财富为标准，其指标主要是消费、所得和财产。显然，"受益标准"和"能力标准"为量能课税原则的实质化寻找到了衡量和证明税负公平的量化途径，为实现税收公平的实质正义提供了正当性基础。

不难分析，量能课税的"能"内含两个核心问题，一是国家征税规模"量"的测定，二是纳税人"能"的度量。在一定意义上讲，"受益说"在宏观层面解决了国家税收总量的度量问题，"能力说"则从微观层面确定了税负公平的基点。如果以单个国民所享受的公共服务对价简单加总，便完成了"受益标准"的度量，仅以国民占有的财富值测定纳税能力，并借此分配税收负担，税收法定就实现了从形式公平到实质公平的飞跃，未免太过简单肤浅。"受益说"与"能力说"被公认为量能课税原则的衡量尺度，尽管有"横向公平"和"纵向公平"对其进行补充和细化，但仍然存在令人棘手的实践难题，人们认知和判断上的迷惑使其难以实际操作。"量能课税"看似内涵

① 刘剑文，熊伟.财政税收法[M].北京：法律出版社，2007：191.

② ELKINS D.Horizontal Equity as a Principle of Tax Theory[J].Yale Law & Policy Review, 2006（24）：43.

③ MILL J S. Principles of Political Economy[M]. London: Longman's Green & Co., 1948: 804.

④ BARBRA F. Fairness and the Consumption Tax[J]. Stanford Law Review, 1992, 44（5）：961.

清晰却又充满种种不足，其间暗含的实践问题成为实现税收公平和税率法定的诸多"痛点"。

（一）量能课税原则"量"的测定困局

如前文所言，量能课税确保税收实质公平与正义的一个重要维度乃是对国家税收规模的衡量与测定。纳税人履行了纳税义务，理应享受相应的政府提供的公共产品和服务的权利，二者必须对等才是税收公平的应有之义。换言之，在税收法律关系中，纳税人与国家之间存在两组对等关系：纳税人的纳税义务应对等于其享受国家公共服务所带来的利益的权利，国家的征税权力则应对等于其服务公共的义务。事实上，"量出为入"却是政府确定征税规模的惯常思维模式，"以支定收"则成为国家预算的通行做法，通过税收手段组织的财政收入即为国家财政支出主要来源和基本保障，纳税人也会本能地将所享受的公共产品与自己所纳税额进行直观的衡量和比较。竭力维护负税公平的量能课税原则，本应在税收领域中占有举足轻重的地位而备受学界和实务界青睐，但长期缺乏全面深入的研究已成为不争的事实。[①] 加之财政支出的庞杂性和多样性，简单的"受益标准"并非能够全面涵盖其考量因素。

1．"受益标准"对税收规模涵盖的有限性

"不征收与开支金钱，任何政府都无法存在。"[②] 政府的生存和发展所依附的财政收入绝大部分来源于税收的支撑，政府维持日常运转必然产生经常性支出和资本性支出[③]，且政府的职能扩张与税收规模需求呈正相关关系。"政府没有巨大的经费就不能维持，凡享受保护的人都应该从他的产业中支出他的一份来维持政府。"[④] 易言之，国家以公权力向公民课以赋税，将私人财产转化为公共财产，形成公权力对私人财产权的侵犯。而现代财政制度

---

① 曹明星.量能课税原则新论[J].税务研究，2012（7）：66-68.

② BRADLEY A W, EWING K D. Constitutional and Administrative Law[M].London: Longman Group Ltd, 1977: 186.

③ 按照现代公共经济学的一般理论，财政支出按产生效益的时间分类，可分为经常性支出和资本性支出。经常性支出是指维持公共部门正常运转或保障人们基本生活所必需的支出，包括人员经费、公用经费和社会保障支出。而资本性支出用于购买或生产使用一年以上的耐用品所需的支出，包括用于建筑厂房、购买机器设备、修建铁路等交通基础设施等生产性支出，也有用于建筑办公楼和购买汽车、复印机等办公用品等非生产性支出。

④ ［英］洛克.政府论（下篇）[M].叶启芳，瞿菊农，译.北京：商务印书馆，1964：88.

的核心就是要规范政府的权力，保护纳税人的权利，使政府的财税收入具有公共性、合理性和民主性，保护纳税人权利的途径着重于公众参与机制，且财政预算过程中尤为突出。[①] 但是，政府日常支出中的人员经费、办公支出等与国民所享有的公共产品"受益"程度并不直接关联，更遑论公共服务对价的计量。虽然社会契约等论证了国家和政府的合法性，国家税权合法性的问题得以论证[②]，纳税人因"文明的对价"以取得政府保护而让渡了部分财产权，但是政府正常运转所需要的经常性支出的隐匿性和不可感知性无疑降低了纳税人对国家征税规模的可信度和遵从度。"受益标准"的客观判断与纳税人主观感知的差异，极易使纳税人产生得到与付出的落差，使得税负衡量与国家给付相分离，从而使税法脱离等价交换的逻辑前提，违反税收正义。[③] 不难看出，就征税规模确定而言，"受益标准"作为单独的适用依据，对从根本上消除税法侵权之恶名还显乏力，纳税人依然有"不得不承受之痛"。

2. "受益标准"对税收经济效应的忽略

庇古提出的"平等牺牲"（equal sacrifice）理论从经济学的角度阐释了"受益标准"，该理论根据纳税人在课税过程中所牺牲的效用或边际效用（marginal utility）的比较进行分析，强调税赋负担必须在一国公民之间公平分配，使所有的纳税人按其实质负担税赋能力，负担其应负的税赋。[④] "牺牲"的经济意义则是指纳税人所拥有财富在纳税时得到的满足与征税后其剩余的财富得到的满足的差量能使纳税人在征税后感受的牺牲效用相同，才符合公平原则[⑤]，大多数国家都倾向于将边际均等视为公平税负的关键和能力原则的归宿。质言之，纳税人纳税后的所得效用即为政府提供的公共物品被纳税人享用之后而得到的效用，前后之效用相等则视为实质公平。但是，在非均衡经济制度条件下，税法具有宏观经济的调控功能和缩小贫富差距的作用。一方面，结构性税收调整往往成为政府产业结构调整之政策工具，生产者和消费者则依据税收政策的风向标调整甚至改变自己的经济行为，政府通

---

① 刘剑文，王桦宇.公共财产权的概念及其法治逻辑[J].中国社会科学，2014（8）：129-146.

② 张晓君.国家税权的合法性问题研究[M].北京：人民出版社，2010：5.

③ 陈清秀.税法总论（第2版）[M].北京：翰芦图书出版有限公司，2001：23，33.

④ PIGOU A C. A Study in Public Finance[J]. The Economic Journal, 1929, 39（153）：78.

⑤ ［英］穆勒.穆勒经济学原理.郭大力，译.世界书局[M].1936：742-745.

过税收政策的"收入效应"和"替代效应"① 传导影响国民的消费需求、投资需求以及储蓄需求的变化，最终改变社会总需求，达到宏观调控目的。另一方面，税收政策以其"自动稳定器"效应能在一定程度上熨平经济波动周期② ，因此在累进税率设计中使用甚广。此外，对于市场机制下的"效率优先"原则出现的资源分配不均以及机会不均等造成的贫富差距，税法具有天然的弥合和调节作用。③ 由是观之，"受益标准"理论无法有力解释和反映税收政策的经济效应，与"均等牺牲"原则也判若云泥。但宏观调控与税收政策辅车相依、密不可分，政府应当确保经济调控税收制度安排的合理性和适当性，充分考量私权保护、公共利益和税负公平的三方均衡。那么，国家征税规模以何而量？税率凭何而定？税法不懈追求的"最适课税区间"如何确定？"税收禁区"怎样避免？从人类认知规律可知，人们对于确定性的事物总是有着较高的信任度，即对形式理性的信任总是高于实质理性，而恰恰正是形式理性，能有效稳定社会预期，使免于恣意妄为的法理型治理成为可能。④ 不言而喻，税收法律制度的设计应当体现显性的宏观经济调控这一形式理性，才能从本质上提升纳税人的信任度与遵从度。因此，赋予量能课税原则的宏观经济调控效应因素的考量，运用量能课税原则对税收规模和税率的精准测度，以税法的形式理性表达其实质理性，提升国民对税法的敬畏和遵从，是解决上述问题的重要进路。

---

① 收入效应（income effect）是指由商品的价格变动所引起的实际收入水平变动，进而由实际收入水平变动所引起的商品需求量的变动。税收的替代效应（substitution effect）是指当某种税影响相对价格或相对收益时，人们就选择某种消费或活动来代替另一种消费或活动，并且累进税率与边际收益成反比，该效应在纳税人劳动与闲暇之间的选择尤为显著。

② 税收政策的"自动稳定器"效应是指在既定的税收政策下，累进的税制会随着经济的发展自动进行逆向经济调节以减缓经济的波动，即对经济自动进行逆经济变化趋势的调节。具体而言，当经济处于停滞状态时，税收收入会自动减少而使总需求增加；当经济处于通货膨胀状态时，税收收入会自动增加而抑制总需求。税收的自动稳定效应和税收制度设计中的累进程度有关。如果税制结构中直接税比重大，且累进程度高，税收的自动稳定作用就强；如果流转税比重大，则税收的自动稳定作用就差。

③ 张怡. 衡平税法研究 [M]. 北京：中国人民大学出版社，2012：1-2.

④ [德] 马克斯·韦伯. 经济与社会（上卷）[M]. 林荣远，译. 北京：商务印书馆，1997：242-251.

（二）量能课税原则"能"的度量困境

量能课税的核心是以纳税人的纳税能力为依据分配税负，其"能"的测定至关重要。理论上，"受益标准"体现了量能课税的主观标准，纳税能力"能"的测定则为量能课税的客观标准。① 随着社会和经济发展，税法一直处于变动不居的常态，但纳税人的"税收焦虑"仍然挥之不去。在财产方面，民众纳税与政府征税存在此消彼长的关系，纳税人对税收负担直接而敏感，纳税能力的测定标准自然成为"税收焦虑"的根源所在。依据"可税性"原理，衡量纳税人的税负能力以实质上的经济事实为基础，税法所确定的税收对象应当被认为满足税法上可税性的要求，量能课税"能"的测定标准应当也能从实质上实现税收公平，并通过税法的形式给予实质上的昭示和彰显。

1. 直接税"能"的测定标准单一致使适用局限

量能课税原则具有"应然"的双重意义，一是容许国家按人民税收负担能力依法征税，二是禁止国家超出人民的税收负担能力课征税收。纳税人所拥有的财富和所得是"能"的客观存在，但是对"税基""税率"以及免征额的"量"则是一种主观判断。从量能课税的"实然"角度分析，从经济学的一般原理可知，同样的收入或财产对于不同的人具有不同的效用（utility）②，同样的税收对不同的纳税人也具有不同的牺牲感受。20 世纪 30 年代，塞利格曼提出了以人丁、财产、消费和所得等客观能力作为公平负税的标准，但他最终认为，只有"所得"才最适合作为社会衡量税收能力的基准。③ 不言而喻，以简单的金额计算为测定依据的个人所得具有"真实而确

---

① 量能课税在理论上存在客观和主观两种标准，前者是以纳税人拥有的财富作为衡量纳税能力的标准，后者则是以纳税人因纳税而感受的牺牲程度的大小测定标准。具体参见：张怡.税收法定化：从税收衡平到税收实质公平的演进[J].现代法学，2015（3）：27-33.

② 效用（utility）是经济学中最常用的概念之一。一般而言，效用是指消费者通过消费或者享受闲暇等得到的满足的一个度量。1738 年，著名数学家丹尼尔·伯努利利用微积分解决概率论与赌博问题时，无意中发现了货币的边际效用理论：一个人对于财富的占有多多益善，即效用函数一阶导数大于零。随着财富的增加，满足程度的增加速度不断下降，效用函数二阶导数小于零。不言而喻，纳税人拥有的财富越多，财富的边际效用就越小。正如穷人的 100 元钱与富人的 100 元钱，前者的效用肯定远大于后者。

③ 廖红艳，张艳朝.我国量能课税原则研究述评[J].湖州师范学院学报，2011（4）：74-77.

定"的既视感和便捷，使量能课税原则在个人所得税中普遍认同。顺此主线，房产税、遗产税等不易转嫁的直接税均对量能课税原则欣然接受。简单的数量计算即可完成纳税能力的测定，政府自然乐此不疲，从最高收入者依次征收税款，对最低收入者实行免税，以使税后所得趋于均等。[①] 如此简单低成本的操作模式，政府何乐不为？但由于立法技术、税收技术以及征管水平的限制，加之边际效用的抽象性和不易精准测度，衡量纳税能力的边际均等原则研究就此止步，更遑论细化和具体适用。

如前文所言，纳税能力与收入所得成正比，而与收入所得的边际效用成反比。易言之，随着公民的收入和所得的增加，其纳税之后所产生的边际损失效用会减小。个人和企业的所得因禀赋差异和资源占有差别而使相等的收入产生不等的货币效用，其赡养/抚养以及消费系数的确定应该有不同的衡量标准[②]，对税基的测定使用综合所得还是完全所得也一直是学界争论的热点。[③] 虽然人与人之间在体力和智力上不相等，但由于公约和权利的保证，他们人人都是平等的[④]，税负的公平分配当属应有之义。以个人拥有的财产数量作为纳税能力判定的唯一标准，极易偏离税法伦理上的起点、过程与结构公平。所以，税基和税率确定的合理性应当以科学确定纳税人的纳税能力为前提，充分考量赡养系数、禀赋差异和公平指数等因素，以合宪性的税率法定体现"形实兼备"的税收良法。[⑤]

2. 间接税"能"的测定标准忽视需求弹性因素

现行税制结构中，依据税负是否能最终转嫁可以分为直接税和间接税。所得税、房产税等税种为直接税，但并不是我国现行税收的主要税源。与之相反，消费税、增值税和资源税等间接税却占比较高（约68%以上），成为我国财政收入的主要来源。间接税的课征依据为商品价格或劳务收费标准，无论商品生产者和经营者的成本高低、有无盈利以及盈利多少，只要商品和劳务一经售出，按照法定的比例税率计算后税金即可实现。因此，间接税具

① 张怡.衡平税法研究[M].北京：中国人民大学出版社，2012：14.

② BANKMAN J, WEISBACH D A. The Superiority of an Ideal Consumption Tax over an Ideal Income Tax[J]. Stanford Law Reciew, 2005（58）：1413-1415.

③ STIGLITZ J, DASGUPTA D. Differential taxation, public goods and economic efficiency[J]. Review of Economic Studies, 1971（38）：151-174.

④ [法]卢梭.社会契约论[M].李平沤，译.北京：商务印书馆，2011：28.

⑤ 刘剑文，耿颖.税率法定：真实的治理体验[N].中国税务报，2015-05-06（B01）.

有突出的保证财政收入的内在功能，且简单易行。① "简单粗暴"的比例税率并未因其便利的操作性而在税法中有着精准的界定和表达，恰恰相反，间接税的税率法定长期游离于税制改革的视野之外。再者，由于间接税的易转嫁性，纳税人与税负实际负担者相分离，所纳税款通常作为价格的一个组成部分转嫁出去。消费者因税负转嫁而增加负担，商品的生产者和经营者因税负转嫁而改变在竞争中的地位。按照经济学的一般原理，对于需求弹性小的生活必需品，即使对其征收重税，生产者也能轻易把税负转嫁给消费者，即使价格远高于商品价值，消费者也没有选择的余地，极易造成税收对私人财产权的过度侵入。反之，对于需求弹性较大的商品，税负则不易通过价格转嫁出去，税收则在较大程度上改变商品的供求状况和价格趋势甚至竞争格局，竞争中处于弱势地位的企业不易转嫁税负，生存的本能极易使纳税人转向逃税来取代税负转嫁，不仅削弱了纳税人依法纳税的自觉性，也违背了税收中性原则。

拉姆斯法则（Ramsey's Law）从资源配置效率最大化的角度指出：在最适商品课税体系中，当各种商品的需求相互独立时，对各种商品课征的税率必须与该商品自身的价格弹性成反比。换言之，应对弹性相对小的商品课以相对高的税率，对弹性相对大的商品课以相对低的税率。② 所以，商品最优税率的确定与商品的需求弹性存在"剪不断理还乱"的复杂关系，二者的密切相关性和充分考量，有助于实现总体超额负担最小的税法价值追求。

亚里士多德认为，法治应该包含两重含义：已成立的法律获得普遍的服从，而大家所服从的法律又应该本身是制定得良好的法律。③ 税收法定和税收公平是税收公平正义的两个基本纬度，国家征税的合理性、科学性以及纳税人的行为预期性均应当在制度层面加以表达和体现，从而成为评判国家税权合法性的重要标准。量能课税原则下的最适课税问题不仅需要达到"资源配置的效率性"，还需要兼顾"收入分配的公平性"。由"边际牺牲"理论可知，纳税人的纳税能力与收入所得成正比，而与收入所得的边际效用成反比，大多数国家都倾向于将边际均等视为公平税负的关键和能力原则的归

---

① 体现征税的深度，衡量税收负担轻重的重要标志税率，目前只有车船税、所得税和增值税实现了税率法定，其他税种的税率都是依靠行政法规、规章及规范性文件来规定。

② RAMSEY F P. A Contribution to the Theory of Taxation[J]. Economic Journal, 1927, 37（1）：47-61.

③ 谭志哲.当代中国税法理念转型研究[D].重庆：西南政法大学，2012：119.

宿。不仅如此，良好的税制还应满足增进社会经济发展，遵循平等、量能、适当等税收实质正义的要求。此外，税收公平不能只囿于纳税人之间的税负公平分配，要更为强调税收法律关系的全部主体——国家、征税机关和纳税主体，关注三者之间的公平与均衡。量能课税原则作为均衡理论和宪法平等原则的具体化，其本身虽然不能为税负的准确测度和衡量提供差别性和普适性的标准，但是，打通经济学与法学的学域阻隔，通过对隐藏在量能课税背后的规律和影响因素的解读和分析，不难找到量能课税实质化的实现路径和方法，从而在本质上提高税法的遵从度，降低"税痛指数"。

第六章　税收诚信原则法治化的邻域制度

第一节　税收诚信原则法治化的邻域制度变迁需求

依据制度经济学理论，制度是一种利益主体之间博弈的结果，为博弈均衡策略的组合，并且具有共享性、稳定性和扼要性的表征，它是人们在一定领域服从程序和道德、伦理的行为规范，是规制者与被规制者相互作用的行为规范的集合。这种制度均衡观使研究内生于多个域的制度及制度间的多重关联在分析上成为可能。[1] 在某个域流行的制度从其他域的参与人角度看，只要他们把它们看作参数，超出了自己的控制范围，它们就构成了一种制度环境。[2] 易言之，某个领域的制度与其他领域的制度总是相互关联、相互作用，并且构成一个有机的制度环境。任何特定的制度安排无非是人们在特定下选择的结果，任何一种制度安排都是"镶嵌"在制度结构中，它必然内在地联结制度结构中的其他制度。有学者认为，"最有效的制度安排是一种函数，尤其是制度结构中的其他制度安排的函数。"[3] 政府诚信征税法治化的制度建设不仅关涉政府征税环节，还与政府用税行为密不可分，纳税人权利保护也应当内含于政府征税和用税的整个环节之中，而不仅仅在宪法以及税收征管法中体现为概括性规定。因此，与政府征税相关的《中华人民共和国预算

---

[1]　周萍. 城乡统筹制度变迁的路径依赖 [J]. 现代经济信息，2011（1）268.

[2]　羊海燕. 制度环境、预期和效率——民事审限制度改革的新视角 [J]. 湖南公安高等学校学报，2010（1）：52.

[3]　林毅夫. 财产权利与制度变迁 [M]. 上海：上海三联书店，1994：382.

法》《财政转移支付法》等领域法律制度也应当体现对政府诚信的普遍约束，有效制衡国家征税权力，实现纳税人基本权利保护与国家课税权之间的衡平。

一、税收诚信法治化的制度环境解析

国家治理体系需要一套紧密相连、相互协调的法律制度体系，该法制体系应当具有固根本、稳预期和利长远的作用。制度是人们相互交往的指南，为人们提供日常生活的规则以减少不确定性。有效的制度安排能最大程度减少社会矛盾，维护社会秩序，降低交易成本。制度的实施效果与诸多因素有关，其中最为重要的是与其他制度的兼容性和协调性，制度安排应该尽可能减少制度之间的矛盾与冲突。政府诚信征税法治化的制度效率应当内涵于财税法律制度之中，以实现政府征税机关适应环境、整合资源、实现纳税人权利保护和实现有限政府、阳光政府和效率政府的治理目标的能力。财税法律制度涉及税收征纳关系、预算关系、税务稽查关系等诸多法律关系，这些纷繁复杂的法律关系调整构成了财税法体系，并由不同的制度安排构成了一个制度系统，其效率首先取决于构成这一结构的各单项制度安排的效率，以制度的稳定性来减少人们行为的不确定性，单项制度安排的效率同样会对整个制度结构的效率产生重大影响。但是，制度结构的效率与制度结构中某一单项制度的效率既存在关联又有所不同，因为任何制度结构都是由众多制度安排耦合而成的复杂的制度系统，制度安排之间总是存在着各种各样的相互依存性和关联性，它意味着制度结构的效率不可能通过简单加总单项制度安排的效率来说明。这正如人的五官，单个的眼睛、鼻子漂亮，固然是影响面容美观度的重要原因，但并不是一定能完全决定面容是否姣好。其间存在这样的原因：制度执行的效率不仅与单个制度的执行效率密切相关，还不可避免地受到制度之间的配置状况的影响，正如经济效率的高低与单个经济主体效率有关，但同时会受到资源配置的状况影响一样。

从整体上看，整个制度集合是一个多层次的系统结构，各制度的子系统中各项制度安排均在不同角度约束人们的行为，发挥着不同的制度功能。[①]要实现制度功能的最大化，就应当对系统中的制度进行合理的配置，并予以协调和控制，以实现制度资源的最佳配置状态。事实上，系统中制度的制定并非同时进行，甚至还来源于不同的领域，制度之间的匹配与兼容亦不是人

---

① 李志强.制度配置理论：概念的提出[J].山西大学学报，2002（1）：16.

们在制度设计时首要考虑的问题，因此制度结构中各项制度安排之间的协调性和匹配性往往比较欠缺，制度结构中各种制度的耦合性不一定很好。一般而言，制度体系中单个制度安排的结合状态主要有三种情形：制度耦合、制度冲突与制度真空。所谓制度耦合，指的是制度结构内的各项制度安排为了实现其核心功能而有机地组合在一起，从不同角度来激励与约束人们的行为。在制度耦合的情况下，制度结构内的各项制度安排之间不存在结构性矛盾，没有互相冲突和抵制的部分，能最大限度地发挥现有制度结构的整体功能。所谓制度冲突，是指在制度结构内部不同制度安排之间的作用方向不一致，使制度在人们行为规范的指引方面存在互相矛盾和抵触，可能会造成鼓励与限制的矛盾与冲突，使制度结构系统不能发挥其应有的整体功能。所谓制度真空，则是指对于某些行为没有相应的制度安排予以规范，形成制度结构中的"漏洞"，造成制度功能的缺失，从而使人们的某些行为得不到有效的约束和规范，对社会经济带来危害。① 从宏观上讲，政府诚信征税制度不仅有实体法方面的制度安排，还有程序法方面的制度设计，共同构成政府诚信税收的制度域，充分体现财税法律制度的实体正义和程序正义。财税制度之间应当实现制度耦合，从不同角度激励纳税人权利保护，约束政府征税权力。与此同时，在制度设计方面，应尽量减少甚至消除制度冲突与制度真空，防止制度漏洞，杜绝权力寻租行为，以"制度域"形成政府征税权的全方位限制，提高制度效率，彰显政府征税的极大诚信约束。

二、税收诚信原则法治化的邻域制度变迁需求分析

创制法律制度的目的就是规范人们社会行为，建立和维护良好的社会秩序，减少行为之间的摩擦，增强民众行为预期性和稳定性。依据法哲学理论，法律制度的价值具有两种基本含义：第一，法律制度在预设之初就设定了一个期望目标，一般包括平等、正义、秩序以及公共利益或公共福利的提升等，并以之为法律制度的价值取向；第二，法律制度的预期价值目标通常也会作为该制度实施后欲达到的某种效果的一种标准。实际上，法律价值和法律目标的两种基本含义是相通的，价值目标在法律制定和实施之前仅仅是以一种抽象的形态存在，只有通过具体的法律制定和实施才能落到实处。而法律制度是否达到其制定或实施的既定目标的判断标准，也只有通过分析是

---

① 袁庆明.制度效率的决定与制度效率递减[J].湖南大学学报（社会科学版），2003（1）：41.

否在制定中落实、是否在实施过程中得到遵守来体现，只有有助于实现上述法律价值目标的法律制度和实施措施才能成为合理的判断标准。①

税收诚信原则法治化从根本上就是通过一系列法律制度实现财税制度本身所设定的价值和目标，这些法律制度既包含以成文法为表现形式的法律条文，又包含道德习惯等非正式制度，这些制度构成了财税法制度体系，并成为一个多层次、相互协调、相互兼容的有机整体，这是财税法体系的应然状态。就财税法制的制度结构来说，财税法系统内的制度并非杂乱地堆积在一起，而是单个制度各自调整和规制相应的法律关系，制度之间不存在矛盾和冲突，制度的效用不会减损，也不会失效，并且制度之间相互协调配合、相互作用，共同实现预期价值目标，其中制度之间的耦合与协调尤为重要。普通意义上的正式制度是指社会民众有意识创造出来，并且通过国家正式确立的各类成文规则和法律规范，非而正式制度则是指人们在长期社会活动与相互交往中逐步形成并得到社会认可和自愿遵从的一系列约束性规则，包括普适性的价值理念、文化传统、道德习俗等。实际上，财税法制度体系还存在系统外的政治制度与经济制度的耦合，交易习惯、道德准则等非正式制度与正式制度的耦合。一般情况下，从正式制度与非正式制度之间的耦合分析，传统道德习俗对国家制定的各种法律制度存在显著性的影响，虽然二者作用的范围和程度有所差异，但它们常常对同一类行为从不同角度进行规范，非正式制度主要以"诚信"为核心道德观念，从内心的价值取向和行为约束奠定诚信的道德基石，构成社会良性运行的基础。如果一个系统内的正式制度与非正式制度作用方向一致，则它们是相互协调和耦合的；反之，如果二者对某种行为的约束不一致，在实施中出现冲突和矛盾，则没有实现耦合，制度之间难以发挥联动效应，容易造成制度效用减损。反观我国现行财税法律制度，既存在法律制度之间的不耦合，又存在制度冲突和制度真空。尤其是在税收契约思想影响下，产生了现代税收民主思想，纳税人的权利保护和政府征税权的限制已经发展到一个历史性的高度，在这种理念的支配下，财税制度变迁需求进一步增强。

制度经济学认为，制度变迁是指新制度（或新制度结构）产生、替代或改变旧制度的动态过程。作为替代过程，制度变迁是一种效率更高的制度替

① 曾远.互联网金融直接融资税收征管法律规制研究[D].重庆：西南政法大学，2016：56-57.

代原制度。作为转换过程，制度变迁是一种更有效率的制度的生产过程；作为交换过程，制度变迁是制度的交易过程。① 换言之，制度变迁需要产生出高效率的制度，更需要在制度供给过程中节约交易费用，降低制度成本，提高制度供给效率。

国家治理的民主和效率、纳税人权利保护与"人本主义"理念的内生性需求，均对我国财税制度变迁产生了强烈需求。就制度结构来说，评判制度效率的高低可以从自身的耦合状态加以衡量。一般而言，制度创新的基本要求应当是制度之间耦合程度较高，制度搭配相得益彰，优势互补，这样的制度安排有利于"法益"目标和民众诉求实现。反之，如果制度系统内的制度安排耦合不佳，制度之间存在制度冲突与制度真空，必然会增加制度交易成本，效率低下当然是不言而喻的，其对财税法律制度的激励与约束功能也显得柔弱无力，甚至出现效率递减。依据不同制度安排在实现财税制度的"良法善治"的重要程度，制度创新可以分为根本性制度、重大性制度和辅助性制度创新三个层次。② 按此分类标准，在财税制度领域，根本性制度应当是指对政府诚信征税起决定性作用和不可或缺的制度安排；重大性制度则是指那些虽然对纳税人权利保护并非不可或缺，但一旦形成就能够有力地促进财税法实质公平正义的终极法律价值的制度安排；辅助性制度则是指那些对政府诚信征税的促进作用要弱于前两者或者虽然作用较大但以非正式制度形式存在的制度安排。诚实信用原则由于将道德规范与法律规范合为一体，兼具有法律调节和道德调节的双重功能，使法律条文具有极大的弹性，能有效弥补成文法的不足。此外，财税法律制度既要维护征纳双方当事人的利益平衡，还要平衡纳税人、政府之间的利益和社会利益的平衡，诚信原则谋求的是当事人之间及当事人与社会之间利益的平衡，有助于税收征纳多维度利益衡平。诚实信用原则作为发端于道德领域的意识形态，虽然已经成为民法、证券法等私法领域的基本原则，但在传统意识中的财税法领域却还处于亦步亦趋的徘徊状态，只有将该原则上升为国家意志，成为统领财税法基本原则，并在具体财税制度中予以体现，方能降低财税法律制度的交易成本，提高财税法律制度效率。

① 赵玮萍.中国民航业管制制度变迁研究 [D].沈阳：东北大学，2012：30.
② 袁庆明.技术创新制度结构的几个问题研究 [J].河南社会科学，2002（1）：109 -111.

第二节 税收诚信原则法治化的邻域制度变迁安排

政府诚信征税是一个从理念转变到制度构建的过程，在对现行税法的改造过程中，如何妥善处理好理念的转变、原则的确立与制度创新之间的关系，是解决我国诚信征税法治化的关键问题。只有在宏观层面确定财税法的诚实信用原则，在中观层面确保财税领域制度的耦合性和兼容性，并在微观制度层面嵌入诚实信用原则，融入权利与义务均衡理念，以恪守纳税人权利保护和政府征税权限制为财税法构建中心，方能实现税收的"良法善治"，提升税收遵从度，提高政府公信力。

一、《中华人民共和国预算法》视角的用税约束与诚信原则嵌入

从一国来看，政府税收收入可能用于政府的行政消费上，也可能用于购买公共产品上，还可能用于转移支付。[①] 税收收入与税收用途紧密相连，政府依据下一年度的政府财政支出与国家预算的支出规模决定下一年的税收规模。因此，《中华人民共和国预算法》不仅具有预算的分配和监督、预算的管理以及国家宏观调控的职能，还具有约束政府税收规模的职能。制定一部好的预算法是中国政改、结构转型和廉政建设的当务之急，也是国家实现民主、公平和正义的基石[②]，设计科学、合理的预算法能在较大程度上减轻甚至杜绝政府的征税权滥用，保护民众的财产权利，更能体现政府征税诚信、用税守信，提高社会福祉的诚信追求。

（一）《中华人民共和国预算法》中用税约束的诚信原则尚付阙如

由于民众与政府之间的政治契约和税收契约，民众让渡了部分财产权和政治权利给政府，政府凭借与民众的政治契约掌握着大量的资源配置权，而且几乎是公共产品的唯一供给者，对公共产品的生产成本与收益有着绝对的信息优势。与此同时，政府对公共产品的垄断，缺乏强制性的信息披露义务，加之公民对公共产品的需求偏好，没有激励机制鼓励民众进行真实的表

[①] 张阳. 中国税负归宿的一般均衡分析与动态研究 [M]. 北京：中国税务出版社，2007：4.
[②] 涂子方. 预算法的修改有实质性作用吗 [EB/OL].（2017-11-08）[2020-01-03].http://blog.sina.com.cn/s/blog_a8cc7c3001011xu6.html.

达，这都使公共产品的供给与公共需求之间人为地造成了严重的信息不对称，加剧了政府预算的隐秘性。政府作为"理性经济人"，总是从自身利益最大化进行资源配置。随着社会经济的发展和进步，公民对公共产品的需求日趋多样化，俨然不再局限于安全、基础医疗和初等教育等方面，而是对政府提供的公共产品有了更多更高的要求，政府财政支出随着其职能的扩大而不断增加。纳税人与政府之间的信息不对称及监督不力等现象，成为滋生"权力寻租"的温床，并为贪污腐败提供了一定的空间。此外，地方各级政府本着"公共利益地方化"和"地方利益部门化"的目标追求，也加剧了民众对政府预算的质疑，严重影响了政府的公共产品供给效率。政府仍然控制着公共产品的市场准入，既当"裁判员"又当"运动员"，成为市场最大的卖家，形成价格垄断。基于此，如果政府用税权缺乏必要的约束与监督，必将导致政府失去诚信，失去民众的信任，使纳税人与政府的对抗更为激烈和持久。

自 1994 年分税制改革以来，"94 版预算法"已不能完全适应形势发展的要求，其修改已经成为我国财税制度改革的重要内容。历经十年的修法之路，历经三届人大，启动四次审议，新的《中华人民共和国预算法》（以下简称《预算法》）于 2014 年 8 月颁布，2015 年 1 月 1 日正式开始实施，至此，《预算法》在出台 20 年后，终于完成了首次修改（最新版本是根据 2018 年12 月 29 日第十三届全国人民代表大会常务委员会第七次会议《关于修改〈中华人民共和国产品质量法〉等五部法律的决定》修正，自公布之日起施行）。该《预算法》主要针对预算内容的完整性、预算编制的科学性、预算执行的规范性、预算监督的严肃性和预算活动的公开性等重大问题做出了明确而严格的规定，为构建"阳光政府、效能政府、公平政府、责任政府"提供了法律保障。《预算法》的修改对政府的用税权进行了限制，提高了预算执行和监督的民主性，但是，《预算法》总体上诚实原则的缺失，使地方财政支出效率低下、浪费现象依然存在，甚至引致经济发展受阻、财政困难、信任危机等现象，损害了民众福祉。财政收支过程就是将一定的社会资源集中到政府手中，并由政府集中进行资源配置的过程，因此如何实现对资源的有效配置与绩效预算理念成为提高财政资金使用效率的根本原则和重要理念。然而，在近二十年的旧《预算法》的约束和影响下，仍然遵循着旧《预算法》的"惯例"，各级地方政府财政预算并未脱离旧预算法下的"窠臼"。政府在用税环节中，能为决策者在配置有限资源和审议优先次序时提供信息，从而在公共服务中创造价值①，实现财政民主。如果通过预算等法律制度的推进和提升，能使纳税人缴纳给政府的税收在使用后创造出最大的货币价值，政府诚信便无可辩驳，税收征纳互信和税收和谐就能得以建立。

由于我国预算法缺乏诚实信用原则的统率和约束，政府征税规模和用税缺乏共性的限权原则，所以出现了预算绩效考评机制和考评指标的缺失。因为，"一个有效的绩效预算系统高度依赖于绩效度量和报告、战略规划以及绩效管理等重要因素"②，这使得政府部门在编制预算时往往夸大编制基数，即为今年争取更多的资金，也为下年编制预算提高基数，而不是经过合理、科学的测算，得出本年该部门实际应申报的预算数。此外，自分税制改革以来，地方政府"财权"与"事权"的不匹配，使地方各级财政存在"拆东墙补西墙"的困境，几乎无暇顾及财政支出绩效评价，致使绩效指标与度量缺乏约束性。为此，必须建立一个具有多重价值标准、多向维度以及多元评估主体的绩效指标体系，对政府绩效支出做出科学度量和合理评价，以增加政府征税的诚信度。但预算执行绩效指标体系所面临的价值冲突、技术障碍、外部性等难题，都需要协调或克服。

（二）预算执行绩效考核的诚信原则嵌入

尽管我国《预算法》做了较大幅度的修改，力图构建民主政府、诚信政府，减轻征纳双方的对立情绪，提高民众对政府的信任度。但是，预算信息公开透明度仍然不够，公众很难通过公开渠道获得政府预算以及执行情况的完整信息，而公开披露的信息往往很宏观、很粗略，"外行看不懂、内行说不清"的形势并未得到实质性扭转。如果将财政民主的理念根植于政府预算，在预算管理的每一个环节都遵循主权在民的基本理念③，那么社会公众就应当对政府财政收支决策等事宜享有决定权与监督权，并在总体上提升政府税收支出的适用效率，更增加了政府财政支出的正当性与合法性，更加契合民意，并有力地保护了纳税人的信赖利益，符合诚信政府的根本要求。政

---

① 马洪范.绩效预算信息论——信息视角下的政府绩效预算管理与改革[M].北京：经济科学出版社，2008：507.

② 沈春丽.绩效预算[EB/OL].（2015-06-18）[2021-06-13].http：//www.crifs.org.cn/crifs/html/default/yusuanzhidu/_history/1009.html.

③ 杜坤.非税收入预算法律问题研究[D].重庆：西南政法大学，2016：81.

府预算制度的变革是一个国家政治和经济制度变革的反映，政治和经济制度变革的长期性、复杂性和规律性决定了政府预算制度变革的基本路径。① 我国目前处在民主建设的克难攻坚时期，也处在改革的"深水区"，矛盾和利益冲突错综复杂，财政支出的绩效考核也应当嵌入诚信体系，这是纳税人行使知情权、监督政府财政行为的客观需要，也是推进依法行政、提高财政运行绩效、自觉接受社会监督的内在需求。为了保证新《预算法》实施的效果和制度预期目标，财政预算制度的进一步改革势在必行，尤其是绩效预算的建立和实施，应该成为政府预算体制改革的共同选择，有关法律制度和科学合理指标体系的及时跟进，是构成绩效预算的内生性需求和实践性条件。现代民主的"主权在民"和"以人为本"的理念要求《预算法》中的绩效预算体系的建立应当彰显民众参与和监督，避免政府征税和用税的偏重程序合法而忽略财政支出效率的漏洞，以诚信为基本原则对绩效考核制度的强制性介入，为政府诚信税收的法治要求找到了实现途径。

不容忽视，地方预算制度改革是一个系统性工程，涉及财政预算的口径体系、预算公开监督体系等多方面的建立与完善。应着力解决新《预算法》实施背景下本级财政预算中存在的问题，使地方政府由管理主体变为管理对象，将其"权力关进制度的笼子里"。我们的研究还应对本级财政预算改革步骤及相关制度设计的有关问题进行更深入研究，确保人民群众对地方财政的知情权、参与权和监督权，提升本级政府财政管理能力。

二、制定财政转移支付法的诚信原则嵌入构想

（一）财政转移支付的自由裁量权诚信约束

近年来，我国的财政转移性支付数额一路攀升，2020 年高达 8.4 万亿，相当于中央财政收入的 80% 左右②，尽管我国财政转移支付在财政体制中极为重要且资金数额巨大，但法治化程度较低，尚未制定专门的《财政转移支付法》，而是主要依靠大量的行政规范性文件运行。③ 财政转移支付事关经

---

① 白景明.全面认识绩效预算 [J].中国财政，2009（24）：25 - 27.

② 国库司.2020 年财政收支情况 [EB/OL].（2018-02-07）[2020-06-18].http://www.mof.gov.cn/index.htm.

③ 耿颖.财政转移支付制度的法理基础与法治路径 [J].中国财政，2016（1）17.

济和民生，虽然新版《预算法》第十六条首次对财政转移支付作出了相关规定①，但只是对一般性财政转移支付和专项财政转移支付作了目标、主体和排除适用等方面的概括性规定，就执行主体的自由裁量权作了法律上的认可，但却无权力的限制，这应当引起学术界的关注和探讨。

"代表者表决租税的权利，即不可避免地扩大至监督被征收金额的用途，以及讨论租税系属必要的根据的权利。"②财政转移支付是财政资金在中央与地方、上级与下级政府之间的再分配，旨在实现地区间财力均衡及基本公共服务均等化，并以一般性转移支付和专项转移支付的合理搭配及规范化为追求。③财政转移支付的客体是国家的财政收入，绝大部分来源于纳税人的财产让渡，关乎纳税人的信赖利益保护和政府财政权限制，在本质上与政府税收诚信要求具有理念和内涵上的一致性和契合性。从财政转移支付的主体进行分析，作为国家财政资金的再分配行为，其实施主体是国家的财政机关以及各级人民政府，他们在财政转移支付中居于决定性的主导地位，他们的决策权和执行权，虽然有人大这一最高权力机关参与其中，政府在用税环节的自由裁量权具有存在的合理性和必要性，但自由裁量权的不正当行使又会造成权力的恣意④，甚至成为侵害纳税人利益的权柄。自由裁量权在本质上是权利主体（纳税人）的授权，如果该权利没有受到有效的控制和监督，极易出现自由裁量权的滥用，就会违背授权人的初衷和目的。预算是国民运用立法权控制政府权力的最有效工具，作为政府征税权的一部分，纳税人的利益保护也应当以平等、自由、意思自治以及维护共同利益为标准，理当适用诚实信用原则，以之保障纳税人权利保护的话语权。财政转移支付制度担负着政府用税环节的实质公平和正义，也体现着政府诚信和权力约束。

---

① 《预算法》第十六条："国家实行财政转移支付制度。财政转移支付应当规范、公平、公开，以推进地区间基本公共服务均等化为主要目标。财政转移支付包括中央对地方的转移支付和地方上级政府对下级政府的转移支付，以为均衡地区间基本财力、由下级政府统筹安排使用的一般性转移支付为主体。按照法律、行政法规和国务院的规定可以设立专项转移支付，用于办理特定事项。建立健全专项转移支付定期评估和退出机制。市场竞争机制能够有效调节的事项不得设立专项转移支付。上级政府在安排专项转移支付时，不得要求下级政府承担配套资金。但是，按照国务院的规定应当由上下级政府共同承担的事项除外。"
② 同上.
③ 同上.
④ 赵素艳.财政转移支付程序法控制研究[D].沈阳：辽宁大学，2016：1.

（二）财政转移支付的程序诚信原则确立

目前，我国虽然制定了一些规范财政转移支付的一般性法规，但尚未出台有关财政转移支付的专门或相关的法律，仅有为数不多的规章制度。地方各级人民代表大会对尚未完全纳入预算管理的转移支付资金难以发挥应有的监督职能。① 实践中，财政转移支付的权力机关包含行使决策权力的审批机关——各级人民代表大会和项目决策机关，县级以上人民政府，财政转移支付的执行机关为各级人民政府。由此可以看出，财政转移支付的决策主体与执行主体具有竞合性，均有各级政府的参与，他们既是财政转移支付的"裁判员"，也是财政转移支付实施的"运动员"，决策和执行主体身份竞合，致使财政转移支付出现了许多现实问题。我国财政转移支付的现实问题的表现如下：首先，缺乏衡量各地区财政能力的统一标准。衡量标准的缺失，加上决策主体和执行主体均为各级地方政府，基于本地利益最大化和政绩需求，尤其设专项财政转移支付极易出现"跑部钱进"的怪异现象，专项转移支付并不能发挥其应有的作用，加之财政转移法治化程度低，财政转移支付的决策权和执行权缺乏法律性的程序约束，财政转移支付应当严格遵循的方式、步骤、时限和顺序严重缺失，由程序保证的实质公正成为虚无，随意性、无序性降低了政府的公信力，民众对政府用税行为产生质疑和猜测，甚至认为政府用税脱离民意，肆意损害纳税人利益。其次，法律程序缺位致使一般性财政转移支付执行效果欠佳。一般性转移支付具有规模偏小、受众面广、计算方式简单粗糙等特点，且一般性转移支付并没有具体的决策程序和执行程序，民众参与监督的机制缺失，进而出现一般性财政转移支付异化为"撒胡椒面"似的普惠性福利。最后，财政转移支付决策程序失范，各类规章和系统内部文件层出不穷，支出乱象禁而不止。由于尚未有一部专门的《财政转移支付法》调整该领域的法律关系，现实中法律层次较低的部门规章乃至行政系统内部文件各自发挥着自己的作用，规定、文件之间的冲突和矛盾不可避免。对于一般性转移支付，由财政部每年发布《一般性转移支付办法》；对于专项转移支付，主要是《革命老区专项转移支付资金管理办法》《边境地区专项转移支付资金管理办法》等。这种频繁出台的"办法"在较大程度上减损了制度效率。财政转移支付属于国家财政的第二阶段，应当用

---

① 李松森，盛锐.完善财政转移支付制度的思考[J].经济纵横，2014（3）：88-95.

好财政资金，尽管不像筹集资金那样具有直接"侵益性"，但却极大地关系到纳税人的切身利益。这正是从消极权利防御到积极权利保障，从保证人民生存到促进人民发展的过程。[①]

保障公民基本权利是我国宪法价值的终极目标和价值导向，政府征税和用税行为权力不受到制约，势必导致政府权力滥用和对纳税人权利的肆意剥夺。《财政转移支付法》不仅应当做到形式意义上的合法性，还应当受到伦理价值的基本拘束，回应税法的实质正当性需求。具言之，税法的合法性应该涵盖三方面的内容：一是征税权力存在的必要性和必然性；二是征税权力取得途径和使用范围的正当性；三是征税权力服务于公共目的的公益性。[②]所以，财政转移支付法应将政府用税的权源、转移支付标准以及转移支付效率界定内涵于相关法律制度之中，以财政转移支付充分信息披露制度体现政府诚信。

三、制定公共投资法的诚信原则嵌入构想

（一）公共投资法诚信原则嵌入的必要性解析

政府的存在和运行需要一定的物质基础作保障，如果没有税收的支持，国家运转的"转盘"就将失灵，公民的生活和自由也将无从保证。[③] 除了为国民提供公共物品和公共服务之外，政府还担负着推动经济发展、满足公共需要之公共管理职能，提供市场主体无投资意愿的公共项目，如修建图书馆、医院、公共交通、水利工程等，这些都需要政府进行公共投资建设，政府公共投资的资金来源无疑是纳税人的税收收入。政府公共投资的资金管理和使用效率高低，直接关系到"取之于民"的税收收入能否在本质上实现"用之于民"，符合民众的期望目标和信赖利益。政府公共投资是政府的投资性支出，它是以政府为投资主体，以财政资金为投资来源的一种投资活动而形成的一种事业经济，是政府直接干预经济进行宏观调控的一种经济职能。换言之，政府虽然基于公共利益或公共目的进行投资，但其所使用的资

---

① 耿颖.论公共财政的基本体制法之纵横展开[J].财税法论丛，2015（2）：109-125.

② 严存生.法的合法性问题研究[J].法律科学，2002（3）：7.

③ [美]飞利浦·T.霍夫曼，凯瑟琳·诺伯格.财政危机、自由和代议制政府（1450—1789）[M].储建国，译.上海：格致出版社，[M].上海：上海人民出版社，2008：1.

金仍然是纳税人的税收，本质上仍属于政府用税行为，其诚信约束的制度设计当然成为公共投资的行为规制准则。就纳税人的生存权保障而言，源于"以人性尊严与个人基本价值为中心"的实质宪政国家的本质要求，税法上不得侵犯人性尊严，国家征税应不侵入纳税人的生存领域，且应当维系财产利益的存续性，以保障纳税人的自由发展权利。① 再从投资主体分析，公共投资是以政府为主导的投资行为，政府的主导性贯穿于投资项目的选定、管理与运作等全过程，政府理当通过公共投资项目的运作与管理履行好公共管理职能，满足社会公众的公共需要，保障社会成员的公共利益，增加社会公共福利。② 政府进行公共投资，基于民众与政府的"委托—代理"关系，公共利益最大化是纳税人的根本要求，不能使公共投资在事实上沦为某些利益集团或政府官员的私人投资，必须从根本上完善民主与法制，这也是民主政治和保护纳税人权利的内在要求，更是构建诚信政府的根本所在，政府征税和用税都要受到民众这个共同体的法律制约，并受到公众的监督。③ 因此，基于公共投资的政府主导性和行政性、投资项目的公共利益性以及纳税人权利的保护，将诚信原则嵌入到公共投资法之中，应当是实现政府诚信征税和用税方面的法治建设的理想选择，也是实现社会公平、平等、自由和民主法治的应有之义。

（二）政府公共投资法诚信原则嵌入

从政府公共投资的目的和性质分析，公共投资领域集中在基础设施建设以及公共物品的供给，其目标不仅在于最大限度地满足民众的公共需要，并且需要保证项目的资金安全性和最大限度的保值和增值，这就要求不但要考虑所投资项目的经济效益，还要考虑社会效益，并应以社会效益为其基本目标。④ 基于对民众公共利益的保护，公共投资项目决策，首先应当以诚信为基本原则，设计民众参与机制，广泛征集和听取民意，对拟投资项目作详尽

---

① 高军.试论纳税人税法上的生存保障 [J].广州大学学报（社会科学版），2009（11）：8-9.

② 张固玲.政府公共投资项目效益审计研究 [D].长沙：湖南大学，2010：9.

③ 同上.

④ 付多萍.公共工程项目效益的评价方法——成本——收益分析法 [J].财会通讯，2006（11）：44-45.

而审慎的考察，并辅以严格规范的投资"成本—收益"分析。保障纳税人的财产能够被合理、有效、节约地使用，就应当对政府投资支出行为给予规范和约束，把诚信约束由道德规范上升为法律的强制性规范，规范公共投资行为，使拟投资的项目符合公共利益最大化的价值追求，满足民众的公共需求，彰显诚信政府、责任政府和阳光政府的内在要求。其次，政府公共投资不仅关乎纳税人的资金使用，还牵涉纳税人公共资金的使用效率以及社会公共利益的保护与提升，更是维护社会公平与公正的内在要求，公共投资项目往往资金规模大、建设周期长，其间的利益诱惑巨大，"权力寻租"现象难以避免，因此仅仅依靠政府机关及其官员的道德自律远远不够，必须将诚实信用原则引入《公共投资法》之中，以广泛征集民意的方式获取民众的公共投资意愿和投资需求，不仅从法律上界定公共投资的范围，对公共投资的程序也要予以法律确定。此外，政府公共投资项目分为经营性和非经营性两类，经营性公共投资项目后续还会在较长时期产生巨大的现金流，应当对此类项目进行后期监管，并进行定期的成本与收益公示，制定项目效益审计的规范和标准，接受纳税人监督和审计。对于非经营性公共投资项目，要从法律上对其使用年限予以确定，确保工程质量，避免"短命工程"和"豆腐渣工程"。与此同时，公共投资项目应当重视项目规划，在决策环节应当以法治约束方式，力求保证规划的科学性、合法性和民主性。此外，要建立政府公共投资的责任追究机制，对由于政府及相关人员的决策失误、监管失职导致的民众公共利益损失行为，应依法追究行政、经济和法律责任，并将责任的认定、追究和处理进行公示，接受民众监督。

结　语

　　治者，法之端也。良法方能实现善治，坚持科学立法之规，回应时代法
治需求，增进人民福祉，是推进全面依法治国方略的关键环节，亦为治国理
政的基本方略。"诚者，天之道也；诚之者，人之道也。"中国先秦时期便以
诚信作为伦理规范和道德标准，立身处世，当以诚信为本。《礼记·祭统》
中记载："是故贤者之祭也，致其诚信，与其忠敬。"人若不讲诚信，就会造
成社会秩序混乱，彼此无信任感，后患无穷。法律制度不仅应当为民众意志
的集中体现，更应当充分把握和积极反映时代之新变化、新趋势和新取向。
具有法律意义的诚实信用原则起源于罗马法，包含诚信诉讼和诚信占有，内
心状态则为主观诚信，外部行为则为客观诚信。诚实信用原则首先适用于私
法领域，并成为"君临法域"的基本原则。[1] 我国财税法与生俱来的国家意
志和公法性质固然没有诚信基础，赋予纳税人更多的是义务，而非权利，税
收法律制度中的诚信原则，更多地适用于对纳税人的约束，税收互信和政
府征税诚信的关注者为数不多。[2] 纳税人的"税痛指数"居高不下，征纳双
方关系紧张成为税收征管绕不开的"痛点"。在持续推进治理体系和治理能
力现代化的新时代，研究税收诚信原则，增强税收征纳互信，提升税收遵从
度，具有理论意义和实践价值。因此，本书试图对税收诚信原则进行研究，
透过税收制度设计的"表象"，探究了政府征税诚信理念缺失的原因以及征
纳双方利益博弈等行为选择的"本质"，力求为政府诚信征税的制度设计找
到合适的法治进路，实现税收征纳的"合作与均衡"，建立和谐的征纳关系。

---

① 王泽鉴.民法学说与判例研究（一）[M].北京：中国政法大学出版社，1998：302.
② 刘创.税收诚信研究[D].南昌：江西财经大学，2003.

从现有的研究文献来看，诚实信用原则在民法、证券法、公司法等私法领域研究已经颇显成熟，各类著述成果丰硕。而公法领域对诚信原则的研究尚处于起步阶段，主要反映在对行政法适用诚实信用原则的研究，对诚实信用原则在公法领域的扩张也只是做了部分尝试性的探索。[①] 本书运用法学、社会学、经济学、伦理学以及经济学的支流学科，如财政学、信息经济学等学科的基本理论，对税收征纳关系以及税收行为博弈进行了深层次的探究与分析。政府征税既是一个法律问题，又是一个社会问题，更是一个经济问题。本书力图从多角度探寻政府诚信征税的制度设计理论依据、制度安排路径以及相关制度构想，既从微观上剖析税收征纳双方的利益价值取向、行为博弈以及利益均衡等征纳主体之间的问题，又从宏观上解读了政府征税行为的宏观调控功能、贫富差距调节功能以及公平与效率衡平等政府征税与国家治理之间的问题。本书运用交叉学科理论研究政府诚信征税法治化，具有一定程度的开创性和风险性。仅希望能通过对政府诚信征税法治化问题的思考，为我国税收法治完善、提高税收遵从度和政府公信力的制度构建尽一点微薄之力。

政府征税的合法性和正当性是现代民主政治的核心问题之一。税收国家已是一种常态，国家的财政几乎是以税收为主要经济来源，对税收权力的依赖已成为现代国家生存与发展的基本前提。然而，政府征税的正当性与合法性的理论依据到底应该是什么？民众税痛指数居高不下的根本原因在哪里？政府征税诚信原则缺失的症结是什么？"皇粮国税"的强制性义务税文化的"遗传基因"对现代税收制度造成了较为深刻的影响，使纳税人视之为恶法，偷税、漏税甚至抗税的博弈对策行为屡禁不止，征纳关系紧张致使纳税人与征税机关产生对立情绪。基于此，本书认为我国税收法律制度诚信缺失的根本原因在于理论基础是封建的"皇权"思想下的不平等的"皇室岁人"，而不是契约理论所倡导的平等、自由、诚信和公平，现代税收制度应当重新建立以契约精神为核心的税收理论基础。

在以现代税收契约理论构造我国诚信征税制度之前，应当认真剖析公民让渡财产权所应得到的公共产品与公共服务的对价关系、征纳双方的行为选择及其"对策行为"的价值目标导向，以及达到二者博弈的"纳什均衡（Nash Equilibrium）"所应具备的条件。此外，税收的效率与公平均衡、税

---

① 赵小芹.行政法诚实信用原则研究[D].吉林：吉林大学，2008.

收制度交易费用的考量，以及政府征税和宏观调控的相互作用与相互影响都是建立政府诚信征税需要直面和解决的问题，厘清"有限政府""效率政府"和"阳光政府"的关系也是征税诚信的重要前提。

政府诚信征税法治化应当以纳税人自然权利保护为中心，建立以诚实信用为基础的道德原则，借以道德调节约束政府征税行为。政府征税关涉公民财产权的减损，与政府之间是一种此消彼长的对立关系，"征税同意"这一集体的意思表示需要在宪法上予以确认和保护，明确税收立法主体和授权立法范围，并以税收法定的形式加以固定和明确，以确保诚信征税的实质正义。与此同时，政府诚信征税的评判标准——量能课税这一原则的解读与运用，是该制度建设重要内容，也是使诚信征税制度成为形神兼具的"良法"的一项不可或缺的价值尺度。

政府诚信征税不仅是践行社会主义核心价值观的重要内容，也是贯彻依法治国、依法行政的重要制度保证。本书认为，从广义来讲，政府诚信征税不仅涉及征税环节，还关乎政府生产和提供公共产品的用税环节，这就当然涉及《中华人民共和国预算法》《财政转移支付法》《中华人民共和国政府采购法》以及公共投资法等相关领域制度的建立与完善。政府诚信征税法治化不仅是立法理论基础的改变，还是一系列制度变迁，以之共同形成有效的制度环境，彰显税收法律制度的实质公平和实质正义的法的价值。因此，关于政府诚信征税法治化的研究是一项系统工程，本书的研究仅仅是一个开始，行文粗糙，结论肤浅。希望本书能起到一个抛砖引玉的作用，引起学界的更多关注，使更多的学者加入进来，共同推进税收诚信问题的研究。

参考文献

一、中文类参考文献

（一）著作类

[1] [美] 理查德·A. 波斯纳. 法律的经济分析 [M]. 北京：法律出版社，2012.

[2] [日] 北野弘久. 纳税者基本权论 [M]. 陈刚，译. 重庆：重庆大学出版社，1996.

[3] [日] 北野弘久. 税法学原论 [M]. 陈刚，译. 北京：中国监察出版社，2001.

[4] [英] 洛克. 政府论（下）[M]. 叶启芳，译. 北京：商务印书馆，1996.

[5] [法] 孟德斯鸠. 论法的精神（上）[M]. 张雁深，译. 北京：商务印书馆，1997.

[6] [法] 卢梭. 社会契约论 [M]. 何兆武，译. 北京：商务印书馆，1980.

[7] [美] 詹姆斯·M. 布坎南、戈登·图洛克. 同意的计算——立宪民主的逻辑基础 [M]. 陈光金，译. 上海：上海人民出版社，2014.

[8] [英] 威廉·配第. 赋税论 [M]. 陈冬野，译. 北京：商务印书馆，1978.

[9] [英] 亚当·斯密. 国富论（下）[M]. 郭大力，王亚南，译. 上海：上海三联书店，2009.

[10] [英] 穆勒. 穆勒经济学原理 [M]. 郭大力，译. 上海：世界书局，1936.

[11] [德] 马克斯·韦伯. 经济与社会（上卷）[M]. 林荣远，译. 北京：商务印书馆，1997.

[12] [希腊] 亚里士多德. 政治学 [M]. 吴寿彭，译. 北京：商务印书馆，1965.

[13] [美] 劳伦斯·M.弗里德曼.法律制度:从社会科学视角观察 [M].李琼英,译.北京:中国政法大学出版社,2014.

[14] [美] 詹姆斯·M.布坎南.自由,市场与国家 [M].平新乔,译.上海:上海三联书店,1989.

[15] [美] 安东尼·奥罗姆.政治社会学导论(第 4 版)[M].张华青,译.上海:上海世纪出版社,2006.

[16] [美] 罗尔斯.正义论 [M].何怀宏,译.北京:中国社会科学出版社,1988.

[17] [美] 詹姆斯·M.布坎南.宪法秩序的经济学与伦理学 [M].朱泱,译.北京:商务印书馆,2008.

[18] [英] 弗里德曼·冯·哈耶克.通往奴役之路 [M].王明毅,译.北京:中国社会科学出版社,1997.

[19] [美] 柯武刚,史漫飞.制度经济学:社会秩序与公共政策 [M].韩朝华,译.北京:商务印书馆,2002.

[20] [美] 道格拉斯·C.诺斯.制度、制度变迁与经济绩效 [M].杭行,译.上海:格致出版社,上海:上海人民出版社,2008.

[21] [法] 孟德斯鸠.论法的精神 [M].南昌:江西教育出版社,2014.

[22] [美] 安东尼·奥罗姆.政治社会学导论(第 4 版)[M].张华青,译.上海:上海世纪出版社,2006.

[23] [美] 理查德·A.马斯格雷夫,詹姆斯·M.布坎南.公共财政与公共选择:两种截然对立的国家观 [M].北京:中国财政经济出版社,2000.

[24] [美] 博登海默.法理学:法律哲学与法律方法 [M].北京:中国政法大学出版社,1999.

[25] [英] 亚当·斯密.国富论(下)[M].郭大力,王亚南,译.上海:上海三联书店,2009.

[26] [英] 托马斯·霍布斯.利维坦 [M].黎思复,黎廷弼,译.北京:商务印书馆,1936.

[27] [英] 洛克.政府论 [M].叶启芳,瞿菊农,译.北京:商务印书馆,2007.

[28] [法] 卢梭.社会契约论 [M].李平沤,译.北京:商务印书馆,2011.

[29] [法] 莫里斯·迪韦尔热.政治社会学:政治学要素 [M].杨祖功,王大东,译.北京:华夏出版社,1987.

[30] [德] 埃里克·弗鲁伯顿，鲁道夫·芮切特.新制度经济学：一个交易费用分析范式 [M].姜建强，罗长远，译.上海：上海三联书店、上海人民出版社，2006.

[31] [美] 詹姆斯·布坎南.自由，市场和国家 [M].北京：北京经济学院出版社，1998.

[32] [美] 乔纳森·卡恩.预算民主：美国的国家建设和公民权（1890—1928）[M].叶娟丽，译.上海：格致出版社，2008.

[33] [美] 哈贝马斯.在事实与规范之间：关于法律和民主法治国家的商谈理论 [M].童世骏，译.上海：生活·读书·新知三联书店，2003.

[34] [美] 鲍德威·威迪逊.公共部门经济学 [M].北京：中国人民大学出版社，2000.

[35] [美] 罗伯特·考特，托马斯·尤伦.法和经济学 [M].上海：格致出版社、上海人民出版社，2012.

[36] [英] 洛克.政府论（下篇）[M].北京：商务印书馆，2007.

[37] [美] 托马斯·潘恩.潘恩选集 [M].北京：商务印书馆，1981.

[38] [美] 道格拉斯·C.诺思.经济史中的结构与变迁 [M].陈郁，罗华平，译.上海：上海三联书店、上海人民出版社，1994.

[39] [美] 詹姆斯·M.布坎南，戈登·图洛克.同意的计算——立宪民主的逻辑基础 [M].陈光金，译.上海：上海人民出版社，2014.

[40] [美]C.H.麦基文.宪政古今 [M].翟小波，译.贵州：贵州人民出版社，2004.

[41] [意] 埃里希·科齐勒.税收行为的经济心理学 [M].国家税务总局税收科学研究所，译.北京：中国财政经济出版社，2012.

[42] [美] 博登海默.法理学——法哲学及其方法（中译本）[M].北京：华夏出版社，1987.

[43] [美] 哈维·S.罗森.财政学 [M].赵志耘，译.北京：中国人民大学出版社，2003.

[44] [古罗马] 西塞罗.论共和国论法律 [M].王焕生，译.北京:中国政法大学出版社，1997.

[45] [英] 洛克.政府论（下）[M].瞿菊农，叶启芳，译.北京：商务印书馆，1982.

[46] [美] 约翰·罗尔斯. 正义论 [M]. 何怀宏, 何包钢, 廖申白, 译. 北京: 中国社会科学出版社, 2009.

[47] [法] 孟德斯鸠. 论法的精神 (下) [M]. 张雁深, 译. 北京: 商务印书馆, 1963.

[48] [美] 詹姆斯·M. 布坎南, 戈登·图洛克. 同意的计算——立宪民主的逻辑基础 [M]. 上海: 上海人民出版社, 2014.

[49] [英] 洛克. 政府论 (下篇) [M]. 叶启芳, 瞿菊农, 译. 北京: 商务印书馆, 1964.

[50] [美] 史蒂芬·霍姆斯. 先定约束与民主的悖论 [M]. 上海: 三联书店, 1997.

[51] [美] 布伦南, 布坎南. 宪法经济学 [M]. 冯克利, 秋风, 译. 北京: 中国科学出版社, 2004.

[52] [法] 卢梭. 社会契约论 [M]. 何兆武, 译. 北京: 商务印书馆, 1980.

[53] [美] 曼瑟尔·奥尔森. 集体行动的逻辑 [M]. 陈郁, 郭宇峰, 李崇新, 译. 上海: 格致出版社、上海三联书店、上海人民出版社, 2014.

[54] [英] 亚当·斯密. 国民财富的性质和原因的研究 (下卷) [M]. 郭大力, 王亚南, 译. 北京: 商务印书馆, 1974.

[55] [美] 布坎南. 自由市场和国家 [M]. 北京: 北京经济学院出版社, 1986.

[56] [古罗马] 西塞罗. 论老年 论友谊 论责任 [M]. 徐奕春, 译. 北京: 商务印书馆, 1998.

[57] [美] 博登海默. 法理学——法哲学及其方法 [M]. 邓正来, 姬敬武, 译. 北京: 华夏出版社, 1987.

[58] [日] 北野弘久. 税法学原论 (第4版) [M]. 陈刚, 译. 北京: 中国检察出版社, 2001.

[59] [法] 孟德斯鸠. 论法的精神 (上) [M]. 张雁深, 译. 北京: 商务印书馆, 1982.

[60] [古希腊] 亚里士多德. 政治学 [M]. 吴寿彭, 译. 北京: 商务印书馆, 1956.

[61] [英] 弗里德里希·冯·哈耶克. 法律、立法与自由 (第2, 3卷) [M]. 邓正来, 译. 北京: 中国大百科全书出版社, 2000.

[62] [澳] 布伦南, [美] 布坎南. 宪政经济学 [M]. 冯克利, 译. 北京: 中国科学出版社, 2004.

[63] [日].北野弘久.税法学原理（第四版）[M].陈刚，译.北京：中国检察出版社，2001.

[64] [德]黑格尔.法哲学原理[M].范扬，张企泰，译.北京：商务印书馆，1961.

[65] [美]道格拉斯·C.诺思.制度、制度变迁与经济绩效[M].杭行，译.韦森译审，格致出版社、上海三联书店、上海人民出版社，2014.

[66] [英]威廉·配第.赋税论[M].陈冬野，译.北京：商务印书馆，1978.

[67] [英]穆勒.穆勒经济学原理[M].郭大力，译.上海：世界书局，1936.

[68] [德]马克斯·韦伯.经济与社会（上卷）[M].林荣远，译.北京：商务印书馆，1997.

[69] [法]卢梭.社会契约论[M].李平沤，译.北京：商务印书馆，2011.

[70] [美]V.奥斯特罗姆，D.菲尼，H.皮希特.制度分析与发展的反思[M].北京：商务印书馆，1996.

[71] [美]罗伯特·D.李，罗纳德·约翰逊.公共预算系统[M].曹峰译.北京：清华大学出版社，2002.

[72] [美]菲利浦·T.霍夫曼，凯瑟琳·诺伯格.财政危机、自由和代议制政府（1450—1789）[M].储建国，译.上海：格致出版社、上海人民出版社，2008.

[73] [法]孟德斯鸠.论法的精神（上册）[M].张雁深，译.北京：商务印书馆，1961.

[74] [美]罗伯特·考特，托马斯·尤伦.法和经济学（第6版）[M].上海：格致出版社，上海：上海人民出版社，2012.

[75] [美]曼瑟尔.奥尔森.集体行动的逻辑[M].陈郁，郭宇峰，李崇新，译.上海：格致出版社、上海三联书店、上海人民出版社，2014.

[76] [美]梅里利·S.格林德尔，约翰·W.托马斯.公共选择与政策变迁——发展中国家改革的政治经济学[M].黄新华，陈天慈，译.北京：商务印书馆，2016.

[77] 陈征楠.法正当性问题的道德面向[M].北京：中国政法大学出版社，2014.

[78] 熊秉元.正义的成本：当法律遇上经济学[M].北京：东方出版社，2014.

[79] 周叶.纳税人纳税行为的经济学分析[M].上海：上海财经大学出版社，2009.

[80] 刘蓉，刘为民.宪政视角下的税制改革研究[M].北京：法律出版社，2008.

[81] 张晓君.国家税权的合法性问题研究[M].北京：人民出版社，2010.

[82] 张维迎.市场的逻辑 [M].上海：上海人民出版社，2010.

[83] 李刚.税法与私法关系总论——兼论中国现代税法学基本理论 [M].北京：法律出版社，2014.

[84] 熊伟.法治、财税与国家治理 [M].北京：法律出版社，2015.

[85] 张维迎.博弈论与信息经济学 [M].上海：上海三联书店、上海人民出版社，2010.

[86] 张维迎.博弈与社会 [M].北京：北京大学出版社，2013.

[87] 陈征楠.法正当性问题的道德面向 [M].北京：中国政法大学出版社，2014.

[88] 贺燕.实质课税原则的法理分析与立法研究：实质正义与税权横向配置 [M].北京：中国政法大学出版社，2015.

[89] 葛克昌.税法基本问题（财政宪法篇）[M].北京：北京大学出版社，2004.

[90] 徐国栋.民法基本原则解释 [M].北京：中国政法大学出版社，2001.

[91] 黄风.罗马法词典 [M].北京：法律出版社，2001 版，第 67 页.

[92] 陈自强.民法讲义契约之成立与生效 [M].北京：法律出版社，2002.

[93] 梁慧星.民法解释学 [M].北京：中国政法大学出版社，1995.

[94] 李双元，温世扬.比较民法学 [M].武汉：武汉大学出版社，1998.

[95] 徐国栋.民法基本原则解释（增订版）[M].北京：中国政法大学出版社，2001.

[96] 梁慧星.民法解释学 [M].北京：中国政法大学出版社，1995.

[97] 周叶.纳税人纳税行为的经济学分析 [M].上海：上海财经大学出版社，2009.

[98] 张美中.税收契约理论研究 [M].北京：中国财政经济出版社，2007.

[99] 贾海彦.公共品供给中政府经济行为分析：一个理论分析框架在中国的应用 [M].北京：经济科学出版社，2008.

[100] 史尚宽.债法总论 [M].台湾：荣泰印书馆，1978.

[101] 陈玉梅，贺银花.契约法诚实信用原则研究 [M].北京：中国社会科学出版社，2012.

[102] 张怡.衡平税法研究 [M].北京：人民大学出版社，2012.

[103] 刘剑文.财税法论丛（第 16 卷）[M].北京：法律出版社，2015.

[104] 翟继光.财政法学原理：关于政府与纳税人基本关系的研究 [M].北京：经济管理出版社，2011.

[105] 李刚 . 税法与私法关系总论：兼论中国现代税法学基本理论 [M]. 北京：法律
出版社，2014.

[106] 林进富 . 租税法新论 [M]. 台北：台北三民书局，2000.

[107] 杨仁寿 . 法学方法论 [M]. 北京：中国政法大学，1999.

[108] 李胜良 . 纳税人行为解析 [M]. 大连：东北财经大学出版社，2001.

[109] 王泽鉴 . 民法学说与判例研究（1）[M]. 北京：中国政法大学出版社，1998.

[110] 康炎村 . 租税法原理 [M]. 台湾：凯仑出版社，1987.

[111] 卢现祥，朱巧玲 . 新制度经济学（第二版）[M]. 北京：北京大学出版社，
2012.

[112] 张维迎 . 博弈论与信息经济学 [M]. 上海：格致出版社、上海三联书店、上海
人民出版社，2010.

[113] 易宪容 . 金融市场的合约分析 [M]. 北京：经济科学出版社，1998.

[114] 刘容，刘为民 . 宪政视角下的税制改革研究 [M]. 北京：法律出版社，
2008.

[115] 谢维雁 . 从宪法到宪政 [M]. 济南：山东人民出版社，2004.

[116] 中国社会科学院哲学研究所 . 哈贝马斯在华讲演集 [M]. 北京：人民出版社，
2002.

[117] 许建国，蒋晓惠 . 西方税收思想 [M]. 北京：中国财政经济出版社，1996.

[118] 王世涛 . 财政宪法学研究 [M]. 北京：法律出版社，2012.

[119] 张守文 . 财税法疏议 [M]. 北京：北京大学出版社，2005.

[120] 科斯，哈特，斯蒂格利茨 . 契约经济学 [M]. 北京：经济科学出版社，2003.

[121] 史尚宽 . 债法总论 [M]. 北京：中国政法大学出版社，2000.

[122] 徐国栋 . 民法基本原则解释——成文法局限性之克服 [M]. 北京：中国政法大
学出版社，2001.

[123] 阎尔宝 . 行政法诚实信用原则研究 [M]. 北京：人民出版社，2008.

[124] 高军 . 纳税人基本权利研究 [M]. 北京：中国社会科学出版社，2011.

[125] 刘剑文，熊伟 . 税法基础理论 [M]. 北京：北京大学出版社，2004.

[126] 张美中 . 税收契约理论研究 [M]. 北京：中国财政经济出版社，2007.

[127] 苏力，贺卫方 .20 世纪的中国：学术与社会（法学卷）[M]. 济南：山东人民
出版社，2001.

[128] 杨振山. 罗马法，中国法与民法法典化 [M]. 北京：中国政法大学出版社，2001.

[129] 高军. 纳税人基本权利研究 [M]. 北京：中国社会科学出版社，2011.

[130] 熊伟. 法治、财税与国家治理 [M]. 北京：法律出版社，2015.

[131] 翟继光. 税法学原理：税法理论的反思与重构 [M]. 上海：立信会计出版社，2011. 第 28 页.

[132] 刘剑文，熊伟. 财政税收法 [M]. 北京：法律出版社，2007.

[133] 张晓君. 国家税权的合法性问题研究 [M]. 北京：人民出版社，2010.

[134] 陈立诚. 分配正义视野下的量能课税——一种税收理想的破茧新生 [M]. 厦门：厦门大学出版社，2015.

[135] 刘剑文，熊伟. 财政税收法 [M]. 北京：法律出版社，2007.

[136] 陈清秀. 税法总论（第 2 版）[M]. 北京：翰芦图书出版有限公司，2001.

[137] 林毅夫. 财产权利与制度变迁 [M]. 上海：上海三联书店，1994.

[138] 马洪范. 绩效预算信息论：信息视角下的政府绩效预算管理与改革 [M]. 北京：经济科学出版社，2008.

[139] 孟庆瑜. 分配关系的法律调整——基于经济法的研究视野 [M]. 北京：法律出版社，2005.

[140] 陈共. 财政学 [M]. 北京：中国人民大学出版社，2014.

[141] 陈学安. 财政支出效益评价 [M]. 北京：中国财政经济出版社，2007.

[142] 王泽鉴. 民法学说与判例研究（一）[M]. 北京：中国政法大学出版社，1998.

[143] 刘剑文. 财税法论丛（第 13 卷）[M]. 北京：法律出版社，2014.

[144] 高其才主编. 当代中国的社会规范和社会秩序：身边的法 [M]. 北京：法律出版社，2012.

[145] 华国庆. 试论财税法的本质属性 [M]. 北京：法律出版社，2015.

[146] 杨宏力. 本杰明·克莱因不完全契约理论研究 [M]. 北京：经济科学出版社，2014.

[147] 谢地，杜莉，吕岩峰. 法经济学 [M]. 北京：科学出版社，2009.

[148] 张阳. 中国税负归宿的一般均衡分析与动态研究 [M]. 北京：中国税务出版社，2007.

[149] 刘振彪. 基于行为博弈的税收遵从论 [M]. 厦门：厦门大学出版社，2012.

[150] 史尚宽.债法总论 [M].北京：中国政法大学出版社，2000.

[151] 刘剑文.财税法专题研究（第二版）[M].北京：北京大学出版社，2007.

[152] 周旺生.立法学 [M].北京：法律出版社，2005.

[153] 李昌麒主编.经济法理念研究 [M].北京：法律出版社，2009.

[154] 张怡.衡平税法研究 [M].北京：中国人民大学出版社，2012.

[155] 张守文.财税法疏议 [M].北京：北京大学出版社，2005.

[156] 张维迎.博弈论与信息经济学 [M].上海：上海三联书店·上海人民出版社，2010.

[157] 卢现祥，朱巧玲.新制度经济学 [M].北京：北京大学出版社，2012.

（二）论文类

[158] 刘剑文.财税法功能的定位及其当代变迁 [J].中国法学 .2015（4）：162-180.

[159] 许多奇.论税法量能平等负担原则 [J].中国法学，2013（5）：65-76.

[160] 张怡.税收法定化：从税收衡平到税收实质公平的演进 [J].现代法学 .2015，37（3）：27-33.

[161] 刘剑文.论财政法定原则 [J].中国法学 .2015（4）：19-32.

[162] 顾培东.中国法治进程中的法律资源分享问题 [J].法学家，2014（3）：141-149.

[163] 刘剑文.论财政体制改革的正当性——公共财产法语境下的治理逻辑 [J].清华法学，2014（5）：5-21.

[164] 全承相，吴彩虹.政府征税权的扩张本性及其内外约束 [J].湖南科技大学学报（社会科学版），2012（6）：62-65.

[165] 王怡.立宪政体中的赋税问题 [J]法学研究，2004（5）：14-24.

[166] 喻名峰.罗尔斯正义理论演变脉络梳理 [J].法学杂志，2014，35（5）：35-39.

[167] 刘剑文，王桦宇.公共财产权的概念以及法治逻辑 [J].中国社会科学，2014（8）：129-146.

[168] 申来津.法律与行为选择：法律激励及其发生机制 [J].法学杂志，2006（4）：60-62.

[169] 曹明星. 量能课税原则新论 [J]. 税务研究，2012（7）：66-68.

[170] 李伯涛. 税收法定主义的立法表达 [J]. 学术交流，2015，259（10）：116-120.

[171] 翟继光. 论税法的道德性——税法不能承受之重 [J]. 西南政法大学学报，2008，10（1）76-9.

[172] 李刚. 契约精神与中国税法的现代化 [J]. 法学评论，2004（4）：35-42.

[173] 李炜光. 论税收的宪政精神 [J]. 财政研究，2004（5）：2-5.

[174] 滕祥志. 税法的交易定性理论 [J]. 法学家，2012，1（1）：94-107.

[175] 张守文. 税权的定位与分配 [J]. 法商研究，2000（1）：43-49.

[176] 刘丽. 税权的宪政解读：概念重构抑或正本清源 [J]. 湖南大学学报（社会科学版），2011，11（6）：139-144.

[177] 郝如玉. 落实税收法定原则的路线图 [J]. 会计之友，2014（17）：8-11.

[178] 姜桂金论. 诚实信用原则在税法中的适用 [J]. 中国外资，2012（14）：204.

[179] 许前川，黄泽勇. 论诚信纳税 [J]. 天府新论，2005（Z1）：217-219.

[180] 卢石梅，刘继虎. 论诚信征税的必要性 [J]. 湖南医科大学（社会科学版），2005，7（4）：52-54.

[181] 姚轩鸽. 税法遵从度影响要素系统分析与研究——当前中国税法遵从度状况评估与对策建议 [J]. 玉溪师范学院学报，2009，25（11）：27-39.

[182] 戴伟，付燕. 论诚信征税机制的构建——基于制度经济学的视角 [J]. 经济经纬，2010（2）：9-12.

[183] 刘剑文. 西方税法基本原则及其对我国的借鉴作用 [J]. 法学评论，1996（3）：20-24.

[184] 廖红艳，张艳朝. 我国量能课税原则研究述评 [J]. 湖州师范学院学报，2011（4）：74-77.

[185] 曲雯雯. 税法诚实信用原则研究 [D]. 北京：中国政法大学，2011.

[186] 张美中. 税收契约论研究 [D]. 北京：中央财经大学，2008.

[187] 苏小芳. 纳税信用的制度构建及实践创新——以浙江省瑞安市为例 [D]. 上海：华东理工大学，2013.

[188] 刘丽君. 税收和谐论 [D]. 成都：西南财经大学，2008.

[189] 陈楠 . 论纳税人信赖利益保护 [D]. 长春：吉林财经大学，2016.

[190] 安国楼 . 税收信用体系建设研究——以吴江区为例 [D]. 咸阳：西北农林科技大学，2015.

[191] 叶正舫 . 论诚实信用原则在税收筹划中的适用 [D]. 成都：西南财经大学，2014.

[192] 刘创 . 诚信税收研究 [D]. 天津：天津大学，2006.

[193] 严永和 . 西部大开发法引入诚实信用原则刍议 [J]. 贵州工业大学学报（社会科学版），2005（3）：54-57.

[194] 徐国栋 . 客观诚信与主观诚信的对立统一问题——以罗马法为中心 [J]. 中国社会科学，2001（6）：97-113.

[195] 梁慧星 . 诚实信用原则与漏洞补充 [J]. 法学研究，1994（2）：22-30.

[196] 刘剑文 . 论财税体制改革的正当性——公共财产法语境下的治理逻辑 [J]. 清华法学，2014（5）：5-21.

[197] 闵琪 . 从公共品需求到公共品供需均衡——理论与实践 [D]. 济南：山东大学，2011.

[198] 丛中笑 . 税收国家及其法治构造 [J]. 法学家，2009（5）：94-103.

[199] 曲雯雯 . 税法诚实信用原则研究 [D]. 北京：中国政法大学，2011.

[200] 杜树章 . 赋税沉重引发中国皇权专制社会治乱循环的经济学解释 [J]. 新疆财经大学学报，2010（4）：56-60.

[201] 顾銮斋 . 从比较中探寻中国古代社会税赋基本理论 [J]. 史学理论研究，2005（4）：32-42.

[202] 陈少英 . 论财产税法收入分配调节功能之强化 [J]. 法学，2011（3）：49-58.

[203] 龚志坚，熊平园，舒成 . 我国税收征管制度变迁的路径选择——基于税收征纳交易费用的分析 [J]. 税务与经济，2008（5）：76-79.

[204] 徐凌 . 契约式责任政府与麦克尼尔的新社会契约论 [J]. 广州大学学报（社会科学版），2014，13（10）：11-15.

[205] 路思远 . 制度抑制与效率损失：农民贫困的制度经济学分析 [J]. 北方经济，2009（10）：3-5.

[206] 王怡 . 立宪政体中的税赋问题 [J]. 法学研究，2004，26（5）：15-24.

[207] 方忠，张华荣.三层互动：中央政府与地方政府的正和博弈 [J].成都行政学院学报，2006，13（1）：22-24.

[208] 王惠.试论税法谦抑性 [J].税务研究，2011（2）：80-84.

[209] 王婷婷.课税禁区法律问题研究 [J].重庆：西南政法大学，2014.

[210] 黄士洲.课税禁区与纳税人权利保障 [J].月旦财经法杂志，2010（23）：45.

[211] 蓝元骏.熊彼特租税国思想与现代宪政国家 [D].台北：台湾大学，2005.

[212] 李桂林.论良法的标准 [J].法学评论，2000（2）：13-22.

[213] 秦德安，王波.从税收契约角度论纳税人遵从 [J].西部财会，2010（4）：25-28.

[214] 贾敬全.基于演化博弈的和谐税收征纳关系构建研究 [J].经济问题，2011（4）：119-122.

[215] 岳彩申.民间借贷的激励性法律规制 [J].中国社会科学，2013（10）：121-193.

[216] 刘剑文.西方税法基本原则及其对我国的借鉴作用 [J].法学评论，1996（3）：20-24.

[217] 廖红艳，张艳朝.我国量能课税原则研究述评 [J].湖州师范学院学报，2011（4）：74-77.

[218] 李伯涛.税收法定主义的立法表达 [J].学术交流，2015，259（10）：116-120.

[219] 许多奇.论税法量能平等负担原则 [J].中国法学，2013（5）：65-76.

[220] 曹明星.量能课税原则新论 [J].税务研究 [J].2012（7）.

[221] 刘剑文，王桦宇.公共财产权的概念及其法治逻辑 [J].中国社会科学，2014（8）：129-146.

[222] 袁庆明.制度效率的决定与制度效率递减 [J].湖南大学学报（社会科学版），2003，17（1）：40-43.

[223] 曾远.互联网金融直接融资税收征管法律规制研究 [D].重庆：西南政法大学，2016.

[224] 袁庆明.技术创新制度结构的几个问题研究 [J].河南社会科学，2002（1）：109-111.

[225] 游祥斌.绩效预算与绩效评估制度刍议 [J].2014 中国行政管理，2009（8）：67-70.

[226] 李燕，王宇龙．论绩效预算在我国实施的制度约束 [J]．中央财经大学学报，2005（6）：11–14.

[227] 白景明．全面认识绩效预算 [J]．中国财政，2009（24）：25–27.

[228] 朱大旗，李蕊．论人大预算监督权的有效行使——兼评我国《预算法》的修改 [J]．社会科学，2012（2）：104–111.

[229] 马骏．中国预算改革的政治学：成就与困惑 [J]．中山大学学报（社会科学版），2007（3）：67–74.

[230] 牛美丽．预算民主恳谈：民主治理的挑战与机遇——新河镇预算民主恳谈案例研究 [J]．华中师范大学学报，2007（1）：14–20.

[231] 孙丽．全国人大常委会就财政预算和粮食安全开展专题询问 [J]．民主，2010（10）：14–17.

[232] 许可．地方政府预算目标扭曲现象的问题探讨 [J]．知识经济，2010（4）：72.

[233] 李松森，盛锐．完善财政转移支付制度的思考 [J]．经济纵横，2014（3）：88–95.

[234] 严存生．法的合法性问题研究 [J]．法律科学，2002（3）：4–15.

[235] 高军．试论纳税人税法上的生存保障 [J]．广州大学学报（社会科学版），2009，8（11）：8–13.

[236] 付多萍．公共工程项目效益的评价方法：成本—收益分析法 [J]．财会通讯，2006（11）：44–45.

[237] 徐国栋．客观诚信与主观诚信的对立统一问题——以罗马法为中心 [J]．中国社会科学，2001（6）：97–113.

[238] 刘创．税收诚信研究 [D]．南昌：江西财经大学，2003.

[239] 赵小芹．行政法诚实信用原则研究 [D]．长春：吉林大学，2008.

[240] 郭细卿，陈华威，许接眉．社会稳定中的林农利益维护机制研究 [J]．东南学术，2011（5）：118–125.

[241] 张翔．财产权的社会义务 [J]．中国社会科学，2012（9）：100–119.

[242] 刘建民，杨明佳．契约理论视野中的"全球契约" [J]．经济研究导刊，2010（25）：11–13.

[243] 高军，白林．宪法税概念探讨 [J]．中共四川省委党校学报，2014（2）：50–54.

[244] 王桦宇. 论领域法学作为法学研究的新思维——兼论财税法学研究范式转型 [J]. 政法论丛, 2016（6）: 62-68.

[245] 吴元元. 公共执法中的私人力量——悬赏举报制度的法律经济学重述 [J]. 法学, 2013（9）: 14-23.

[246] 付盘有. 民商法诚实信用原则探讨 [J]. 经营管理者, 2010（18）: 310.

[247] 刘剑文. 作为综合性法律学科的财税法学——一门新兴法律学科的进化与变迁 [J]. 暨南学报（哲学社会科学版）, 2013（5）: 25-35.

[248] 王勇. 公平与效率视角下我国个人所得税研究 [D]. 成都: 西南财经大学, 2009.

[249] 陈媛. 论诚实信用原则的语源及其历史沿革 [J]. 青海师范大学学报（哲学社会科学版）, 2009（6）: 49-52.

[250] 姜秀梅. 论诚实信用原则的司法适用 [J]. 辽宁广播电视大学学报, 2006（3）: 62-63.

[251] 李保中. 浅议公法与私法的区别 [J]. 黑河学刊, 2011（10）: 86-87.

[252] 阎尔宝. 政府诚信论纲 [J]. 北方法学, 2008（4）: 57-63.

[253] 方桂荣, 李超. 也论诚实信用原则的扩张 [J]. 河北法学, 2007（11）: 85-90.

[254] 霍伟岸. 洛克与现代民主理论 [J]. 中国人民大学学报, 2011（1）: 90-99.

[255] 宫海燕. 引领人民向自由前进的航标——浅评卢梭的《社会契约论》[J]. 西南政法大学学报, 2004（2）: 115-118.

[256] 吴玲. 会计准则与会计职业判断的关系探析 [J]. 广东科技, 2012（2）: 2.

[257] 朱富强. 制度研究范式的逻辑基础: 对象界分和分析思维 [J]. 公共行政评论, 2011, 4（4）: 23-49.

[258] 刘剑文, 王桦宇. 公共财产权的概念及其法治逻辑 [J]. 中国社会科学, 2014（8）: 129-149.

[259] 李增刚. 国家利益的本质及其实现: 一个新政治经济学的分析思路 [J]. 经济社会体制比较, 2010（4）: 30-39.

[260] 张百灵. 正外部性理论与我国环境法新发展 [D]. 武汉: 武汉大学, 2011.

[261] 张效科. 民族地区公共产品与政府经济行为分析 [J]. 学术论丛, 2009（22）: 95-97.

[262] 张柏杨.垄断福利损失：理论，实证与反垄断政策——以中国工业为例[D].成都：西南财经大学，2016.

[263] 胡元聪.法域经济学视野中的外部性及其解决方法[J].现代法学，2007，29（6）：128-136.

[264] 彭岳.国际条约在国内适用中的制度僵化及其解决[J].中国法学，2014（4）：286-302.

[265] 刘创.诚信税收研究[D].南昌：江西财经大学硕士学位论文，2003.

[266] 李亚磊.基于不完全契约理论的政府代建制项目激励约束模型研究[D].大连：大连理工大学，2014.

[267] 于颖.契约性质及其对企业的影响[J].辽宁税务高等专科学校学报，2006，18（6）：56-58.

[268] 蔡昌.论税收契约的源流嬗变：类型，效力及实施机制[J].税务研究，2012（6）：68-73.

[269] 胡伟伟.浅析土地参与宏观调控的缺陷[J].资源与产业，2012（3）：59-65.

[270] 燕继荣.从"行政主导"到"有限政府"——中国政府改革的方向与路径[J].学海，2011（3）：29-48.

[271] 熊俊.中国信托业发展优化的制度分析[D].昆明：云南大学，2010.

[272] 张守文.减负与转型的经济法推进[J].中国法学，2017，26（2）：69-71.

[273] 刘剑文，陈立诚.财税法总论论纲[J].当代法学，2015，29（3）：113-124.

[274] 林钟高.内部控制执行力：诚信文化——基于契约视角的分析[J].会计之友（上旬刊），2010（13）：4-9.

[275] 程宏伟.隐性契约与企业财务政策研究[D].成都：西南财经大学，2005.

[276] 纪桦.滨州市地方税收管理问题研究[D].天津：天津大学，2006.

[277] 李长江.强化我国税收管理的战略性选择[J].税务研究，2008（11）：70-72.

[278] 陈瀚.税收征纳双方利益均衡博弈研究[D].大庆：黑龙江八一农垦大学，2015.

[279] 闵琪.从公共品需求到公共品供需均衡：理论与实践[D].济南：山东大学，2011.

[280] 舒安奇．关于公共经济部门的理论思考 [J]. 山东行政学院．山东省经济管理干部学院学报，2003（5）：18-19.

[281] 夏锦文，蔡道通．论中国法治化的观念基础 [J]. 中国法学，1997（5）：43-51.

[282] 钟永圣．论税收依据 [J]. 现代财经（天津财经大学学报），2007（2）：8-14.

[283] 朱远芬．从税收遵从度论完善广州纳税服务业务体系 [D]. 广州：华南理工大学，2011.

[284] 那力，臧韬．税收博弈论 [J]. 税务与经济，2008（1）：5-10.

[285] 臧韬．中国视角下跨国公司与收入来源国的税收博弈 [D]. 长春：吉林大学，2005.

[286] 岳树民．"囚徒困境"."囚徒梦想"与税制建设 [J]. 经济研究参考，2004（38）：40-44.

[287] 黄丽娟．对我国地方政府行政决策行为的法规范探讨 [J]. 武汉大学学报（哲学社会科学版），2008（6）：817-821.

[288] 谢旭人．发挥税收职能作用促进社会和谐建设 [J]. 中国税务，2005（6）：4-7.

[289] 丛中笑．和谐征纳的法理求索及现实观照 [J]. 法学评论，2006，24（6）：37-42.

[290] 何大昌．公平与效率均衡及路径分析 [D]. 南京：南京师范大学，2002.

[291] 张守文．论税收法定主义 [J]. 法学研究，1997（1）：45-50.

[292] 杨志强，李娜．税收授权立法问题探析 [J]. 法学杂志，2013（11）：42-50.

[293] 谭志哲．当代中国税法理念转型研究 [D]. 重庆：西南政法大学，2012.

[294] 周萍．城乡统筹制度变迁的路径依赖 [J]. 现代经济信息，.2011（1）：17.

[295] 李志强．制度配置理论：概念的提出 [J]. 山西大学学报，2002（1）：15-18.

[296] 赵玮萍．中国民航业管制制度变迁研究 [D]. 沈阳：东北大学，2012.

[297] 杜坤．非税收入预算法律问题研究 [D]. 重庆：西南政法大学，2016.

[298] 耿颖．财政转移支付制度的法理基础与法治路径 [J]. 中国财政，2016（1）：43-44.

[299] 赵素艳．财政转移支付程序法控制研究 [D]. 沈阳：辽宁大学，2016.

[300] 耿颖．论公共财产的基本体制法之纵横展开 [J]. 财税法论丛（第16卷），2015（2）：109-125.

[301] 张固玲.政府公共投资项目效益审计研究 [D]. 长沙：湖南大学，2010.

[302] 马发骥，王顺安.市场经济条件下的税收公平与效率原则 [J].税务研究，2005（8）：94-5.

[303] 丁煌，杨代福.政策执行过程中降低信息不对称的策略探讨 [J].中国行政管理，2010（12）：104-107.

[304] 蔡昌.论税收筹划的博弈均衡 [J].湖南商学院学报，2016（6）：69-75.

[305] 刘剑文.论国家治理的财税法基石 [J].中国高校社会科学，2014（5）：557-571.

[306] 胥力伟.中国税收立法问题研究 [D].北京：首都经济贸易大学，2012.

[307] 童之伟.信访体制在中国宪法框架中的合理定位 [J].现代法学，2011，33(1)：3-17.

[308] 吴少龙，陈增帅.信息不对称条件下的个体互动与制度设计 [J].陕西省行政学院.陕西省经济管理干部学院学报，2005，19（4）：74-76.

[309] 孙婧麟.论税收中性的理论与实践 [D].上海：复旦大学，2006.

[310] 刘映春.税收中性原则与我国的税制改革 [J].法学杂志，2001，22（5）：33-35.

[311] 田凤阁.最适课税理论与我国税制改革研究 [D].开封：河南大学，2005.

[312] 李炜光，张弘.构建合理的税收逻辑 [J].社会科学论坛，2012（1）：96-105.

[313] 刘光华.税收与宪政精神 [J].农村经济与科技，2007，18（12）：19-20.

[314] 安晶秋.论税收法定主义——以税收立法分析为视角 [D].长春：吉林大学，2007.

[315] 羊海燕.制度环境，预期和效率——民事审限制度改革的新视角 [J].湖南公安高等学校学报，2010（1）：53-57.

（三）报纸类

[316] 刘剑文,耿颖.税率法定: 真实的治理体验 [N].中国税务报，2015-05-06(B01).

[317] 刘剑文，侯卓.税收法定原则，如何落实？ [N].光明日报，2015-03-30（010）.

[318] 范海玉，孟庆瑜.依法积极稳妥推进预算公开 [N].人民日报，2012-06-21（007）.

[319] 苏辛辛.政府"掌勺",群众"点菜":响水举行县级财政预算听证[N].人民日报,
　　　2004–12–30（2）.

[320] 黄国珍.地方政府"过头税"是怎么炼成的[N].第一财经日报,2010–01–19
　　　（A07）.

[321] 梁发芾.税制改革要有"课税禁区"思维[N].中国经营报,2017–01–16（E03）.

[322] 谢鹏程.法治是国家的诚信[N].法制日报,2015–02–11（010）.

（四）网络文献

[323] 聂辉华.不完全契约理论对中国改革的启迪[EB/OL].（2017–01–15）[2020–
　　　11–15]. http://doctornie.blog.sohu.com/322987655.html.

[324] 张维迎.好的纳什均衡和坏的纳什均衡[EB/OL].（2018–01–05）[2020–08–17].
　　　http://www.360doc.com/content/17/0228/16/36203906_632726197.shtml.

[325] 涂子方.预算法的修改有实质性作用吗[EB/OL].（2017–11–08）[2020–07–03].
　　　http://blog.sina.com.cn/s/blog_a8cc7c3001011xu6.html.

[326] 国库司.2017 年财政收支情况[EB/OL].（2018–02–07）[2020–06–18].http://
　　　gks.mof.gov.cn/zhengfuxinxi/tongjishuju/201801/t20180125_2800116.html.

[327] 贺卫方.税收奠定宪政基础[EB/OL].（2017–08–11）[2020–08–11]. http://
　　　heweifang, 2009.blog.163.com/blog/static/111846109, 201242911580567/.

[328] 李炜光.中国的财产权与税收的宪政精神[EB/OL].（2017–09–17）[2020–05–07].
　　　http://blog.sina.com.cn/s/blog_6678b63a0101344w.html.

[329] 李炜光.共容利益与赋税——《权力与繁荣》释读[EB/OL].（2017–09–
　　　15）[2021–06–17].http://www.360doc.com/content/08/0715/13/56615_1432359.
　　　shtml.

[330] 21 世纪经济报道.被罚 2.67 亿,营改增第一大罚单[EB/OL].（2016–12–25）
　　　[2020–11–15].http://business.sohu.com/20160928/n469331498.shtml.

[331] 孟庆凯.论诚实信用原则是如何被放弃以及怎样重新确立——诚实信用原则
　　　在市场经济中的地位[EB/OL].（2016–08–21）[2020–03–05]. http://blog.sina.com.
　　　cn/s/blog_5415123101000a88.html. 2016 年 8 月 21 日访问.

[332] 王军.坚决不收过头税,坚决落实减免税[EB/OL].（2018–01–20）[2020–05–06].
　　　http://news.163.com/18/0117/20/D8CLR0B6000187VE.html.

[333] 前统计局. 统计局公布 2016 年基尼系数 [EB/OL]. （2017–08–10）[2020–12–25]. http://www.yinhang123.net/zixun/dujia/2017/0120/558542.html.

二、外文类参考文献

[334] WINDSOR A , CURD J. Managing a company's effective tax rate[J]. International Tax Review, 2008, 19（5）: 46–48.

[335] BRANDT L, RAWSKI T. China's Great Economic Transformation[M]. Cambridge: Cambridge University Press, 2008.

[336] KENNEY W H. Two Treatises on Government[J]. Manuscripta, 1962, 6（1）: 53–55.

[337] HASEN D. Liberalism and Ability Taxation[J]. Texas Law Review, 2006, 85（5）: 1057–1113.

[338] MUSGRAVE R A. In Defense of an Income Concept[J]. Harvard Law Review, 1967, 81（1）: 44.

[339] ELKINS D. Horizontal Equity as a Principle of Tax Theory[J]. Yale Law & Policy Review, 2006（24）: 43.

[340] MILL J S. Principles of Political Economy[M]. London: Longman's Green & Co., 1948.

[341] HUBBARD G. Fairness and the Capital Tax Fetish. [J]. Wall Street Journal – Eastern Edition, 2010, 256（33）: A17.

[342] WEI C. The Superiority of the Digital Services Tax over Significant Digital Presence Proposals[J]. National Tax Journal, 2019（2）: 72.

[343] MARK K. Time Preference and Tax Equity[J]. Stanford Law Review, 1983, 35（4）: 64.

[344] WILLIAM A K Timing in Personal Taxation[J]. The Journal of Legal Studies, 1977, 6（2）: 461.

[345] STIGLITZ J E , DASGUPTA P . Differential Taxation, Public Goods, and Economic Efficiency[J]. Review of Economic Studies, 1971, 38（2）: 151–174.

[346] LIU Y S, GUO J X. The theory of economic growth[M]. Beijing: Machinery Industry Press, 2015.

[347] EDWARD D C. Antitrust Law and Economic Theory: Finding a Balance[J]. Loyola University Chicago Law Journal, 2013（6）: 78–82.

[348] ROBERT A. Develoments in State Antitrust Enforcement[J]. New York University Law Review, 1987（6）: 89–95.

[349] KAPLOW L . Taxation and Redistribution: Some Clarifications[J]. SSRN Electronic Journal, 2003（45）: 76–90.

[350] SMITH A. An Inquiry into the Wealth of Nations[M] New York: Putanam' s Sons, 1904.

[351] EDGEWORTH F Y . The Pure Theory of Taxation[J]. Economic Journal, 1958(25): 46–70.

[352] RAMSEY F P. A Contribution to the Theory of Taxation[J]. The Economic Journal, 1927, 37（1）: 1321–1342.

[353] JOSEPH B, WEISBACH D A. The Superiority of an Ideal Consumption Tax over an Ideal Income Tax[J]. Stanford Law Review, 2006（58）: 1413–1415.

[354] STIGLITZ J E , DASGUPTA P. Differential Taxation, Public Goods, and Economic Efficiency[J]. Review of Economic Studies, 1971（38）: 151–174.

[355] YOUNG R. A Study in Public Finance. by A. C. Pigou[J]. Economic Journal, 1929, 39（153）: 78–83.

[356] BRADLEY A W, EWING K D. Constitutional and Administrative Law[M]. London: Longman Group Ltd. , 1977.

[357] MILL J S. Principles of Political Economy[M]. London: Longman' s Green & Co. , 1948.

[358] MUSGRAVE R A. In Defense of an Income Concept[J]. Harvard Law Review, 1967, 81（1）: 44.

[359] ELKINS D, Horizontal Equity as a Principle of Tax Theory[J]. Yale Law & Policy Review, 2006（24）: 43.

[360] LOCKE J. Two treatises on government[M]. Cambridge: Cambridge University Press, 1960.

[361] Windsor, Adrian, Curd, et al. Managing a company's effective tax rate[J]. International Tax Review, 2008, 19（5）: 46–48.

[362] BECKER G S. Crime and punishment: an economic approach[J]. Journal of Political

[363] Economy, 1968（76）: 169-217.

[364] COASE R H . The Institutional Structure of Production[J]. Nobel Prize in Economics documents, 1991, 82（4）: 713-719.

[365] TIROL J. Incomplete Contracts: Where do We Stand?[J]. Econometrica, 1999, 67（4）: 741-781.

[366] COASE R H . The Nature of the Firm[J]. Economica, 1937, 4（16）: 386-405.

[367] Schumpeter. The Crisis of the Tax State[M]. Princeton: Princeton University Press, 1991.

[368] YITZHAKI S . Income tax evasion: a theoretical analysis[J]. Journal of Public Economics, 1974, 3（3）: 323-338.

[369] WILLIAMSON O E. The Economic Institution of Capitalism[M]. New York: Free Press, 1985.

[370] SMITH A. An inquiry into the wealth of nation[M]. New York: Putnam' s Sons, 1776.

[371] WEISBORD B. Income redistribution effects and benefit-cost analysis[M]. Washington: Washington DC, Brooking Institution, 1968.

[372] ABRAMOWICZ K F. An Empirical Investigation of Tax Compliance Related to Scholarship Income （Income Tax）[D]. Columbia: University of Missouri, 1991.

[373] TORGLER B. Tax morale : theory and empirical analysis of tax compliance[J]. Torgler Benno, 2003（23）: 45-48.

[374] WIESER F . The Theory of the Public Economy[J]. International Economic Association Series, 1958（4）: 190-201.

[375] HENERY C B. Black' s Law Dictionary[M]. New York: West Publish Co., 1979.

[376] BUCHANAN J. The Theory of Public Choice Ann Arbor[M]. Michigan: University of Michigan Press, 1972.

[377] WEBBER C, WILDAVSKY A. A history of taxation and expenditure in the Western world[M]. New York: Simon & Schuster, 1986.

[378] MARGOLIS M S. Markets or Governments: Choosing Between Imperfect Alternatives[J]. American Political Science Association, 1989, 83（3）: 1-8.

[379] MAUREEN B. Citizen Participation in Local Government Budget[J]. Popular Government Spring, 2001（45）: 23–30.

[380] RICHARD A P. Economic Analysis of Law[M]. New York: Little, Brown and Company, 1992.

[381] ALLINGHAM M G, SANDOM A. Income Tax Evasion: A Theoretical Analysis[J]. Journal of Public Economics, 1972（1）: 323–338.

[382] Richardson. Handbook on Taxation[M]. New York: Marcel Dekker INC, 1999.

[383] SMITH A. An inquiry into the wealth of nation[M]. New York: Putnam's Sons, 1776.

[384] BASTABLE C F. Public Finance[M]. London: Macmillan, 1892.

[385] KRIELE M. Recht und praktische Vernunft[M]. Göttingen: Vandenhoeck und

[386] Ruprecht, 1979.

[387] HASEN D. Liberalism and Ability Taxation[J]. Texas Law Review, 2006, 85（5）: 1057–1113.

后　记

本书是在我的博士论文的基础上修改完成的。

基于我本科的经济学背景，十余年财政学的教学经历，以及长期从事法经济学的交叉学科研究，财税法的经济学属性让我对财税法研究有着"天然"偏好。我的博导胡元聪教授建议我选择"税收诚信原则法治化"这一研究主题，虽然这与我的学科背景和研究基础高度弥合，但此时还是产生了一些犹豫与踟蹰。因为诚信原则的私法属性已是根深蒂固，在具有公法属性的财税法中嵌入私法原则，能否得到理论界和实务界的认同与接纳，使我仍心存顾虑。在胡老师的鼓励和支持下，我最终确定了这一充满质疑与挑战的选题。

选题初定，关注和搜集相关文献与资料便成为我的日常。出乎意料的是，2001 年学术界才开始出现关于诚信原则的研究，虽然在 2002 年掀起了研究小高潮（该年共计发表论文 98 篇），但是其研究范式多从"纳税人诚信"的角度切入，以构建和谐征纳关系为路径展开，对解决当今征纳关系紧张的问题未能提供有效的解决方案。尽管也有少数学者关注到征税诚信问题，但也是寥寥数笔，语焉不详，更遑论进行深入系统的研究，尤其对税收诚信原则嵌入的理论体系构建和相关的制度设计研究均显得零散和薄弱。虽然在后续年度的论文增长数量处在递增态势，但总体增长较缓，且并未引起法学界主流学者的关注。触及研究现状，又增添了几分惶惑与不安。我再次审视选题题旨、研究目标以及我的知识结构与研究专长，胡老师对问题意识的强调与学术方法的传授，加之我自己富有挑战性的人格特点，最终确定了这一研究主题。

私法原则公法化，并不是学术研究的空想和简单的理论推演，应当是对实践问题的追问和洞察，应当是对问题解决路径的逻辑证成和制度设计的探寻与构想。税收诚信原则法治化研究，首先需要厘清税收法治诚信原则和理念缺失的"税制基因"，以及政府征税诚信原则法治化的时代呼唤。其次需要定格税收法治诚信原则法治化的逻辑起点，私法原则公法化之间逻辑统一性便是征纳双方主体地位的平等性，其理论基础便是税收契约理论。最后，从经济学理论可知，"理性经济人"的行为选择理论和"不完全契约理论"也与税收诚信原则存在内涵一致的理论自洽。

政府征税不仅是一个国家治理问题，也是一个法律问题，更是一个经济学问题。对该问题的研究应当从经济学的角度论证税收诚信原则法治化的正当性理论基础，以使税收制度设计更"合经济规律"。从政府诚信征税之征纳双方博弈均衡视角进行剖析，找寻政府诚信征税对征纳双方达到博弈均衡的经济学界定标准。此外，运用经济学的均衡理论、效用最大化理论以及公共产品均衡理论，剖析公共产品均衡的政府征税的制度需求，以及实现公共产品效用最大化的政府诚信征税机制。再者，税收公平与效率的均衡也是诚信原则法治化内涵诉求。

政府征税诚信原则法治化的制度设计路径和制度创新是本书的研究目标。执政为民为我国治国理政的核心要义。对国家征税权的限制和对民众私权的敬畏，是政府诚信征税法治化的立法根本。以不伤及"税本"的"最适课税理论"，科学划定政府征税"禁区"，限制政府征税权，以"中性"与"非中性"的兼顾，保护和尊重纳税人的私权，以彰显政府公信力和"四个自信"。另外，税收制度设计应当以税收实质正义为中心，遵从税收契约和利益衡平的诚信原则，突破政府与纳税人利益平衡的"二元"结构，充分考量政府、个人和公共利益之均衡，实现政府诚信征税法治化的实质正义。

本书得以顺利付梓出版，需要特别感谢我的恩师胡元聪教授，能够成为胡老师的学生是我一生最大的荣幸，是胡老师教授带领我走进了税法学术的殿堂，他渊博的知识、严谨的治学态度、认真细致的做事风格、勇于创新的精神、对学术的不懈追求都令我十分钦佩，这将是我受益终生的宝贵财富。也正是我的导师胡元聪教授，教会我"学"与"术"的相互交融，教会我学术论文"筋"与"骨"的有机搭配的撰写技巧，教会我克服"经济学"与"法学"的长期不兼容。也正是有了胡老师的悉心指导和苦心培养，我才完成了由"经济学"到"法学"的真正蜕变，不再是背着法学和经济学"两张皮"的"游击队"，逐步把自己改造成了财税法的"正规军"。

衷心感谢西南政法大学诸位老师的苦心栽培。感谢岳彩申教授、卢代富教授、张怡教授、张国林教授、李树教授、盛学军教授、许明月教授、王煜宇教授、肖云枢教授和唐烈英教授对我专业课程的教导，是你们让我感知西政人的学术底蕴博大与宽广，让我深爱这个学术殿堂，深爱西政的每一寸土地。感谢张国林教授、岳彩申教授、卢代富教授、王煜宇教授、许明月教授、叶明教授、张怡教授、吴太轩教授，感谢你们给我学术研究的诸多启迪，让我进一步感悟经济学和法学相融合的真谛与方法，让我的研究能力和研究水平得到了质的提升与飞跃。

感谢四川大学的王建平教授，是您把我从经济学领进了经济法的学术殿堂，是您以殷切的鼓励和关怀，让我走出了怯懦、迷惑与无知，是您让我充满自信和勇气，畅游在经济法的学术海洋。我会牢记您的谆谆教诲，以朝圣般的虔诚和付出行进在财税法的学术之路。感谢李瑞雪博士、朱战威博士对我博士学位论文在法理学方面所给予的指导和帮助；感谢我的同窗好友陈耿华博士、钟颖博士、王文文博士，恕不一一列举，我将永远珍惜和铭记与你们的同窗情谊，你们对我的学习和生活给予了许多帮助，感谢你们一直给我的支持与鼓励，我会将这些记忆永远珍藏。感谢闫晴博士、税梦娇博士、史欣媛博士，感谢你们一路鼓励与扶持，感谢你们兄弟姐妹一般的同门情谊，让我倍感亲切和温暖，你们是我今生不可多得的财富。

同时感谢西南医科大学的各级领导和同仁们，感恩学校营造的浓厚科研氛围和大力支持与帮扶，对科技处全力扶助与悉心关怀，我将永远铭记。感谢法学院的领导和同事们，是你们的充分体恤和关爱，才有本书的成功完稿。

最后，深深感谢我的父母，你们用毕生的心血养育教导女儿，不仅赋予我成长，还给与我勤奋、诚实的秉性，女儿不孝，多年忙于求学、工作和科研，不能承欢膝下，只能在心里感谢你们对女儿的无私的爱与呵护。为了给我充足的研究时间，你们不顾年迈体弱，不但为我承担了全部家务，还替我照顾年幼的女儿，你们的鼎力支持和无私付出才让我得以完成此本专著。深深感谢一生不离不弃的丈夫赵先生，感谢你一直包容我的任性，全力支持我的工作和学术研究，放我去飞，放我去实现自己的梦想！感谢我可爱的女儿，你的乖巧、天使般的灵气和纯真的笑容带给我们太多的欢乐，让我的生命如此完美。由于忙碌没能好好照顾你、陪伴你，我深感内疚和歉意。

本人才疏学浅，加之时间仓促和学识局限，对问题研究尚存肤浅与疏漏，期盼各位读者不吝批评斧正。

羊海燕

2021 年 07 月于西南医大文渊楼